THE SUPPORT OF INTELLECTUAL PROPERTY TO SUPPLY-SIDE STRUCTURAL REFORM:
THEORETICAL BASIS AND PRACTICAL PATH

知识产权支撑供给侧结构性改革：
理论基础与实践路径

顾晓燕　王原雪 ◎ 著

中国财经出版传媒集团
经济科学出版社
Economic Science Press

图书在版编目（CIP）数据

知识产权支撑供给侧结构性改革：理论基础与实践路径/
顾晓燕，王原雪著．—北京：经济科学出版社，2020.3
ISBN 978－7－5218－1377－7

Ⅰ.①知…　Ⅱ.①顾…②王…　Ⅲ.①金融－知识产权－
研究－中国　Ⅳ.①D923.04

中国版本图书馆CIP数据核字（2020）第045529号

责任编辑：孙丽丽　胡蔚婷
责任校对：齐　杰
责任印制：李　鹏　范　艳

知识产权支撑供给侧结构性改革：理论基础与实践路径
顾晓燕　王原雪　著
经济科学出版社出版、发行　新华书店经销
社址：北京市海淀区阜成路甲28号　邮编：100142
总编部电话：010－88191217　发行部电话：010－88191522
网址：www.esp.com.cn
电子邮件：esp@esp.com.cn
天猫网店：经济科学出版社旗舰店
网址：http：//jjkxcbs.tmall.com
北京季蜂印刷有限公司印装
710×1000　16开　15印张　280000字
2020年3月第1版　2020年3月第1次印刷
ISBN 978－7－5218－1377－7　定价：60.00元
（图书出现印装问题，本社负责调换。电话：010－88191510）

代　序

现阶段，中国经济发展正在由需求侧向供给侧转变，要解决供给侧结构性问题，根本途径在于改革。供给侧结构性改革需要创新发挥战略引领和动力驱动的双重作用，知识产权则为创新提供了必不可少的制度保障。探究知识产权对供给侧结构性改革所发挥的支撑作用是提高资源供给效率，实现供给侧结构优化，解决资源配置扭曲的关键所在。我国传统的实体经济发展模式和对外贸易的比较优势主要建立在劳动密集型产业、资源消耗型产业的基础之上，已经不能满足当前经济发展的现实需要，体现国家科技创新能力的知识产权优势将成为国际竞争的新优势，决定我国未来在国际分工中的地位。培育知识产权核心竞争力有利于实体经济和对外贸易的稳定增长，有利于产业在国内范围实现跨区域融合，在国际范围实现全球价值链攀升。

制度变革、结构优化、要素升级是供给侧结构性改革的“三大发动机”。要激活“三大发动机”的动力效应，提升其运行效率，首要任务是发挥知识产权的支撑作用。供给侧结构性改革在其本质上是要改革现有的市场规则，强调从供给侧提升市场运行效率，其根本在于制度变革，而知识产权制度安排是创新资源得到合理配置的制度保障。供给侧结构性改革的关键在于结构优化，首要任务是解决供需结构失衡问题，将科技成果产权化，提高知识产权的转化运用，为产业结构优化提供内生动力。生产要素升级是供给侧结构性改革之基础，解决要素配置扭曲是关键，知识产权是高级生产要素，是供给侧结构性改革的核心要素。

本书是金陵科技学院顾晓燕教授在其主持的江苏省社会科学基金

重点项目“江苏知识产权支撑实体经济供给侧结构性改革路径研究”的基础上，经过扩充、丰富和完善而形成的一部佳作。本书基于对供给侧结构性改革鞭辟入里的理论内核分析，创新性地总结了知识产权支撑供给侧结构性改革的逻辑机理，并从创新动力、内外协同、资源配置、长效激励、传导转换五个角度深入分析了知识产权支撑供给侧结构性改革的作用机制，是相关理论研究的重要补充。此外，本书着眼于现实实践，就知识产权支撑供给侧结构性改革的现状以及困境进行了剖析，并采用空间计量模型改进了现有的实证研究方法，利用全国的省际面板数据和典型区域的市际面板数据实证检验了知识产权对实体经济和外贸供给侧结构性改革的影响效应，提出了切实可行的实践路径和政策建议，具有重要的实践价值。

该书立意深远，观察到了知识产权支撑供给侧结构性改革这一关乎国计民生的重要问题；论证充分，其创新性的逻辑分析、凝练的理论框架和严谨的实证检验为该问题的解决提供了清晰的方向；观点鲜明，所提出的政策建议立足于中国经济发展的实际需要和现实背景。该书体现了笔者严谨的治学态度，开辟了新的研究领域，同时也启迪读者在知识产权如何支撑供给侧结构性改革上开展更深层次的思考。但书中难免还存在疏漏之处，欢迎学术界同仁批评指正，共同完善知识产权与供给侧结构性改革的后续研究。

刘厚俊
2019 年 11 月

前　言

在我国实施创新驱动发展战略，由知识产权大国向知识产权强国转变、由贸易大国向贸易强国转变的背景下，研究知识产权支撑供给侧结构性改革的理论基础与实践路径具有重要的理论与实践价值。供给侧结构性改革是我国经济进入新常态后的必然选择，是实现“化蛹成蝶”、转型升级的必由之路，制度变革、结构优化、要素升级是供给侧结构性改革的“三大发动机”，知识产权是提升“三大发动机”运行效率的重要支撑。

本书以知识产权支撑供给侧结构性改革为研究对象。首先，分析了供给侧结构性改革的理论基础，具体包括供给侧结构性改革的现实背景、政策形成、理论逻辑和实现路径。进而，分析了知识产权支撑供给侧结构性改革的理论逻辑：(1) 知识产权以其三大机制属性推动制度变革。供给侧结构性改革的根本在于制度变革，其本质即改革现有市场规则，侧重从供给侧而非需求侧去影响市场运行，改革是一系列的关于市场规则的制度安排。知识产权是对技术创新、品牌等无形资产的产权制度安排，产权是市场经济的核心内容之一，产权制度安排从根本上影响着市场交易的顺利开展，是创新资源得以科学配置的重要保障。(2) 知识产权以其带来的创新活力推动经济结构优化。结构优化是供给侧结构性改革的关键，首要任务是解决供需结构失衡，特别是低效供给的问题。(3) 知识产权以其高级生产要素的属性推动供给侧的要素升级。生产要素的升级是供给侧结构优化的基础，提高供给效率的关键在于解决要素配置扭曲的矛盾。知识产权是“智力”劳动成果的集中体现，生产的本质是要素的投入产出，知识产权是高级生产要素，也是供给侧结构性改革的核心要素，同时，基于新发展理念，剖析了供给侧结构性改革与知识产权的关联性。

其次，分析了知识产权支撑供给侧结构性改革的作用机制。(1) 创新动力机制。供给侧结构性改革的核心是创新，企业是创新和供给侧结构性改革的承载主体，知识产权从外部驱动和内部驱动两个方面促进了企业创新，进而对供给侧结构性改革发挥了重要的支撑作用。(2) 内部协同机制。企业成长是一个动态的发展过程，企业会不断地去适应外部环境的变化，通过不断的知识产权创造去实现企业的可持续发展，通过建立外部环境与内部环境要素间的协同机制，实现知识的获取、技术的创新，并最终将知识产权打造成为企业核心竞争力，支撑供给侧结构性改革。(3) 资源配置机制。良好的知识产权资源配置机制有利于知识产权创造的进行，科学合理的知识产权资源配置可以使知识产权资源配置主体与配置客体的关系实现协同化，最终达到提高知识产权资源配置系统运行效率的作用，推进供给侧结构性改革。(4) 长效激励机制。知识产权制度激励机制和知识产权战略激励机制有利于实现全社会福利改进，促进企业在市场竞争中实现知识产权的持续创新，并作用于供给侧结构性改革。(5) 传导转换机制。知识产权驱动创新发展，通过知识产权制度的完善、创新链上各环节主体的共同努力，通过改变需求、就业、区域、贸易等的结构从而促进产业结构升级，最终实现供给侧结构性改革。

再次，分析了知识产权支撑供给侧结构性改革的发展现状和现实困境。(1) 知识产权创造是供给侧结构性改革的“动力源”，离开了自主知识产权的创造，“科技创新优化产业结构”就成了“无源之水、无本之木”；(2) 知识产权运用不但是科技成果向现实生产力转化的桥梁，也是创新驱动产业转型升级的关键所在，更是供给侧结构性改革的助推器；(3) 知识产权要素是我国经济由投资驱动向创新驱动转换的重要前提和根本保障，但目前面临着创新主体创新动力不强、关键技术领域高价值专利缺乏、知识产权服务产业链不发达、知识产权保护创新成果的效率不高、知识产权市场转化率较低等诸多发展困境。

再其次，基于空间计量模型，收集了全国省际和典型区域江苏市际历年实体经济、对外贸易和知识产权的相关指标数据，并充分考虑了人口、外商直接投资等控制变量的影响，分多个模型，从考虑空间效应和不考虑空间效应两个角度，实证检验知识产权对实体经济和外贸供给侧结构性改革的支撑效应。结论显示，中国各省份的经济是广泛联系的，经济变量普遍存在跨越省际的空间溢出效应，价值链发展和产业链供需关系将各省份出口贸易紧密串联在一起。知识产权支撑实体经济和外贸发展存在显著的空间效应，知识产权对供给侧结构性改革整体表现为显著的促进作用，发明的影响要大于其他专利种类，未来专利结构的进一步优化有助于提升知识产权对实体经济供给侧结构性改革的支撑效应。具体地，知识产权数量和保护水平的提高不仅能促进本地区实体经济供给侧结构性改革，对周边地区也有带动作用，但是知识产权数量增长可能会使本省份对外贸易增长的同时替代一部分周边省份的对外贸易，知识产权保护水平提高则是对本省份和周边省份的外贸供给侧结构性改革都有促进作用。同时，目前的专利转化率还不高，需要促进知识产权的转化运用，使得知识产权更有效地向现实生产率转化，进而提升知识产权对实体经济、第三产业和外贸供给侧结构性改革的支撑效应。

另外，为进一步推动知识产权支撑供给侧结构性改革，我们从五个方面提出实践路径，具体包括：（1）完善知识产权制度供给。知识产权包含的种类众多，涉及的主体、内容等也很多，相应的制度安排非常庞杂。完善知识产权制度供给，首先，要深化知识产权行政管理体制改革，完善知识产权综合管理体系是知识产权治理结构改革的一项重要内容，专利、商标、版权的“三合一”管理，有利于全面推进供给侧结构性改革。其次，要基于创新链、产业链、市场链、资金链和服务链的融合发展，提供从知识产权创造、运用、保护、管理，最终到服务的知识产权全链条的制度安排，为供给侧结构性改革创造良好的制度环境。（2）提升知识产权技术供给。技术和品牌是企业进军国际市场的核心竞争力。知识产权能够为供给侧结构性改革提供强有力的技术供给支撑。充分发挥科研院所和高等院校的基础研究优势，充分发挥企业在供给侧结构性改革中的主体作用，建立基础研究向企业生产力转化的机制，实现以知识产权技术供给支撑供给侧结构性改革。(3) 加大知识产权运用供给。知识产权得以转化运用才能使技术创新转化为现实生产力；才能有效提升知识产权对经济增长的贡献率；才能加快产业结构优化升级，加大新产品开发投入，改善要素供给质量，支撑供给侧结构性改革。(4) 增加知识产权产品供给。一方面，要降低供给侧与需求侧的信息不对称，利用云计算和大数据，有效分析需求侧的需求导向，创造更多的有效高端产品，提高供给质量。另一方面，要加大知识产权海外布局，为知识产权产品站稳国际市场保驾护航。(5) 优化知识产权服务供给。知识产权的创造、运营、保护、管理等阶段的顺利开展都离不开知识产权服务。一方面，需要完善知识产权公共服务，制定知识产权服务标准，建设知识产权信息公共服务平台，优化知识产权中介服务体系，提升知识产权服务水平。另一方面，市场化的服务将大大提升知识产权服务的效率，迫切需要发挥知识产权服务行业协会等中介组织的作用。

最后，我们就上述研究所获得的基本结论，提出以下政策建议：(1) 以知识产权密集型产业的培育加速供给侧结构性改革的产业转型。加强知识产权密集型产业发展规划，完善知识产权密集型产业配套政策，加大知识产权密集型企业培育力度，推进知识产权密集型产业组建知识产权联盟。(2) 以知识产权创造水平的提升输送供给侧结构性改革的动力源泉。统筹创新奖评政策体系，壮大创新主体引领发展，树立创新质量取胜理念，构建多元协同创新体系。(3) 以知识产权保护制度的完善推进供给侧结构性改革的制度变革。完善知识产权保护制度体系，强化知识产权海外维权，调整知识产权保护水平，加大知识产权执法力度，实施知识产权护航工程，设立知识产权高级法院。(4) 以知识产权运用能力的增强加快供给侧结构性改革的要素升级。构建市场导向运营体系，激发市场链各环节活力，创新市场交易平台，完善交易服务系统，丰富市场融资渠道，规范市场运营机构，塑造市场运营品牌。(5) 以知识产权服务体系的建设保障供给侧结构性改革的服务供给。构建知识产权服务产业链，完善知识产权信息服务平台，制定知识产权服务标准体系，创新平台服务的市场化运行，促进专业服务国际化。(6) 以知识产权金融服务推进供给侧结构性改革。完善政策金融投入机制，科学评估知识产权价值，创新知识产权金融业务，引导社会金融资本注入。

本书是金陵科技学院顾晓燕教授主持的江苏省社会科学基金重点项目“江苏知识产权支撑实体经济供给侧结构性改革路径研究”（项目批准号：17DDA003）研究成果的扩充，在促进供给侧结构性改革，助力创新驱动发展战略的实施进程方面，取得了很好的社会影响和效益，相关成果被政府部门采纳应用。本书的出版得到江苏高校“青蓝工程”项目资助，撰写过程中已尽力做到数据充分，资料翔实，但书中难免存在疏漏之处，敬请广大读者批评指正，谨致感谢！

第一章

绪 论

第一节 研究背景及意义

一、研究背景

供给侧结构性改革是中国经济进入新常态的必然选择，是实现“化蛹成蝶”、转型升级的必由之路。从强调需求管理转变为注重供给管理，知识产权是关键所在。知识产权能够有效支撑供给侧结构性改革，是推进我国经济从高速增长阶段向高质量发展阶段转变的重要动力，对统筹协调区域发展的意义重大。

中国改革开放40年来的实践证明，要更好释放各类创新主体新活力，强化知识产权保护，培育公平竞争的市场环境，遵循技术发展规律，全面改造传统生产要素，是实现并持续深化供给侧结构性改革的战略性举措。供给侧结构性改革以提高供给体系质量为主攻方向，既是建设现代化经济体系的首要任务，更是实现我国经济由高速增长向高质量发展转变、由总量扩张向结构优化转变的基本路径。供给侧结构性改革关键在于优化供给结构，完善生产要素供给体系。具体来说，供给侧要素包括劳动力、土地、资本、自然资源、制度和创新等，当经济进入中等收入阶段后，制度要素和创新要素相对于劳动力、土地、资本和自然资源而言，对经济增长的贡献会更加突出。国家知识产权局局长申长雨（2016）指出，知识产权本身具备制度供给和技术供给的双重属性。相对于劳动力、自然资源等初级生产要素而言，知识产权属于高级生产要素，是经济进入创新驱动发展阶段的核心供给要素。知识产权创造与保护、转化与运用对深化供给侧结构性改革、对提高供给体系质量和效率具有重要的助推和保障作用。

党的十九大报告明确提出，要在全国层面坚定实施创新驱动发展战略，实现新旧动能有机转换，瞄准供给侧的短板精准发力。知识产权保护促进质量强国建设的具体措施表面上似乎是对某些发达国家对中国技术创新进行围追堵截的回应，其实是要在经济高质量发展的创新驱动发展道路上，把过去那种创造知识产权非均衡保护引致竞争优势的政策取向，转向以全面推进知识产权保护体制机制创新的公平竞争环境的政策取向，这是在新时代背景下供给侧结构性改革不断深化的关键。

创新是推进供给侧结构性改革的关键抓手，也是驱动制度变革、结构优化和要素升级，即供给侧结构性改革“三大发动机”的重要引擎，创新为供给侧结构性改革提供了动力支撑，更是引领发展的首要动力。知识产权是激励创新的重要制度保障，是将创新与市场紧密相连的重要桥梁，没有知识产权就没有源源不断的创新。未来全球化竞争的关键是知识产权的博弈，以知识产权支撑供给侧结构性改革将成为知识产权强国建设的重要使命。本书从制度变革、结构优化和要素升级三个层面具体分析知识产权支撑供给侧结构性改革的内在理论逻辑，并从创新动力机制、内外协同机制、资源配置机制、长效激励机制、传导转换机制五个层面深入分析知识产权支撑供给侧结构性改革的具体作用机制，并且在分析知识产权支撑供给侧结构性改革的现状与困境的基础上，基于空间计量模型实证检验知识产权对实体经济和外贸供给侧结构性改革的支撑效应，最终指明实现知识产权支撑供给侧结构性改革的切实可行的路径选择并因地制宜地提出政策建议，将对供给侧结构性改革产生一定的现实指导意义。

二、研究意义

（一）理论意义

国内外学者对知识产权和供给侧结构性改革的研究都比较多，但是研究较少涉及知识产权与供给侧结构性改革的作用机制分析、关联性分析、支撑效应分析，以及知识产权支撑供给侧结构性改革的实践路径及政策建议。改革开放以来，我国经济更多强调需求侧的发展和调整，随着经济进入“新常态”，我国经济供给侧的结构性问题才得以重视，少量研究也开始讨论知识产权发展对供给侧结构性改革的影响，但此类研究缺少基于数据的实证分析，其相应的政策建议等也是基于理论的规范分析研究。

知识产权支撑供给侧结构性改革的内在逻辑机理是什么？作用机制是什么？支撑效应如何？如何才能够实现知识产权对供给侧结构性改革的支撑作用？本书从上述问题的回答出发，通过对相关领域国内外代表性文献进行总结和归纳，从知识产权所具备的制度供给和技术供给双重属性角度进行专门和系统研究，深入剖析了知识产权支撑供给侧结构性改革的内在理论逻辑，利用翔实的数据和空间计量模型多维度实证分析了知识产权对实体经济供给侧结构性改革和外贸供给侧结构性改革的支撑效应，并系统地提出了知识产权支撑供给侧结构性改革的可行路径和有针对性的政策建议，对从知识产权层面探寻推进供给侧结构性改革具有重要理论指导价值，也为供给侧结构性改革、知识产权强国建设、实体经济发展等领域的学术研究提供了一定的理论指导。

（二）现实意义

知识产权能否有效支撑供给侧结构性改革是衡量和评价知识产权强国建设成效的一个重要标志，而目前的学术研究还比较匮乏，经济实践缺少有针对性的研究支撑。因此，有必要全面地研究知识产权与供给侧结构性改革之间的关联性。本书系统地分析了知识产权支撑供给侧结构性改革的内在理论逻辑、知识产权支撑供给侧结构性改革的现状以及面临的困境，基于空间计量模型实证研究了知识产权对实体经济供给侧结构性改革和外贸供给侧结构性改革的支撑效应，并提出知识产权支撑供给侧结构性改革的路径选择与政策建议，对实现供给侧结构性改革、推进创新驱动发展战略实施进程具有一定的实践指导价值，有利于国家层面和区域层面供给侧结构性改革的深化和知识产权强国强省建设进程的推进。

第二节 研究内容及方法

一、研究内容

本书以知识产权支撑供给侧结构性改革为研究对象。首先，分析了供给侧结构性改革的理论基础，具体包括供给侧结构性改革的现实背景、政策形成、理论逻辑和实现路径。其次，分析了知识产权支撑供给侧结构性改革的逻辑机理，知识产权以其产权安排、创新激励、有效的市场机制这三大机制属性推动制度变革，以其带来的创新活力推动经济结构优化，以其高级生产要素的属性推动供给侧的要素升级。最后，对知识产权支撑供给侧结构性改革的具体作用机制进行了深入探讨，具体包括创新动力机制、内外协同机制、资源配置机制、长效激励机制和传导转换机制五个层面。

本书进一步剖析了知识产权支撑供给侧结构性改革的发展现状和现实困境。知识产权创造是供给侧结构性改革的“动力源”，知识产权运用是科技成果向现实生产力转化的桥梁，知识产权要素是我国经济由投资驱动向创新驱动转换的重要前提和根本保障。但目前面临着创新主体创新动力不强、关键技术领域高价值专利缺乏、知识产权服务产业链不发达、知识产权保护创新成果的效率不高、知识产权市场转化率较低等诸多发展困境。

接着，本书基于空间计量模型，收集了全国省际和典型区域江苏市际历年实体经济、对外贸易和知识产权的相关指标数据，并充分考虑了人口、外商直接投资等控制变量的影响，分多个模型，从考虑空间效应和不考虑空间效应两个角度，实证检验知识产权对实体经济、第三产业和外贸供给侧结构性改革的支撑效应。

为进一步推动知识产权支撑供给侧结构性改革，从完善知识产权制度供给、提升知识产权技术供给、加大知识产权运用供给、增加知识产权产品供给、优化知识产权服务供给等五个方面提出实践路径，并基于研究所获得的基本结论，提出针对性、可操作性强的政策建议，具体包括加快培育知识产权密集型产业，促进产业转型；提升知识产权创造水平，向供给侧结构性改革传递动能；持续完善知识产权保护制度，助力供给侧制度变革；增强知识产权运用能力，实现供给侧要素结构升级；建设知识产权服务体系，确保供给侧的知识产权服务供给；重视知识产权金融服务，促进实体经济供给侧结构性改革。

二、研究方法

文献梳理与理论分析。梳理国内外有关知识产权和供给侧结构性改革的相关文献资料，综合运用政治经济学、管理学、法学等相关理论，深入剖析知识产权与供给侧结构性改革的内在逻辑。

比较分析与系统分析。比较分析不同专利类型对实体经济、第三产业和外贸供给侧结构性改革的影响差异，以及某一地区知识产权数量和保护水平变化对本地区和周边地区的影响差异，尤其在对典型区域江苏进行分析时，比较了不同地区的知识产权发展和经济发展现状，不同区域的知识产权对供给侧结构性改革的影响，并最终系统提出知识产权支撑供给侧结构性改革的可行实践路径与政策建议。

规范分析与实证分析。从制度变革、结构优化、要素升级三个层面对知识产权支撑供给侧结构性改革的逻辑机理进行规范分析，进而基于省际数据和典型区域的市际数据，运用空间计量模型，实证分析了知识产权对实体经济、第三产业和外贸供给侧结构性改革的支撑效应。

第三节 创新之处及不足

一、创新之处

（一）研究视角创新

现有研究肯定了知识产权对经济发展的促进作用，其中不乏对知识产权与产业转型升级、要素供给质量提升之间内在关联的讨论。另外，随着中国经济进入“新常态”，越来越多的学者和政策制定者也认识到供给侧结构性改革的重要性和迫切性。但是目前少有系统分析知识产权与供给侧结构性改革的逻辑关联的研究。本书从知识产权视角研究供给侧结构性改革，是对现有研究的拓展，拓宽了知识产权和供给侧结构性改革的研究边界，深化了知识产权和供给侧结构性改革的研究内涵，是研究视角的创新性探索。

（二）研究内容创新

本书尝试聚焦于知识产权，通过宏观规范分析和微观实证分析，研究知识产权如何从不同层面，特别是通过完善知识产权制度供给，加大高价值知识产权供给，促进知识产权向生产力转化，构建知识产权保护体系和服务体系等支撑供给侧结构性改革，深入探究知识产权支撑供给侧结构性改革的理论逻辑机理与内在作用机制，从微观企业人才、中观产业、宏观制度等多个层面予以综合研究，探讨知识产权支撑供给侧结构性改革的可行实践路径，并有针对性地提出对策建议，是本书研究内容的创新。

（三）研究方法创新

当前围绕供给侧结构性改革的研究更多的是基于宏观经济增长理论展开，以规范分析为主。本书在规范研究的基础之上，引入了实证研究方法，利用空间计量模型对全国省际面板数据和典型区域的市际面板数据进行了实证检验，充分考虑了不同地区的空间自相关性，深入剖析了知识产权数量和知识产权保护对实体经济、第三产业和外贸供给侧结构性改革的影响效应，是研究方法的创新。

二、研究不足

在实证分析中，用专利实力指数来衡量知识产权的实际水平更为合适，但是目前并没有全国省级层面的专利实力指数的公开数据，典型区域江苏也无法获取2013年之前的专利实力指数，可获得数据的时间跨度太短，不足以支撑面板数据的实证需要。所以我们只能退而求其次，选取发明专利的申请量和授权量作为知识产权数量的代理变量，研究知识产权数量对实体经济、第三产业和外贸供给侧结构性改革的影响效应，并另外计算了知识产权保护水平，研究了知识产权保护对实体经济、第三产业和外贸供给侧结构性改革的影响效应。这样的指标选择虽然也较为全面地涵盖了知识产权发展的不同方面，但是没有考虑专利质量和知识产权保护体系的总体发展水平，所以后续研究还可以进行进一步的改进。

本书选择空间计量模型实证检验知识产权对供给侧结构性改革的支撑作用，主要是考虑地区间的知识产权和经济发展是广泛联系的，普遍具有空间溢出效应，无法忽略空间自相关性的影响。但是在空间权重矩阵的选择上，在省际数据的基础上建立全国各省份的空间权重矩阵，以及在市际数据的基础上建立典型区域江苏省的空间权重矩阵，矩阵的维度还不够精确。例如，全国各省份内部的经济发展水平大多参差不齐，专利数量也有较大差异，知识产权保护的相关政策也不尽相同，但是一省内部既存在差异，也存在广泛的经济、政策等联系，更进一步地，省内各个县区和周边省份其他县区的经济关联性也是不同的，这些都和各个县区在省内的位置有关系。换言之，如果在县区级维度上定义空间权重矩阵，将能够更加准确地测度各指标的空间效应，进而更加准确地分析知识产权对供给侧结构性改革的影响效应。但是由于模型涉及的变量很难获得县区级维度的数据，所以本书退而选取了典型区域的市级维度和全国范围的省际维度数据。实证结论虽能一定程度反映知识产权对实体经济、第三产业和外贸供给侧结构性改革的影响效应，但是在未来研究中，研究方法仍有一定的改善空间。

第二章

供给侧结构性改革的理论基础

第一节 供给侧结构性改革的现实背景

一、经济发展进入新常态

（一）经济增速换挡

新中国成立70年来，经济发展取得了举世瞩目的成就，综合国力大大加强，中国成了世界第二大经济体。但是受人口红利衰减、中国经济增长动力转换、世界经济复苏缓慢、国际分工格局变化等多重因素的影响，自2012年开始，中国经济增速持续放缓，经济增速进入换挡期，经济发展进入新常态。

2013年12月，习近平总书记在中央经济工作会议上，提出“新常态”。经济新常态的突出表现是经济由高速增长转向中高速增长。2014年5月，习近平总书记在河南考察时指出，要“适应新常态”。2014年8月，人民日报刊登《经济运行呈现新特征》的文章，指出“进入新常态，增长速度换挡期、结构调整阵痛期、前期刺激政策消化期，三期叠加，各种矛盾和问题相互交织”。2015年6月，习近平总书记在贵州调研时指出，“当前，我国经济发展呈现速度变化、结构优化、动力转换三大特点，适应新常态、把握新常态、引领新常态，是当前和今后一个时期我国经济发展的大逻辑”。

中国经济呈现新常态，由高速增长向中高速增长转变。伴随新常态，部分行业产能过剩和有效供给不足、发展方式和产业结构不合理、生产和投入效率不高、产品层次处于中低端和国际竞争力不强等一系列问题亟待解决（逄锦聚，2016）。新常态下经济失衡的新特征，使总需求管理的宏观调控方式和宏观政策面临严重的挑战（刘伟，2016），需求刺激的效果越来越弱。要解决经济失衡问题，我国必须适时向供给侧结构性改革转变（赵志耘，2016），从一味追求“量”的增长转变为注重“质”的发展和效益的提高（刘春芝，2019），从而开启转型升级、提质增效的新征程。大多数经济追赶国家，在大规模工业化结束后都经过了调整与转型，通过结构性改革从原先的粗放式增长模式转向适应城市化阶段的效率模式（袁富华等，2019），在转型阶段，中国经济面临的问题是长期性的、结构性的，供给侧结构性改革是解决经济失衡问题的有效途径。

（二）结构失衡凸显

国际经验表明，经济追赶国家往往在经济起步和初级发展阶段，容易过度追求经济的快速增长，忽视经济结构的优化，从而引起经济结构的失衡。新常态下，结构失衡问题之一是产业结构不合理，突出表现在三高一低产业比重偏高，导致产能过剩、资源能源过度消耗、生态环境恶化、长期处于全球价值链中低端等问题。结构失衡问题之二是区域结构不合理，突出表现在区域发展的不平衡、不协调、不公平，影响了社会有效需求的增加（郭杰等，2016）。结构失衡问题之三是要素投入结构的不合理，技术、知识产权等高级生产要素的投入比重偏低，对劳动力、土地、资源等低级生产要素的依赖依然较重。代表技术水平的全要素生产率的提高才是产出效率提高和供给结构升级的标志（江小国，2017），是推动创新驱动实现经济高质量发展的有效途径。结构失衡问题之四是产品结构不合理，突出表现在低端产品无效供给过大，高端产品有效供给不足，中国民众疯狂进行海外扫货和品牌奢侈品代购现象比比皆是，供给侧缺乏较多的高端产品满足民众的差异化需求，供给侧与需求侧存在严重的不匹配（顾晓燕，2018）。结构失衡问题之五是收入分配结构不合理，突出表现在城乡之间的收入差距、行业之间的收入差距、居民之间的贫富差距都比较大（江小国，2017），影响了有效需求的增加。

供需结构的失衡会导致产能过剩、效率低下和运转不灵等问题（刘志彪，2018）。新常态下，要缓解结构失衡问题，片面依靠需求侧调控和管理是难以奏效的，扩张性的需求刺激政策会导致长期存在的结构问题更加恶化。供给侧结构性改革对于新常态下从根本上克服结构失衡，推动结构优化升级，缓解结构性矛盾具有极为重要的意义（刘伟，2016）。供给侧结构性改革的“三大发动机”是制度变革、结构优化、要素升级，供给侧结构性改革能提升全要素增长率，培育新的增长点，形成新的增长动力，从而有效缓解经济结构失衡问题，实现经济的高质量发展。

（三）发展方式转变

长期依靠低成本要素、高资源投入、需求刺激政策带来的粗放型增长方式已经难以为继（郭威等，2016）。党的十九大报告提出高质量发展的新表述，表明中国经济由高速增长阶段转向高质量发展阶段，发展方式由规模速度型转向质量效率型。新常态需要经济发展由高速增长转向高质量发展，供给侧结构性改革是推动经济高质量发展的必然选择。2018 年，国务院政府工作报告强调，坚持以供给侧结构性改革为主线，供给侧结构性改革是高质量发展的根本途径。面对百年未有之大变局，针对中国经济的结构性失衡问题，只有深化供给侧结构性改革，促进新旧动能转换，增强内生发展动力，形成竞争新优势，才能引领经济高质量发展（黄新华等，2019）。新常态下，经济发展要考虑人民对美好生活的向往，对绿水青山、蓝天白云的向往，经济发展模式不能再以破坏环境为代价，需要以绿色 GDP 为导向（刘春芝，2019），需要通过制度变革、结构优化、要素升级实现规模速度型向质量效率型的转变，实现经济的高速增长向高质量发展的转变。

（四）发展动力变革

根据生产函数，经济增长的驱动因素有劳动、资本、全要素生产率等，劳动和资本对产出的贡献主要是要素投入数量的扩张，属于低级要素驱动，随着劳动力等成本的上升，主要依靠低级要素投入量扩张拉动经济高速增长不具有可持续性，并且会带来重复建设、产能过剩、社会资源浪费、供求失衡等一系列问题。新常态下需要依靠创新驱动推动经济高质量发展，熊彼特认为经济发展源于创新，新常态下，中国经济要依靠新的发展动力，从要素驱动、投资驱动转向创新驱动是实现经济高质量发展的必然。创新驱动以知识人才资源为基础，以科技创新、管理创新、模式创新为驱动，以自主知识产权创造、转化与运用为核心，以创新支撑和引领产业结构优化升级，以创新为驱动经济发展的新动力源，以降低资源消耗和改善生态环境为要务，以实现经济环境社会和谐发展为目标（顾晓燕，2017）。创新驱动发展阶段，经济增长的关键在于技术进步所带来的全要素生产率的提高（刘春芝，2019），全要素生产率代表技术水平，属于高级生产要素，可以更加有效地推动经济高质量发展。

第二节　供给侧结构性改革的政策形成

一、供给侧结构性改革的形成阶段

2015 年 11 月，习近平总书记在中央财经领导小组第十一次会议上强调，“在适度扩大总需求的同时，要着力加强供给侧结构性改革，着力提高供给体系质量和效率，增强经济持续增长动力”。[①] 2015 年 12 月，中央经济工作会议将“三去一降一补”作为 2016 年推进供给侧结构性改革的重点任务。供给侧结构性改革是应对经济新常态的根本出路，是适应经济发展新常态的必然选择。稳定经济增长、实现经济转型升级是供给侧结构性改革的重要目标，强调供给侧结构性改革，实质上就是主张以更高质量的供给机制来实现可持续发展（金碚，2016）。

2016 年是供给侧结构性改革的攻坚之年，2016 年 1 月，习近平总书记在省部级主要领导干部学习贯彻党的十八届五中全会精神专题研讨班上的讲话强调，“供给侧结构性改革，重点是解放和发展社会生产力，用改革的办法推进结构调整，减少无效和低端供给，扩大有效和中高端供给，增强供给结构对需求变化的适应性和灵活性，提高全要素生产率”。2016 年 1 月，中央财经领导小组第十二次会议上习近平总书记强调，“供给侧结构性改革的根本目的是提高社会生产力水平，落实好以人民为中心的发展思想，要在适度扩大总需求的同时，去产能、去库存、去杠杆、降成本、补短板，从生产领域加强优质供给，减少无效供给，扩大有效供给，提高供给结构适应性和灵活性，提高全要素生产率，使供给体系更好适应需求结构变化”。2016 年 12 月，习近平总书记在中央经济工作会议上强调，“振兴实体经济是供给侧结构性改革的主要任务，供给侧结构性改革要向振兴实体经济发力、聚力”。

二、供给侧结构性改革的深化阶段

2017 年是供给侧结构性改革的深化之年。2017 年 1 月，习近平总书记在十

---

① 新华网．习近平主持召开中央财经领导小组第十一次会议［A/OL］.（2015 - 11 - 10）［2019 - 06 - 01］. http：//www. xinhuanet. com//politics/2015 - 11/10/c_1117099915. htm.

八届中共中央政治局第三十八次集体学习时的讲话指出，“破茧成蝶都有伤痛，供给侧结构性改革出现的短期阵痛是必须承受的阵痛，不能因为有阵痛就止步不前”。[①] 2017 年 10 月，党的十九大报告中指出，深化供给侧结构性改革，建设现代化经济体系，必须把发展经济的着力点放在实体经济上，把提高供给体系质量作为主攻方向，显著增强我国经济质量优势。第二个百年的最终奋斗目标是建设现代化强国，现代化强国建设的基石是现代化经济体系，而深化供给侧结构性改革被摆在了建设现代化经济体系的首位。满足人民日益增长的美好生活需要、解决发展不平衡不充分问题、推动经济高质量发展，都要求深化供给侧结构性改革。2017 年 12 月召开的中央经济工作会议指出，我国经济发展进入了新时代，已由高速增长阶段转向高质量发展阶段，要围绕推动高质量发展深化供给侧结构性改革，推进中国制造向中国创造转变，中国速度向中国质量转变，制造大国向制造强国转变。供给侧结构性改革的目标是推动从外延扩张型向内涵开发型增长方式转变，从要素驱动型、投资驱动型增长方式向创新驱动型增长方式转变，实现由数量型经济增长向质量型经济增长的目标模式转变（江小国，2017）。

2018 年 12 月 21 日闭幕的中央经济工作会议认为，我国经济运行主要矛盾仍然是供给侧结构性的，必须坚持以供给侧结构性改革为主线不动摇，更多采取改革的办法，更多运用市场化、法治化手段，在“巩固、增强、提升、畅通”八个字上下功夫。深化供给侧结构性改革，关键在于坚定不移深化改革，进而为经济高质量发展开辟新途径（王一鸣等，2019）。2019 年 10 月，党的十九届四中全会进一步强调了要全面贯彻新发展理念，坚持以供给侧结构性改革为主线，加快建设现代化经济体系。

三、供给侧结构性改革是引领经济发展新常态的政策选择

中国经济进入新常态，传统依靠“三驾马车”拉动经济增长的模式已难以奏效，推进供给侧结构性改革是避免经济结构性失衡，促进经济由低质向高质发展的必然选择（张涵等，2018）。供给侧结构性改革能够有效治理产能过剩等难题，能够增加有效供给，催生新的增长点，是引领经济发展新常态的政策选择，是贯彻落实创新、协调、绿色、开放、共享发展理念的重要抓手。新时代需要从供给侧着手，通过新技术，产生新供给，创造新需求，推动新经济高质量发展（腾泰，2013）。供给侧结构性改革并非“应急”之策，是一个长期过程，是一项长

① 习近平：《在中共中央政治局第三十八次集体学习时的讲话》，载于《人民日报》2017 年 1 月 22 日。

期任务（方福前，2018），是一项系统工程。

供给侧结构性改革旨在通过制度变迁推动经济结构变迁，以实现新常态下的经济均衡发展（叶初升等，2019），“供给侧结构性改革”的提出，标志着中国宏观经济思想发展到了一个新的阶段（张琦，2019），是中国经济进入新常态后提出的一个重大战略，是经济发展中结构调整和产业升级的内在诉求，是结合中国经济发展的新常态，是借鉴需求侧管理和供给侧管理中的有益成分发展而成的，彰显的是中国模式和中国道路（赵志耘，2006），供给侧结构性改革的提出，回应了时代的需要，体现了创新性（裴长洪等，2019）。

供给侧结构性改革、农村家庭联产承包责任制和国有企业改革是经济体制的三次重要革命（方福前，2018）。深化供给侧结构性改革，是推动现代化经济体系建设中的质量、效率、动力三大变革的重要抓手。供给侧结构性改革的逻辑起点是生产关系必须适应生产力性质，新常态下生产力的发展将倒逼生产关系的变革（郭杰等，2016）。

第三节　供给侧结构性改革的理论逻辑

一、西方的“供给学派”与“需求学派”

“供给学派”以法国经济学家萨伊为代表，认为在自由市场中，供给能够自行地创造需求，会自动地实现供求的均衡。因此，主张尽量减少政府对经济的干预，强调市场的调节作用，认为经济发展的停滞不是因为需求不足，而是因为供给不足，所以需要提高产出水平拉动经济增长（赵志耘，2016）。然而，20 世纪 30 年代大危机，出现严重的供给过剩，供求失衡，使得以英国经济学家凯恩斯为代表的“需求学派”应运而生。凯恩斯的“需求学派”认为需求能创造供给，通过改变总需求能使需求与供给平衡。按照凯恩斯的国民收入均衡分析，$Y = C + I + G + NX$，Y 代表总产出、C 代表消费、I 代表投资、G 代表政府支出、NX 代表净出口，可以通过拉动消费、投资、政府支出和净出口，使需求与供给平衡。“需求学派”认为有效需求不足是经济危机产生的主要原因，主张在经济衰退时，由政府采取积极的财政政策和货币政策来刺激需求，尤其是加大对基础设施的投资，投资拉动需求，促进经济增长，居民收入随之增加，消费随之增加，供给随之增加，实现经济增长（赵志耘，2016）。

20世纪70年代，高失业率与高通货膨胀率并存的“滞涨”现象的出现，使凯恩斯主义广受质疑，以“需求管理”为核心的凯恩斯主义经济政策被认为是造成“滞涨”的主要原因，由此，以蒙代尔和拉弗等经济学家为代表的供给学派的观点重新得到重视（胡鞍钢等，2016）。现代供给学派登上了历史舞台，现代供给学派强调供给管理，认为供给是经济繁荣的关键，主张减少国家对企业的干预、支持市场自由竞争等措施刺激经济增长，以解决经济停滞和通货膨胀问题（逄锦聚，2016）。

二、马克思主义政治经济学

马克思主义政治经济学建立在唯物史观基础上，构建了“生产—分配—交换—消费”对立统一的社会总产品实现原理（逄锦聚，2016）。经济进入高质量发展阶段，马克思主义政治经济学是供给侧结构性改革的重要理论来源。马克思宏观经济均衡理论为供给侧结构性改革提供了方法和对策（王亚丽，2017），马克思结构均衡理论阐明了我国供给侧结构性改革的实质（杨继国等，2018）。社会总供给和总需求理论、资本循环周转理论、现代企业管理制度等都是供给侧结构性改革的理论依据（盖凯程等，2019）。马克思主义政治经济学为供给侧结构性改革提供了理论基础与方向指引（刘春芝，2019），供给侧结构性改革的理论来自马克思主义政治经济学，丰富和发展了马克思再生产理论（盖凯程等，2019）、宏观经济结构理论、生产力和生产关系理论，它和西方的供给学派有本质的不同（白暴力等，2017）。

三、中国特色社会主义政治经济学

供给侧结构性改革是马克思主义基本理论和方法论在中国新常态经济发展背景下的具体运用，是中国特色社会主义政治经济学在新的历史时期的发展和创新。供给侧结构性改革的理论基础，是在继承、发展、创新马克思主义政治经济学基本原理的基础上，以解决中国实践和经济新常态所面临的问题为出发点，形成的中国特色社会主义政治经济学，彰显的是能够解决中国实际问题的中国模式和中国道路（赵志耘，2016）。供给侧结构性改革作为马克思主义政治经济学的创新与发展，是中国特色社会主义经济理论的重要内容，也是马克思主义中国化的最新体现（程恩富等，2016）。深化供给侧结构性改革，基本的理论基础是中国特色社会主义政治经济学，基本的实践基础是当代中国的国情、当代中国经济发展实践和世界经济的“世情”（逄锦聚，2016）。供给侧结构性改革是马克思主义中国化的最新成果，是引领经济新常态、推动经济高质量发展的理论指导，是中国特色社会主义政治经济学的重要内容。

第四节　供给侧结构性改革的实现路径

一、改革是解决供给侧结构性问题的根本途径

解决供给侧结构性问题的根本途径在于改革。2016 年 1 月，习近平总书记在省部级主要领导干部学习贯彻党的十八届五中全会精神专题研讨班开班式上讲话强调，中国的“供给侧结构性改革”的关键，是“用改革的办法推进结构调整，减少无效和低端供给，扩大有效和中高端供给，增强供给结构对需求变化的适应性和灵活性，提高全要素生产率”。“三去一降一补”需要加快体制机制的改革，从劳动力、土地和自然资源、资本、技术创新、制度五个要素层面采取一系列措施破除抑制供给的体制机制约束（任保平等，2018），建立起一个能不断适应市场需求的供给体系，通过供给侧结构性改革提高全要素生产率，提高供给体系质量，培育和增强发展新动力（黄新华等，2019）。如果说创新是发展的新引擎，改革则是新引擎的点火器。在体制上解决企业供给的市场导向问题，进一步完善市场决定资源配置的体制机制，从而推进去产能、去库存、去杠杆的目标的实现，构建促进创新的体制机制的同时，更要形成科技创新与产品创新有效衔接的机制，从而实现降成本、补短板的目标（洪银兴，2016）。

二、创新是推进供给侧结构性改革的关键路径

创新驱动对供给侧结构性改革具有重要的战略引领作用，是实现产业结构优化、经济发展方式转变的关键。创新是引领发展的第一动力，是建设现代化经济体系的战略支撑，是克服供需结构不匹配的有效手段。创新为产业结构优化升级奠定坚实基础，为跨越“中等收入陷阱”提供强大动力（郭威等，2016）。深化

供给侧结构性改革，推进经济高质量发展，必须实现从要素驱动、投资驱动向创新驱动的转变，让技术创新、制度创新、产业创新、产品创新等成为推动经济发展的引领力量，为经济增长培育新动力（黄新华等，2019）。在“创新、协调、绿色、开放、共享”的新发展理念下，“伴随着新一轮科技进步和产业革命，创新是引领供给侧结构性改革的关键路径”（张文等，2017）。

（一）技术创新

技术创新是推进供给侧结构性改革的核心动力，技术创新能形成新的技术供给，推动传统优势产业升级改造，催生新的产品和服务，推进供需均衡跃升，推动经济发展的质量、效率、动力三大变革。

技术创新是达成“三去一降一补”的重要路径，推动技术创新，有助于去产能、去库存、去杠杆、降成本、补短板。第一，去产能。技术创新能有效优化产业结构，增加科技创新供给，盘活资产存量，提高产能利用率，是化解产能过剩的有效途径。第二，去库存。通过技术创新，提升产品和服务的科技含量，创造新用途，开拓新市场，实现去库存。第三，去杠杆。引导资金向技术密集型、知识产权密集型产业集聚，增加技术创新研发资金的投入，促进新技术的转化运用，加快新产品的开发，创造新需求。第四，降成本。科学技术是第一生产力，通过技术创新的乘数效应，提高全要素生产率（王建平，2018），打造知识产权核心竞争优势，占据产业链微笑曲线的中高端，进而通过市场扩张效应和规模经济效应，降成本，赢利润。第五，补短板。补足关键技术领域核心知识产权的不足，打通科技成果转化的通道；补足产业链长期处于低端环节的短板，培育发展新动能，推动经济高质量发展。

（二）制度创新

制度创新是供给侧结构性改革的重要保障。供给侧结构性改革需要通过制度创新，以高效的制度供给，激发市场主体的潜能，形成经济发展新动力。全要素生产率的提高是供给侧推动经济增长的关键，而全要素生产率的提高迫切需要制度创新。制度供给是科技创新的重要保障，是供给侧结构性改革的核心内容，是激发科技创新活力的重要保障。加强和创新制度供给，完善科技创新体制机制，创新科技治理体系，加强知识产权保护，完善科技创新评价标准和成果转化机制，从制度上推进科技成果向现实生产力的转化，解决好“最后一公里”的问题。

制度变革是供给侧结构性改革的“三大发动机”之一，党的十九届四中全会公报中“制度”一词出现77次，强调制度是关系党和国家事业发展的根本性、全局性、稳定性、长期性问题。制度是人类社会实现经济社会发展最为根本的保障，科学、完备、高效的制度保障是建设现代化经济体系的关键，是供给侧结构性改革顺利推进的关键。

（三）产业创新

新一轮科技革命和产业变革，改变着全球产业链格局，产业链竞争已经成为全球化进程中一种全新的竞争形态。信息技术成为新一轮科技革命和产业变革的核心引擎，物联网、云计算、5G等新一代信息技术广泛渗透于经济社会各个领域，与实体经济融合发展。

深化供给侧结构性改革，引领经济高质量发展，必须建立产业升级机制，加快传统产业转型升级，加快工艺升级、产品升级、功能升级、产业链升级和产业集群升级（刘志彪，2016），促进产业迈向全球价值链中高端，培育国际市场竞争力（刘凤义等，2019）。从要素驱动转向创新驱动，促进创新链、产业链深度融合发展，让核心产业链与核心技术链协同发挥作用，瞄准产业链中高端的核心技术，瞄准高端制造业，抢占产业制高点，提高产业技术创新能力，在协同创新、开放式创新中实现产业转型升级，培育新增长点，形成新动能，努力占据全球价值链的“智高点”。推动移动互联网、大数据等与现代制造业结合，提高创新驱动发展成效。

（四）产品创新

产品创新是供给体系质量提高的重要体现，也是落实供给侧结构性改革的重点任务的有效路径。加大高质量产品供给、提升产品质量水平是解决好发展不平衡不充分问题的重要抓手，新的产品和服务的创造是供给侧结构性改革的本质要求，是实现产业升级和提高供给质量的基础。

通过产品创新，增加优质新型产品，通过产品的差异化生产、产品的工艺创新，提高产能利用率，有效实现去产能。通过产品创新，激发新需求，开拓新市场，尤其是具有核心竞争优势的含有知识产权的产品，更具有市场的独占性，“卖方市场”的地位显著，有效实现去库存。通过产品创新，引导金融资本向受市场青睐的产品和产业集聚，避免投资的盲目性，有效去杠杆。通过产品创新，倒逼技术转化为现实生产力，科技成果的有效转化大大提高全要素生产率，提高效率，尤其是通过科技创新催生新的产品和新的服务，减少对资源能源的消耗、对环境的破坏，避免了以往破坏环境带来的巨大代价，有效降成本。通过产品创新，有效补足国内消费者对高端产品、差异化产品的需求，满足人民对美好生活向往的需求，同时对于进军国际市场的产品而言，产品创新，含有专利技术和品牌的产品的出口，大大提高了产品的附加值，改变了长期以来"中国制造"产品过度依赖价格优势占领国际市场的局面，实现补短板。同时，产品创新是贸易大国向贸易强国转变的重要体现，是从全球产业链低端迈向中高端的重要体现，向世界展示了中国供给侧结构性改革的成效。

第三章

知识产权支撑供给侧结构性改革的逻辑机理

第一节 知识产权支撑供给侧结构性改革的内在逻辑

一、引言

中国改革开放40年来的实践证明，要更好释放各类创新主体新活力，强化知识产权保护，培育公平竞争的市场环境，遵循技术发展规律，对传统生产要素进行全链条和全方位改造，是深化供给侧结构性改革的重要战略举措。深化供给侧结构性改革，将提高供给体系质量作为主攻方向，是建设现代化经济体系的首要任务，更是实现我国经济由高速增长向高质量发展转变、由总量扩张向结构优化转变的基本路径。供给侧结构性改革的关键是优化供给结构，完善生产要素供给。供给侧要素包括劳动力、土地及自然资源、资本、制度、创新等，在经济进入中等收入阶段后，制度、创新要素相对于劳动力、土地及自然资源、资本而言，对经济增长的贡献更为突出。国家知识产权局局长申长雨（2016）指出，知识产权本身具备制度供给和技术供给的双重属性。相对于劳动力、自然资源等初级生产要素而言，知识产权属于高级生产要素，是经济进入创新驱动发展阶段的核心供给要素。知识产权创造与保护、转化与运用对深化供给侧结构性改革、对提高供给体系质量和效率具有重要的助推和保障作用。

党的十九大报告明确提出，要在全国层面坚定实施创新驱动发展战略，实现新旧动能有机转换，瞄准供给侧的短板精准发力。知识产权保护促进质量强国建设的具体措施表面上似乎是对某些发达国家对中国技术创新进行围追堵截的回应，其实是要在经济高质量发展的创新驱动发展道路上，把过去那种创造知识产权非均衡保护引致竞争优势的政策取向，转向以全面推进知识产权保护体制机制创新的公平竞争环境的政策取向，这是新时代供给侧结构性改革不断深化的关键所在。推进供给侧结构性改革的关键抓手是创新，制度变革、结构优化、要素升级是供给侧结构性改革的“三大发动机”，创新是“三大发动机”的引擎。创新是引领发展的第一动力，为供给侧结构性改革提供了动力支撑。供给侧结构性改革的关键在于实施创新驱动发展战略、实现产业转型升级，在这一过程中，知识产权的助力作用不可忽视（江小国，2017）。知识产权是激励创新的重要制度保障，是连接创新与市场的重要桥梁，没有知识产权就没有源源不断的创新。未来全球化竞争的关键是知识产权的博弈和较量，知识产权有效支撑供给侧结构性改革是知识产权强国建设的一个重要使命。专利申请总量和授权量是知识产权事业发展的集中体现，高技术产业的发展是我国供给侧结构性改革的重要方面，从图3－1中我们可以看到1995～2017年我国的专利申请、授权量与高技术产业的主营业务收入存在着很强的关联性，其内在的逻辑机理是值得深入研究的重要命题。本书拟从制度变革、结构优化、要素升级三个层面分析知识产权支撑供给侧结构性改革的逻辑机理，将对知识产权、供给侧结构性改革的理论研究具有一定的推动作用，同时将对知识产权强国建设、供给侧结构性改革的推进具有一定的现实指导意义。

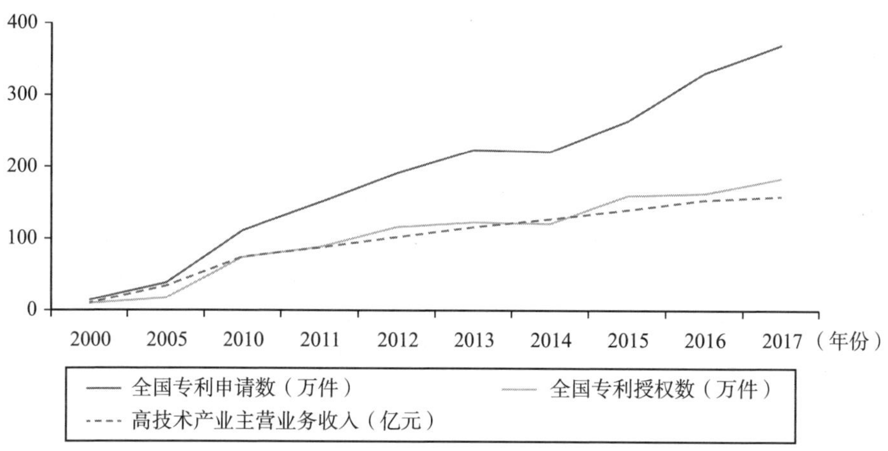

图3－1　1995～2017年我国专利申请、授权量与高技术产业主营业务收入

资料来源：历年《中国科技统计年鉴》。

二、文献回顾

目前直接围绕知识产权与供给侧结构性改革的文献还比较缺乏，但是围绕创新与供给侧结构性改革、生产要素与供给侧结构性改革的文献相对比较丰富。由于知识产权与创新密切相关，而知识产权要素又属于高级生产要素，因此现有关于创新与供给侧结构性改革、生产要素与供给侧结构性改革领域的研究与本书研究高度相关，这些领域的研究文献对知识产权支撑供给侧结构性改革逻辑机理的探索具有重要的指导价值。

首先，就创新层面看知识产权对供给侧结构性改革的意义。众所周知，供给侧结构性改革的灵魂是创新，而创新与知识产权紧密相连。知识产权是创新成果的产权化体现，是为创新保驾护航的重要制度保障，知识产权的转化运用是创新成果实现市场价值的重要手段。围绕创新与供给侧结构性改革问题，现有研究已取得比较丰富的成果。赵志耘（2016）指出供给侧结构性改革要以促创新为出发点，要以科技创新引领供给侧结构性改革，科技创新可以调整供给结构，能够在多个维度为供给侧结构性改革提供支撑，为供给质量提升提供更多新技术、新产品和新服务（盛朝迅和黄汉权，2017）。供给结构失衡的根源之一在于产业结构的失衡，刘伟（2016）提出供给侧结构性改革的关键在于创新驱动效率提升，推进产业结构升级，中国的供给侧结构性改革需要顺应全球技术变革与新兴产业的发展趋势，加快新兴产业对传统产业的逐步替代，实现供给系统的颠覆性变化与经济增长动能的顺利转换（张国胜等，2017）。

其次，就高级要素层面看知识产权对供给侧结构性改革的意义。完善生产要素供给，无疑是供给侧结构性改革的前提基础，而知识产权作为高级生产要素，是动态比较优势形成的关键，因而对供给侧结构性改革具有重要意义。关于生产要素与供给侧结构性改革的研究文献也较为丰富。张慧芳和艾天霞（2017）指出要素升级是结构优化和制度变革的必要条件。徐康宁（2016）提出生产要素供给的完善是供给结构优化的重要前提，要素结构升级优化是产业结构升级优化的基础（苏杭等，2017），产业结构优化是供给侧结构性改革的关键，要加快制造业的要素禀赋升级，形成动态比较优势，为攀升全球价值链中高端提供要素支撑。发展中经济体应该提升在价值链中的地位，实现本国附加值出口，提升贸易比较优势（盛斌和陈帅，2016）。徐淑云（2017）认为生产要素供给是供给侧结构性改革的重要内容，生产要素资源的优化配置是供给侧结构性改革的基本方向，生产要素结构升级是供给侧结构性改革的内在动力，提高要素生产率是供给侧结构性改革的关键。王一鸣（2017）指出从供给方面考察经济增长动力，主要包括资本、土地、劳动力等要素供给，以及决定要素使用和配置的技术供给和制度供给等方面的推动力。知识产权本身具备制度供给和技术供给的双重属性，知识产权要素是高级生产要素，是未来企业核心竞争力的重要支撑，对供给侧结构性改革作用巨大。

综上所述，现有研究虽然从创新和高级生产要素供给两个层面，讨论了其对供给侧结构性改革所具有的关键意义，从而意蕴着知识产权对供给侧结构性改革的支撑作用。但这种逻辑推演仍然属于间接层面，缺乏系统深入的研究，更没有从知识产权所具备的制度供给和技术供给双重属性角度进行专门和系统研究。那么，知识产权支撑供给侧结构性改革的逻辑机理是什么？如何才能有效实现知识产权对供给侧结构性改革的支撑作用？上述问题的回答，对于从知识产权层面探寻供给侧结构性改革的推进具有重要的理论和现实意义。

三、知识产权支撑供给侧结构性改革的内在逻辑

制度变革、结构优化、要素升级是供给侧结构性改革的“三大发动机”，创新是“三大发动机”的核心，知识产权是创新的制度保障，是提升“三大发动机”运行效率的重要支撑，其内在逻辑机理见图3－2。

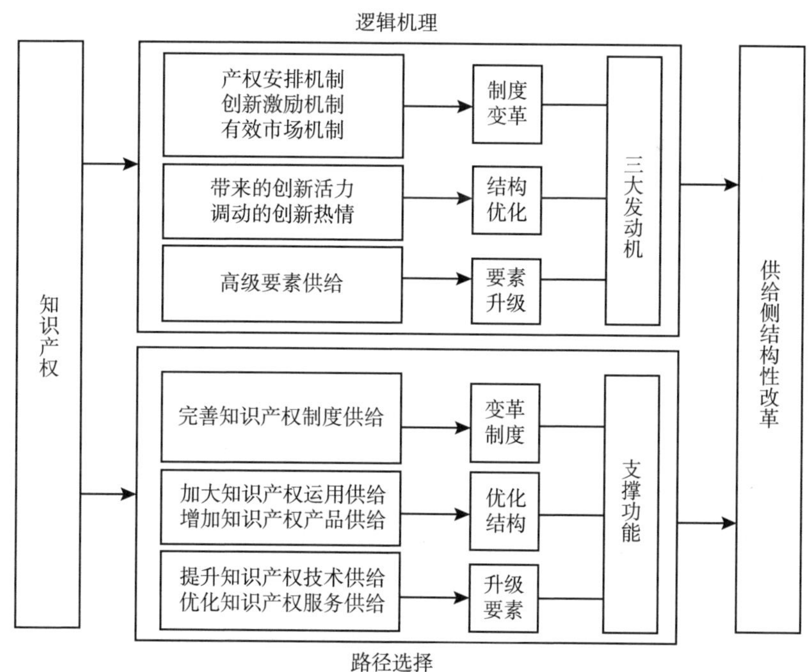

图3－2 知识产权支撑供给侧结构性改革的内在逻辑

（一）知识产权以其三大机制属性推动制度变革

制度变革是供给侧结构性改革的根本，供给侧结构性改革本质上就是改革现有的市场规则，侧重从供给侧而非需求侧去影响市场运行，改革是一系列的关于市场规则的制度安排。知识产权是对技术创新、品牌等无形资产的产权制度安排，产权是市场经济的核心内容之一，产权制度安排从根本上影响着市场交易的顺利开展，是创新资源得以科学配置的重要保障。党的十九大报告指出了产权制度的完善和有效激励对经济体制改革的重要性，知识产权在现代产权体系中起到保护无形财产权的核心作用，是推进产业创新发展的核心制度。知识产权具有三大机制属性，有效推进了科技创新和科技成果转化，有效支撑了供给侧结构性改革。第一，具有产权安排机制属性，知识产权赋予创新成果财产权，保障了创新者的合法权益，是激活创新原动力的基本保障；第二，具有创新激励机制属性，知识产权保护营造了良好的创新创业环境，有效激励了创新，维护了公平的市场环境；第三，具有有效的市场机制属性，知识产权的转化运用使创新成果实现了市场价值，反哺了技术的再创新，为供给侧结构性改革提供了持续的动力源。作为现代产权体系中的重要部分，知识产权制度充分发挥了保护无形财产权的核心作用，为深化供给侧结构性改革、完善社会主义基本经济制度提供了保障。

（二）知识产权以其带来的创新活力推动结构优化

结构优化是供给侧结构性改革的关键，提高供给体系质量的首要任务是解决供需结构失衡，特别是低效供给的问题。目前，我国的经济体系中依然存在着大量的无效、低效供给，部分产业附加值低、运营成本高，产业结构有待优化，供给结构与需求结构的匹配度有待提高。知识产权是科技成果的产权化，知识产权的转化运用是供给侧结构性改革的重要基础。一方面，知识产权引领产业转型发展，促进了产业结构的优化，产业结构的优化是供给侧结构优化的关键。另一方面，知识产权创造、运用及商业化等不同阶段都为产业的升级优化注入了新的动力。同时，良好的知识产权环境有利于调动全社会的创新热情，有利于激发民间资本投入创新创业的活力，同时知识产权质押融资、专利作价入股、专利信托、专利证券化等融资手段，优化了投融资结构，促进了金融资本与实体经济的有效对接，为产业转型升级提供了资金支撑，推进了产业结构优化。更为关键的是，知识产权的转化运用，促进了新产品开发，提高了供给体系质量，扩大了有效供给，提高了供需匹配度，促进了供给产品的结构优化。

（三）知识产权以其高级要素属性推动供给侧要素升级

生产要素的升级是供给侧结构优化的基础，提高供给效率的关键是解决要素配置扭曲的矛盾。知识产权是“智力”劳动成果的集中体现，生产的本质是要素的投入产出，知识产权作为高级生产要素，是供给侧结构性改革的核心要素。从需求方面考察经济增长动力，主要包括消费、投资和出口三个方面的拉动力，也就是通常所说的“三驾马车”；从供给方面考察经济增长动力，主要包括资本、土地、劳动力等要素供给，以及决定要素使用和配置的技术供给和制度供给等方面的推动力（王一鸣，2017）。因而，供给侧要素有劳动力、土地、资本、制度、创新等，经济发展到了创新驱动发展阶段，制度和创新要素相对于传统的劳动力、土地、资本要素对生产率的促进作用更加显著，以创新要素替代部分土地、资本、劳动力要素，实现生产要素结构的根本性转变，是创新驱动发展战略实施的目的之一，也是推进供给侧结构性改革的重要目的。知识产权是创新成果的产权化，发达国家和地区越来越重视对知识产权的保护，创新要素只有转化为知识产权要素，其权益才能得到有效保护，才能真正成为企业发展的战略性资源和竞争力的核心要素。知识产权要素并非天然禀赋，通过持续创新可以使知识产权成为产业的核心竞争优势。知识产权要素有别于传统的土地、资本、劳动力等生产要素，不受跨国流动的限制，通过开放式创新、非对称创新，通过国际专利申请、国际商标注册推广，通过知识产权的海外布局，实现全球范围内生产要素的优化配置，为供给侧结构性改革提供高级要素供给。

第二节 基于新发展理念的供给侧结构性改革与知识产权的关联性

一、新发展理念和供给侧结构性改革之间具有高度的一致性

（一）创新发展与供给侧结构性改革

从创新发展理念上看，供给侧结构性改革的“三大发动机”：制度变革、结构优化、要素升级都离不开创新，制度创新是制度变革的前提，科技创新是产业结构优化升级的根本途径，依靠创新要素驱动经济发展是要素效率提高的关键，

产品创新是供给体系质量提高的基础，创新对于产业升级、新动能的培育、新供给的产生具有重要的作用。

（二）协调发展与供给侧结构性改革

从协调发展理念上看，供给侧结构性改革需要协调好供给侧和需求侧、稳增长与调结构、淘汰落后产能与提高供给体系质量等之间的关系（黄新华，2019）。供给侧结构性改革的顺利推进离不开多方面的协调发展，任何偏于一面的发展都会引起新的结构失衡问题。

（三）绿色发展与供给侧结构性改革

从绿色发展理念上看，以往的粗放型发展、低端供给，过度依赖资源的消耗，忽视了生态环境的保护，导致了生态结构的失衡。供给侧结构性改革必须形成绿色、低碳、环保的发展方式，以人民对绿水青山的向往作为绿色发展的第一要务，从资源型的要素投入向创新型的要素投入转变，优化要素的投入结构，提高要素的配置效率，促进人与自然和谐共处。

（四）开放发展与供给侧结构性改革

从开放发展理念上看，遵循互利共赢的开放战略，以高水平对外开放推动供给侧结构性改革，务实推进“一带一路”倡议，创造国际合作新模式，深度融入世界经济，开放合作、互利共赢，充分利用国际国内两种资源、两个市场，推进我国制造业向产业链中高端迈进。

（五）共享发展与供给侧结构性改革

从共享发展理念上看，要通过有效的制度变革，强化共享机制、共享发展成果，形成供给侧与需求侧有效匹配的良性循环和动态平衡。提高公共服务供给水平，实现公共服务一体化和均等化，公平公正地共享经济发展成果，激发潜在需求，推进供给质量的提高（黄新华等，2019）。

二、知识产权和新发展理念之间具有很强的关联性

（一）知识产权与创新发展

创新发展位于五大发展中的首位，知识产权驱动是创新驱动的内在要求和外

在表现，未来的竞争是知识产权的竞争，知识产权是支撑创新发展的重要保障。以知识产权支撑创新发展，实现从依靠劳动力、土地、资本要素向依靠创新要素转变，实现从要素驱动、投资驱动向创新驱动转变，使经济发展适应速度变化、结构优化和动力转换的新常态。

知识产权是创新发展的重要支撑，知识产权作为创新的法律保障，有效激励了创新，为创新保驾护航，保护了创新者能够获得实际的经济收益。知识产权的创造与运用能促进创新链与产业链的有效衔接，将企业的创新、研发、产业化和市场推广等有效联结起来。以专利导航推进新兴产业集聚发展，推进传统产业转型升级，推进产业技术创新、产品创新和商业模式创新。以知识产权转化运用推进新产品开发，扩大有效供给，推进供给侧结构性改革，满足差异化高端化需求，提升民生幸福水平。以知识产权驱动产业转向中高端，实现由知识产权大国向知识产权强国转变的目标。以知识产权激励创新创业，营造公平公正有序竞争的良好市场环境。创新发展归根结底是为了人民幸福，以关乎民生幸福的知识产权指标作为科技进步的重要考核依据，加大与民生幸福高度相关的食品安全、重大疾病等领域的自主知识产权的创造与转化力度，将知识产权产品逐步纳入国民经济核算，加大对关系国计民生的重大科技项目等的知识产权评议，把民生改善等指标纳入评价指标体系中，提升知识产权对民生改善的贡献度。

（二）知识产权与协调发展

知识产权在统筹城乡发展、区域发展等方面都发挥着重要作用。在统筹城乡发展、缩小城乡差距方面，知识产权发展有无可比拟的发挥空间。加大先进的、拥有自主知识产权的生物农药、农作物新品种的推广力度，使知识产权逐渐成为农业发展的重要资源和核心竞争力。用知识产权提升农业现代化水平，缩小城乡发展差距，降低农村的恩格尔系数，统筹城乡协调发展。我国经济发展薄弱地区要以知识产权的优惠政策，吸引知识产权要素有序自由流入，用科学的知识产权政策促进经济发展薄弱地区的新型工业化，推动区域协调发展。打造更多的版权精品，不断满足人民群众在精神、文化等方面的需求，造就文化繁荣、科技进步的精神与物质双文明，从而推进经济社会协调发展。

如何更为有效地推进知识产权的转化与运用，改变产业升级无力的状况，是我国在统筹人与自然协调发展方面亟待解决的问题。发展低碳经济是有效解决途径之一，低碳经济，以低能耗、低污染、低排放为基础，着眼能源的高效利用和清洁能源的开发，加大低碳技术领域的科技研发投入，在低碳技术领域拥有一批自主知识产权，并加大产业化运用和新产品开发，促进人与自然和谐发展。在统筹国内发展和对外开放方面，既要以知识产权进出口贸易推动贸易发展，又要重视以合理的知识产权保护政策扶持和激发国内研发，缩小在高技术产业领域国内外的技术差距，促进国际国内市场协调发展。

（三）知识产权与绿色发展

绿色发展是经济结构调整和发展方式转变的核心要求，绿色发展的关键是科技创新。通过传统生产要素向创新要素的转变，减少能源消耗，停止对环境的破坏，实现经济发展与环境保护的和谐共生。

生态环境保护是一项涉及生物、化学和工程等多方面的系统工程。保护环境离不开科技创新的支撑。以知识产权推动能源结构向清洁低碳转型，提升城市生态功能，加强水资源保护和污水治理、废物垃圾的有效处理和二次循环利用，重点发展生态环保技术、资源高效循环利用技术，以知识产权支撑绿色发展，才能真正促进民生幸福。

（四）知识产权与开放发展

开放发展，共享共赢，是时代发展最强音。知识产权的唯一性、稀缺性与国际属性决定了它比任何领域都更需要全球性配置资源。知识产权贸易是知识产权支撑开放发展的重要体现，知识产权贸易促进了创新产品国际开放与共享，促进了开放式创新，提升了世界福利水平。在知识产权贸易过程中，尤其在跨境电商发展过程中，要加大知识产权保护和执法力度，同时，要争取在国际知识产权领域拥有更多的话语权，为我国知识产权产品“走出去”“引进来”创造良好的环境。

自 2013 年“一带一路”倡议提出并实施后，我国中西部地区和沿边地区对外开放得以加快，我国对外开放新格局得到拓展。由于“一带一路”倡议的实施涉及知识产权保护程度、科技创新能力千差万别的 65 个国家，我国知识产权贸易在“一带一路”倡议下既有空前的机遇，又面临严峻的挑战。当前，只有制定科学的国内外知识产权保护与应对策略、实施相关产业的专利国际布局、积极推进“一带一路”区域知识产权一体化制度，并培育知识产权优势使其成为贸易新的核心竞争力，才能在“一带一路”倡议下真正发挥知识产权贸易促进开放、共赢和发展的优势，从而进一步以开放促改革、促发展、惠民生。

（五）知识产权与共享发展

加大产学研协同创新体的知识产权共享，完善知识产权共享及利益分配机制。促进产学研协同创新体的知识产权共享，有助于提高关键技术领域的集体攻关能力，通过协同创新催生一批高价值专利；有助于增强专利产业化和产品市场推广应用的能力，最大限度地实现了知识产权的市场价值。加大知识产权区域间的共享，加大知识产权在区域间的转化运用，有助于优化区域间的知识产权资源配置，推进知识产权在区域间的流通与共享，增加知识产权的社会效益和经济效益。

加大知识产权产品的共享，以知识产权带动新产品的开发，提高消费品标准和质量水平，扩大有效供给，增加品种，提高品质，创立品牌，满足广大人民群众的差异化高端化需求。共享经济背景下，传统产业面临转型升级的压力，而由于知识产权具有一定的外部性，知识产权产品共享必然带来外溢效应，带动传统产业转型升级，催生国内经济发展的良性共享与循环升级。

知识产权支撑供给侧结构性改革的作用机制

机制是规则和程序的总和，它包括系统中各个主体、要素相互作用的规则，从而使系统整体健康发展。在社会科学中，机制往往是指系统中各个要素的结构、功能及其作用过程和原理等，实质上是分析系统中各个部分的相互关系、作用方式，一般带有一定的规律性，是系统运行方式的概括。

知识产权支撑供给侧结构性改革的作用机制主要包括创新动力机制、内外协同机制、资源配置机制、长效激励机制和传导转换机制等。

第一节　创新动力机制

创新是供给侧结构性改革的核心，企业是创新和供给侧结构性改革的主体，知识产权从外部驱动和内部驱动两个方面促进了企业创新，支撑了供给侧结构性改革。知识产权支撑供给侧结构性改革的动力机制如图 4 -1 所示。

一、外部动力机制

（一）知识产权引致的市场竞争倒逼供给侧结构性改革

市场未来的竞争是知识产权的竞争，产业链“微笑”曲线的高端是专利技术与品牌服务，低端是加工组装，长期以来我们一直处于全球产业链的低端，陷入中等收入陷进，低端部分利润单薄，进入门槛低，缺乏占领市场的核心竞争力。

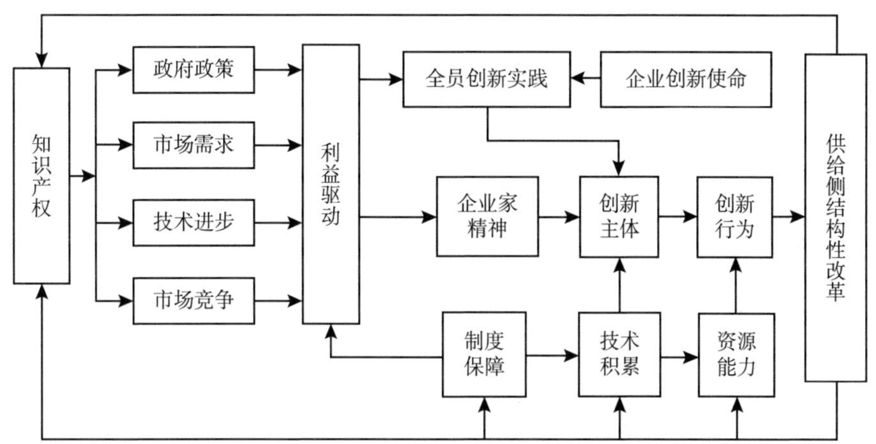

图4－1　知识产权支撑供给侧结构性改革的动力机制

在各国越来越重视知识产权保护的背景下，知识产权已经成为国际贸易的标配，产品的出口离不开知识产权的保驾护航。知识产权引致的市场竞争必然倒逼制造业转型升级，倒逼企业自主创新，推进供给侧结构性改革。

（二）知识产权引致的技术进步推动供给侧结构性改革

从知识产权的视阈看，技术的进步，本质是知识产权的不断创新，是在原有的知识产权创造的基础之上的“否定之否定”。熊彼特指出，科技创新的需求，并非来自外部市场，而是由技术创新主体按照技术的工具性、实用性诱导产生的，间接地满足了市场对于技术创新的需求，并不断创造新的技术创新需求。这样的创新必然是在高效的知识产权创造、运用、管理、保护的基础上，实现知识产权创造的不断升级，每一次科技进步和革命必然伴随着知识产权的创造，最终导致产业的不断升级和变革；反之，经济社会进步和产业的变革又反过来为科技进步和社会发展创造有利条件。科技创新通过知识产权的创造、管理和运用等不断地改造传统产业，促进传统产业技术含量的提高、产业结构的优化，推动供给侧结构性改革。

（三）知识产权引致的市场需求变化拉动供给侧结构性改革

市场需求的拉动因素是供给侧结构性改革的主要驱动力之一。随着社会经济的发展及科学技术的进步，市场需求不断发展变化，为了更好地满足市场需求，企业千方百计地从各个维度去迎合消费者，而激烈的市场竞争则成为企业供给侧结构性改革的直接驱动力。在知识产权竞争日趋激烈的背景下，含有知识产权的产品以其高技术含量、高品牌价值、差异性，吸引广大消费者，同时，专利技术具有独占性，含有知识产权的产品具有占领市场的核心优势。知识产权引致的市场需求变化为企业提供创意和机会，诱导企业制定技术创新战略，主动进行供给侧结构性改革。生产相同或相近产品的企业，必然会在市场上形成知识产权竞争，企业外在的知识产权竞争机制、市场需求直接推动企业加大自主知识产权的开发，提高产品供给质量，推动供给侧结构性改革。

（四）知识产权引致的政府政策激励供给侧结构性改革

知识产权是中美贸易谈判的核心问题，知识产权争端、知识产权贸易摩擦等倒逼政府加强知识产权保护，加快自主知识产权的创造，尤其是“卡脖子”的技术。政府出台了系统的政策体系，涵盖知识产权创造、运用、保护、管理、服务等整个知识产权产业链，大大促进了企业的市场创新活动，有力推动了供给侧结构性改革。

知识产权保护的立法和监督，营造了公平公正的良好创新环境。政府站在宏观经济发展的角度，把握国内国际的科技发展形势，把握知识产权创造以及“技术梯度转移”中的环节，及时制定技术创新的法规制度和激励政策，把握国内外的知识产权宏观管理以及科技发展趋势，制定相应的促进知识产权创造、管理、保护、运用以及促进整体科技创新的战略和政策；从税收、金融贷款、知识产权质押融资等多渠道制定促进企业知识产权创造的优惠政策；结合区域经济发展的需要，制订区域知识产权创造的推进计划，有步骤地分解知识产权创造任务，促进产学研的有机契合，制定出促进知识产权创造的政策措施；通过促进科技创新政策和科技创新计划的实施，构造良好的知识产权创造的软环境，政府对知识产权的支持政策激励了创新发展，推进了供给侧结构性改革。

二、内部动力机制

（一）企业创新使命推动供给侧结构性改革

企业知识产权战略的实施可以将企业的知识产权创造、管理、保护、运用的理念贯彻到企业的使命中去。

企业使命是企业作为社会角色所承担的社会责任，包含了企业的经营理念、价值观、态度、信念及行为准则等，明确了企业的运营规则，也指出了企业的发展方向，即随着社会经济的发展，企业成为什么样的社会组织，开展什么样的业务，实现什么样的目标等。创新是企业的根本使命，知识产权战略的实施有利于企业更为有效地开展持续的创新活动。知识产权战略推动企业围绕知识产权开展持续的创新活动，提升企业知识产权水平，从而实现企业的创新驱动发展，推进供给侧结构性改革。

（二）企业家精神引领企业供给侧结构性改革

知识产权是“一把手”工程，知识产权密集型企业、知识产权优势企业的成长离不开“一把手”对知识产权的重视，企业家精神在引领企业知识产权战略实施过程中起着重要的作用。企业家是企业的灵魂，企业家精神是驱动企业知识产权创造的根本源泉。企业家以知识产权创造为手段，通过创新精神、拼搏精神、合作精神、学习精神，以强烈的事业心和使命感，创建知识产权的文化价值体系；通过卓越的管理尤其是知识产权管理，运用企业资源，开拓市场，开展组织制度创新和技术创新活动。企业家精神本身包含着不断改革创新、创造新产品和服务，提升顾客价值等内涵，企业家精神特别是其创新精神是企业从事创新活动的重要基础，知识产权意识强的企业家必定具有更强的创新精神，更能推动企业创新驱动发展，推动供给侧结构性改革。

（三）全员创新实践促进供给侧结构性改革

知识产权工作是个系统工程，涉及企业经营管理的整个过程，研发部门、采购部门、生产部门、财务部门、人事部门、销售部门等都会涉及知识产权管理。企业要实现持续创新，必须建立企业家领导下全员参与的创新系统，全员具有知识产权意识。知识产权创造需要企业家的领导推动，无论是时间维度还是内容维度上，发挥其在企业持续创新过程中的主导作用。企业家领导企业员工全员参与，在企业价值观、战略制定、战略实施、制度规范、市场开拓、技术手段以及组织与流程再造等方面持续不断地创新，优化创新资源配置，构建动态创新系统，促进了供给侧结构性改革。

企业全体员工参与知识产权的创造过程，有利于吸引更多的员工及团队关心、参与企业的创新活动，形成良好的创新文化氛围，形成良性循环，促进企业技术创新，形成创新成果，促进供给侧结构性改革。

第二节　内外协同机制

一、组织内部的协同机制

企业成长是一个动态的发展过程，企业会不断地去适应外部环境的变化，通过不断的知识产权创造去实现企业的可持续发展，通过建立外部环境与内部环境要素间的协同机制，实现知识的获取、技术的创新，最终将知识产权打造为企业的核心竞争力。

（一）组织战略协同机制

企业战略是企业发展的总体规划，指引企业未来的发展方向。知识产权战略协同机制是组织在战略目标指导下，协调各子系统或要素，产生的各种“知识产权创造”活动，协同发展战略明确了组织学习的方向、内容和方法等，为知识产权创造勾画明确的蓝图。知识产权创造的战略协同是系统要素相互协调、相互作用、相互磨合的系统性行为。知识产权创造协同发展的结果是各子系统相互配合、相互影响、良好运行的表现。组织战略的协同有利于制度变革，从而推动供给侧结构性改革。

（二）组织文化协同机制

企业文化是企业员工共同认可的价值观念、职业道德及行为规范等，它是企业在其发展过程中逐渐形成的，企业文化本身也在不断发展变化。知识的创造过程是“显性知识的内化过程”以及“隐性知识的外化过程”的循环。这样的过程需要建立有共同价值观指导下的企业知识产权创造的文化协同。企业文化协同所形成的知识产权创造机制，就是企业在发展过程中形成的以知识产权创造为核心价值的文化管理模式。通过建设独特的促进知识产权创造的企业文化，形成企业的精神文化、制度文化、行为文化以及物质文化等层次间的协同机制。发挥企业文化的凝聚作用，企业知识产权文化氛围有利于企业创新驱动发展，有利于要素升级，从而推动供给侧结构性改革。

（三）技术协同机制

技术创新是指与新产品的制造、新工艺过程或设备的首次商业应用有关的技术的、设计的、制造及商业的活动，企业通过知识产权的申请实现知识产权的独占权。企业要构建核心竞争力，关键的要素之一就是通过知识产权创造获取新的知识，通过知识产权创造赢得潜在的市场需求，获取新的市场，不断地进行技术创新。企业在现存知识产权基础上进行技术创新，本身就是一种协同活动，根据企业的技术基础选择适应企业发展需要的自主创新方式。无论是自主知识产权创造还是引进外部知识产权，均需要技术部门同其他部门协同，方可实现。技术协同有利于创新，有利于要素升级，从而推动供给侧结构性改革。

（四）跨部门协同机制

知识产权的创造需要不同专业背景和不同部门之间建立协同机制。知识产权创造存在于企业的各相关部门，如生产部门、研究与开发部门、市场财务部门、运营管理部门、人力资源部门等。企业内部协同创新需要组建来自上述不同部门的、具有不同专业知识背景的跨职能创新团队，根据企业知识产权创造的需要，这样的团队可以是临时性的也可以是长期性的。协同的团队创新目标是组织部门间协商、部门利益和团体目标的统一，既体现了团队需求导向，又融合个体需求。跨职能创新团队的知识产权协同机制是一种合作或知识共享的机制，将创新团队从普通的协作、合作团队升华为思想协同、行为协同的卓越创造团队，跨部门协同有利于技术创新，推动供给侧结构性改革。

（五）个人与团队的协同机制

在知识产权的创造过程中，知识产权创造是参与者通过努力开拓、团队协作、协同创新的结果，体现了参与者价值的实现。在动态的知识产权创造的企业运行过程中，由于知识产权创造的需要，必然地产生某些员工私人间的合作关系，有时甚至是超越工作关系发展为人情交往关系。通过私下的交流和学习，也会产生一些企业知识产权创造过程所必需的重要信息和知识。个人在组织中为了实现自身的价值、获得同事和社会的认可，以及来自企业自身知识产权创造的压力需要，从而产生自发和自觉的学习行为，提高自身的知识产权创造的工作技能和效率。知识产权文化背景下形成的私人关系与个人自我激励的协同机制将推动企业创新驱动发展，推动供给侧结构性改革。

二、组织外部的协同机制

（一）组织与外部环境的协同

知识产权的创造离不开与外部环境的协同，影响企业创新驱动的外部环境是广义的范畴，通常包括资本市场、产品市场、科技进步、法律环境、政策环境、社会化服务体系、知识产权环境等因素。需要企业不断提高信息的甄别、吸收、消化、提炼等综合能力，尤其在具有企业家精神的企业家的领导下，根据发展的战略目标去学习和获取知识，直至达到创新的目的。组织对外部市场环境做出反应是知识的获取、提炼、加工的过程；技术创新过程需要企业对海量信息进行筛选，从而形成新的战略调整。

（二）组织与行业发展的协同

知识产权的创造离不开组织的团体学习和行业发展的协同。组织通过团体学习去加工和提炼，为知识产权的创造提供智力支持；行业的外部发展为企业知识产权创造提供了动力机制。组织学习是一种组织行为，需要内部协同机制和管理实践去推动组织学习，促进组织学习效率提高，改善组织共同观念和行为，上升为组织学习的维度，并最终形成组织的行为规范、竞争能力、组织价值观等，提高组织的知识产权创造的能力和绩效。知识产权创造过程是组织与行业发展的协同过程，也是企业根据外界环境变化调整技术供给的过程，推动供给侧结构性改革。

（三）组织与技术发展的协同

科学技术发展的日新月异，对组织的知识产权发展提出了更高的要求。知识经济下，企业创新驱动的外部环境发生显著变化，技术进步的步伐加快，促使企业获取知识的能力也必须不断提高，知识产权壁垒、技术壁垒、绿色壁垒层出不穷，促使企业向新的领域不断拓展，来适应知识经济时代的挑战。企业必须具有适应性和不断自主创新的能力。组织学习和技术发展的协同机制要求企业不断增强组织学习能力、创新能力，紧跟科技发展动态，成为不断创新的适应性企业。组织与技术发展的协同，有利于技术供给的增加，推动供给侧结构性改革。

第三节 资源配置机制

知识产权要素资源的配置机制是指知识产权资源配置主体在配置资源过程中形成的行为关系和制度安排，也就是知识产权资源配置主体与配置客体之间形成的契合机制。良好的知识产权资源配置机制有利于知识产权创造的进行，科学合理的知识产权资源配置可以使知识产权资源配置主体与配置客体的关系实现协同化，最终达到提高知识产权资源配置系统运行效率的作用。知识产权要素资源配置主要从市场机制、政府机制和社会机制三个层面去研究（见图4－2）。

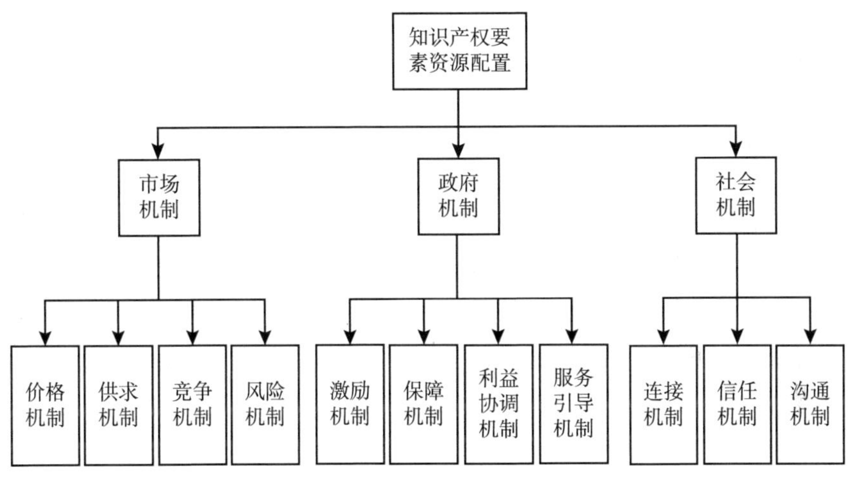

图4－2 知识产权要素资源配置机制

一、市场机制

企业是知识产权资源配置中的主体。市场机制是指市场各组成要素之间互相联系、互相制约、有机联系。市场的各种要素通过相互联系和作用构成市场机制，如价格机制、供求机制、风险机制和竞争机制等。从知识产权资源配置的视角，必须明确企业在市场中的主体地位，还必须建立政府、中介机构以及企业共同的市场推进机制，实现协同效应。

企业在知识产权实现产业化的过程中，需要有效配置各种资源，才能达到知识价值的创造作用。知识产权创造活动是人的创造性活动，人力资源是技术知识的载体，发挥着人的能动性、创造性，成为所有资源中最重要的要素；物力资源、财力资源等必须依附于人力资源方可发挥作用，人力资源成为支撑资源。在市场经济体制下，不断提高知识产权资源配置效率，首先是让市场机制充分地发挥作用，使市场配置创新资源方式多样化。

知识产权最终通过市场化实现价值，企业需要面对市场，了解什么样的知识产权可以满足市场的需求；企业为知识产权及其产业化提供平台资源，具有使产品价值得到实现的商业化运作经营和管理经验；学术机构和科研机构的知识产权，最终还是要出售或者转让给企业，或通过自办企业去实现知识产权转化，实现市场化。要真正发挥企业在市场资源配置中的主体地位，还必须建立知识产权与市场闭环对接机制，从知识产权创造、产业化、市场化等各个环节与市场形成对接反馈的机制，这个过程也恰恰是企业根据市场需求进行供给侧结构性改革的过程。

二、政府机制

市场机制在知识产权要素配置过程中也存在市场失灵等不足。市场发挥调节作用是客观的经济规律的表现，市场机制对资源进行配置可以及时、灵活地反应市场供求，传递市场供求信息。但是，由于产、学、研资源在市场配置过程中存在失灵现象，为了保证资源配置的有序进行，解决公共资源建设和市场无效的问题，政府必须建立完善的市场秩序和制度环境，通过有效的政府调控来弥补市场失灵、提高资源配置效率。

市场机制在市场化程度较高的领域中，对资源有效配置的效率较高；而在市场化程度不高的领域，比如在创新市场，由于创新活动的公共产品属性，使得市场机制往往会出现部分失灵的情况，为提升资源配置的效率，需要政府行政管理介入，通过建立完善的市场秩序及特别的制度设计，来调整创新主体的责权利，充分调动创新的积极性，促进创新活动的持续开展。企业知识产权创造的成果必须受到知识产权管理部门的政策和制度的保护，保障企业的合法权益。政府通过制定财政政策、金融政策以及法律保障措施，营造支持创新的政策环境，鼓励企业加大创新资源投入，大胆进行自主创新，形成“万众创新”的局面，有利于增加技术供给，推进供给侧结构性改革。

三、社会机制

知识产权产业化，最终是面向社会体现价值的创造。社会机制同样是市场失灵的资源配置方式，在市场机制失灵的领域，成为资源配置方式的一种有效补充。

社会机制的核心要素是社会网络、社会信任、社会规范和社会协作。在知识产权资源的配置中，社会机制促进了创新资源的共享，促进了创新主体在社会网络中共享创新成果。

知识产权资源配置中的各种网络，如知识产权创造的人力资源网络，官、产、学、研等构成的市场网络以及知识产权创造者共同体的个人网络，都会影响社会资本对于知识产权资源共享的中介机制，即社会机制的结构或功能的发挥，发挥社会机制的知识产权资源的中介效应；知识产权资源共享主体利用已有特质资源并将已有资源转化为所需资源的能力，即社会机制发挥其创新资源的转化能力，成为科技资源共享的关键能力。在知识产权资源共享过程中，主体通过社会网络、网络结构和网络资源，增加知识产权资源共享效益的能力，知识产权的共享有利于生产要素的升级，推进供给侧结构性改革。

第四节 长效激励机制

一、知识产权制度激励机制

知识产权制度是开发和利用知识资源的基本制度，是维护知识创造者权利的制度体系，它涉及知识产权法律制度、知识产权公共政策以及知识产权战略三方面内容。传统的科技奖励以及相关资助形式，在激励研发和创新驱动方面起到重要的激励作用。但是，还存在相当的不足，创新成果不能得到及时披露、科技奖励及资助存在创新活动以及创新资源过分集中于某些个人或机构的现象。知识产权制度使创新成果成为以产权形式表现的私人物品，单纯的科技奖励制度对防止知识产品成为公共物品不起作用；知识产权本质上属于一种私权，知识产权制度的激励机制具有内在性，知识产权的归属、行使、管理、转让、保护行为均具有内在的驱动性；科技奖励制度的激励机制具有外部主导特征，多为政府主导，使得知识产权创造的动力来自外部；知识产权制度保护创新者的合法利益，具有公正性、长期性，而政策往往具有临时性，缺乏系统性的长期规划，难以形成长期稳定的预期，知识产权的制度安排有利于促成创新主体形成稳定的预期，同时也能有效保护创新者的权益，促进创新成果的转化运用，推进供给侧结构性改革。

二、知识产权战略激励机制

建立知识产权驱动和支撑创新的长效激励机制，实际上就是要建立一个全面的，既考虑企业自身发展的长效激励机制，又要考虑所处的外部环境的外部激励机制，从而建立起内外兼容的长效激励机制。企业知识产权创造激励机制的直接目的就是激发员工知识产权创造的积极性，构建适度竞争的企业文化、合理配置人力资源，实现组织目标。

知识产权战略激励机制要求根据企业知识产权战略发展的需要，建立起促进知识产权创造的知识产权战略激励机制，即鼓励组织内部建立起员工认同的发展战略和知识产权战略发展理念，以知识产权创造为根本，兼顾员工的需求以及企业的成本效益，使企业在市场竞争中实现知识产权的持续创造，推动供给侧结构性改革。

第五节　传导转换机制

一、链式传导影响机制

知识产权创造通过支撑创新链的各个节点，促进互利合作。从创新过程来看，创新链一般包括基础研究、应用研究及技术开发、产品设计等环节；从产业视角来看，创新链连接了产业内部及产业间不同大学、研究机构及企业、行政主管部门；从空间视角来看，创新链包括企业内部各创新环节之间、企业与企业之间、企业内外复合型空间、区域与区域之间的空间联系。无论从哪个视角，知识产权逐渐由内向外辐射，上下游的良性互动，形成持续创新，通过创新链产业链的融合发展，促进产业结构优化升级，推动供给侧结构性改革。

二、产业结构升级机制

知识产权促进自主创新，从而实现产业结构升级。通过知识产权的创造驱动自主创新可以提高不同产业劳动生产率的提高，产业间劳动生产率的差异化推动着产业结构的变动。知识产权驱动自主创新，推动产业结构合理化、高级化以及新的产业部门的形成。知识产权支撑创新，实现生产要素的优化配置和产业间的协调发展；知识产权支撑创新，利用现代科技改造传统产业，推动传统产业采用新技术、新工艺和新装备，推动传统产业结构不断高级化；知识产权驱动自主创新，使原有产业分解，产品链的细化以及生产过程的分解促使新产业部门的形成；知识产权驱动自主创新，随着新材料、新能源的应用，产生新的生产工艺，促进新产品的供给。知识产权驱动创新，还通过改变需求、就业、区域、贸易结构，从而促进产业结构升级，推动供给侧结构性改革，如图 4 –3 所示。

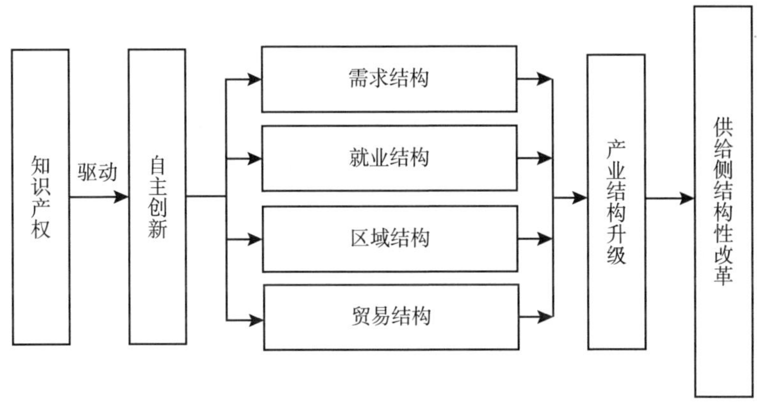

图 4 –3　知识产权驱动供给侧结构性改革的传导机制

第五章

知识产权支撑供给侧结构性改革的现状与困境

第一节 知识产权支撑供给侧结构性改革的现状

一、知识产权创造成为供给侧结构性改革的动力源

知识产权创造成为供给侧结构性改革的“动力源”，离开了自主知识产权的创造，“科技创新优化产业结构”就成了“无源之水、无本之木”。知识产权创造是将创新成果转化为知识产权的过程，创新成果转化为知识产权，使得创新成果得到法律的有效保护，从而有效激励创新。截至 2018 年底，我国发明专利申请总量已经连续 8 年位居世界第一，涌现了华为等一大批知识产权优势企业。世界知识产权组织（WIPO）发布的 2018 年专利国际申请数量显示，华为 2018 年国际专利申请数量全球第一，是第二位的日本三菱电机的约 2 倍，遥遥领先于世界其他公司；Interbrand 是知名的品牌评价机构，在其发布的 2019 年全球 100 强品牌榜上，华为是中国大陆唯一的上榜品牌。大量自主知识产权的创造和运用，是实现经济转型升级，由投资驱动转向创新驱动的坚实基础，是我国供给侧结构

性改革的动力源泉。①

2008 年《国家知识产权战略纲要》实施以来，我国的知识产权事业飞速发展，专利数量突飞猛进，专利结构不断优化。国内专利申请总量从 2008 年的 717144 件上升到 2018 年的 4146772 件，年均增长率为 19. 18%；国内专利授权量从 2008 年的 352406 件上升到 2018 年的 2335411 件，年均增长率为 20. 82%，快于专利申请总量的增长速度，也远远高于同期的经济增长速度，如表 5 -1 所示。我国 2018 年共受理专利申请 4146727 件，其中发明专利申请总量达到 1393815 件，发明专利占比为 33. 6%，专利结构不断优化，专利质量不断提高。截至 2018 年底，我国的发明专利拥有量 160 多万件，同比增长了 18. 1%；国际专利申请受理量 5. 5 万件，同比增长 9%；万人发明专利拥有量达到了 11. 5 件。②

表 5 -1　2008 ~2018 年我国专利申请总量、授权量　单位：万件

项目	2008 年	2009 年	2010 年	2011 年	2012 年	2013 年	2014 年	2015 年	2016 年	2017 年	2018 年
专利申请总量	71. 71	87. 76	110. 94	150. 47	191. 22	223. 46	221. 07	263. 94	330. 52	353. 63	414. 68
专利授权量	35. 24	50. 18	74. 06	88. 39	116. 32	122. 84	120. 94	159. 70	162. 89	172. 08	233. 54

资料来源：国家知识产权局统计年报。

二、知识产权运用成为供给侧结构性改革的助推器

知识产权运用是科技成果向现实生产力转化的桥梁，是创新驱动产业转型升级的关键，是供给侧结构性改革的助推器。截至 2018 年底，我国发明专利申请总量已经连续 8 年位居世界第一，但是科研成果闲置率高、转化率低的问题严重影响了创新驱动产业转型升级的成效。

制度是促进知识产权转化的重要保障。2015 年修订的《促进科技成果转化法》推进了知识产权的应用和产业化。它对知识产权的所有权、收益权、处置权等进行了规范，赋予单位和知识产权所有人更多的权利，调动了创新主体的积极性和创造性，激活了高等院校、科研院所很多“沉睡”的专利，使其走向市场产业化或者直接孵化成为产业公司，增强了市场活动，促进了生产效率的提升，推

① 中国经济网. 发明专利申请量连续 8 年居世界首位！我国从科技大国向科技强国迈进［A/OL］.（2019 - 07 - 24）［2019 - 09 - 01］. https：//baijiahao. baidu. com/s? id = 1639905832174879493&wfr = spider&for = pc.

② 根据国家知识产权局统计年报数据整理。

进了供给侧结构性改革。2014 年以来，知识产权运营服务体系建设有序推进，通过国家平台的引导，一大批知识产权进入市场，开展了转移转化、投融资等活动，盘活了企业的无形资产。2018 年通过专利商标等质押融资 1200 多亿元，质押项目数为 5400 多项，知识产权与金融资本有机融合，加快了其产业化进程，提高了创新主体的积极性，推动了供给侧结构性改革。

三、知识产权保护为供给侧结构性改革保驾护航

知识产权保护是国家知识产权战略的主要内容之一，随着我国创新活动的迅速发展，其涉及的知识产权保护内容也不断更新，知识产权案件数量持续增长，相应的执法能力不断提升，司法水平不断提高。

2019 年 11 月，出台的《关于强化知识产权保护的意见》指出，对知识产权的保护就是对创新的保护，不断完善知识产权的保护体系，运用法律、行政等多种方式强化保护，提高保护水平和能力。明显改善权利人维权难、成本高、赔偿低的局面，到 2025 年，营造出更加优化的营商环境，更好地发挥知识产权制度激励创新的基础性作用。

2018 年知识产权司法保护工作呈现出案件数量增幅较大特点。最高人民法院发布《中国法院知识产权司法保护状况（2018）》的数据显示，人民法院 2018 年受理各类知识产权案件 33.5 万件，比 2017 年增长近 10 万件，其中知识产权行政一审案件和民事一审案件分别达到 53.6% 和 41.0%。2018 年全国法院新收知识产权案件中，民事案件占比最高，共 31.2 万件，占比 93.20%，行政案件占比 5.3%，刑事案件占比 1.5%。

第二节　知识产权支撑供给侧结构性改革的困境

一、传统要素向创新要素驱动转变的困境

改革开放 40 多年来，凭借劳动力等资源优势，创造了经济高速发展的奇迹，但同时也带来了高能耗、环境污染、难以持续发展等弊端，传统要素推动的经济增长方式迫切需要转变，需要提高经济增长的质量，实现创新发展。

知识产权要素是决定这一转化能否真正成功的重要前提和根本保障。然而经

济发展对其传统的发展模式具有高度的依赖性，目前的经济发展依然偏重于要素和投资的驱动，尚未形成以创新资源驱动经济社会发展的局面。

二、技术创新主体创新动能不足的困境

创新主体创新动力不强。能否调动创新主体自发地参与创新活动，直接关系到供给侧结构性改革的成败。企业是供给侧结构性改革的主体，我国大部分企业的竞争优势依赖于质量和成本，知识产权竞争力尚未成为企业的核心竞争力。创新活动是一个高风险、高投入的活动，创新主体面临着研发失败的风险、技术成果市场化失败的风险、研发成果的专利侵权风险等。知识产权的创造、转化运用、维权保护都需要资金和人才的支撑。传统的低劳动力成本优势的产业，随着人口红利的消失，其传统的优势在逐渐丧失。而企业在创新方面的投入意愿不强，能力不足，严重影响了企业的长期发展。迫切需要调动企业主体的创新积极性，实现转型发展。如何引导企业主动开展创新活动，从劳动力、资本依赖向知识、技术依赖转变，需要系统的创新政策体系支撑，而知识产权政策体系的完善尤为迫切。

在 2018 年发布的福布斯全球最具创新力企业排名中，有 51 家美国公司上榜，中国有 7 家公司上榜，中国的自主创新能力虽然在增强，但是与美国等发达国家相比，还是有较大的差距。自主创新能力决定了一国在国际技术领域的话语权，决定着对产业链的掌控力，决定了国际分工中的地位及供给侧结构性改革的成效。

三、知识产权数量向质量取胜转变的困境

数量布局，质量取胜，专利质量关乎转化运用，目前我国有效发明专利量、万人发明专利拥有量（专利密度），PCT 国际专利的数量有待增加。企业掌握核心专利能力、面向企业的专利导航能力、关键技术的攻关能力不足，在一些领域还缺乏长期的高价值专利储备。我国企业数量及品牌商标众多，但是真正走向国际市场、能参与国际市场竞争的比较少，竞争力也不足。在福布斯公布的 2019 年全球品牌价值榜上，中国大陆只有华为进入了全球前 100 名，品牌价值是供给产品质量的重要体现。

四、知识产权政策体系不够完备的困境

政策是产业发展的向导，制度变革是供给侧结构性改革的三大发动机之一。关于知识产权的政策，从中央到地方，涉及不同创新主体、不同行政主管部门，已经有比较多的政策在实施，但是缺乏系统性和持续性。很多政策具有临时性，往往还没有形成影响，甚至市场主体还没有熟悉就已经发生了改变，影响了创新主体的市场预期，使其往往注重短期效果，而忽视了长远规划，而知识产权的创造、管理、运用和保护等往往需要一个较长的时间。另外，知识产权政策还需要与其他的经济产业政策相衔接，这就要求不同的主管部门加强协调，互相配合。形成产业政策、区域政策、科技政策、贸易政策、文化教育政策、社会保障政策合力。在政策的执行过程中也需要主管部门、地方政府的协作，使得政策真正落地，创新主体真正受益。

五、知识产权服务产业链不发达的困境

知识产权服务贯穿于知识产权创造、运用、保护和管理的各个环节，直接关系到知识产权战略的实施成效，影响着供给侧结构性改革。目前我国知识产权服务市场化动力不强，知识产权服务机构的经营收入主要来自企业、个人、高校、科研机构等知识产权权利人，从表面来看已经是一种市场化的经营。

知识产权服务高端化发展滞后。与服务知识产权法制相比，服务知识产权战略属于知识产权服务业的高端层面，是知识产权服务业向个性化、特色化、品牌化发展的重要标志。

知识产权服务规范化程度不够。我国知识产权服务业规模化程度和专业化水平还处于初级阶段的状况，除专利代理有初步的行业管理规范外，知识产权服务业的整体发展还缺失管理规范。

六、知识产权保护创新成果的效率困境

知识产权保护制度能够为创新驱动营造良好的社会环境，推进供给侧结构性改革。知识产权保护能够为经营者展开充分的市场竞争，营造良好的市场秩序，也能为知识产权的转化营造良好的社会氛围。但是我国目前大部分的专利商标侵权案例，由于难以取证证明违法人的违法所得，往往只能采用法定的赔偿标准，

而这一标准对于一些关键技术而言，往往是杯水车薪，平均不到 10 万元的赔偿额，对违法的个人或企业难以形成威慑，对被侵权的企业或个人也难以在经济利益上给予足够的补偿。在我国企业走向国际市场时，往往面临着更为复杂的知识产权法律环境，对于单个的企业或个人而言，熟悉不同市场的法律法规，并灵活运用，往往是力不从心的，这会导致我国企业不敢参与国际市场的竞争，特别是在涉及知识产权纠纷的时候，通常会面临竞争对手的巨额索赔而束手无策，不得不退出国际市场，严重影响了企业的国际化经营及外贸供给侧结构性改革的推进。

七、知识产权连接创新与市场转化的困境

知识产权运营意识不强，创新与市场两张皮现象严重影响了结构优化和要素升级，阻碍了供给侧结构性改革。知识产权属于无形资产，在运营过程中比有形资产更容易流失，因而其运营也充满了更大的风险和陷阱。目前，企业的盈利模式主要还是基于规模和产品本身，而对通过专利运营实现盈利缺乏认识和行动，对创新、知识产权运营管理等缺乏资金实力和风险管控能力。

难以形成广泛认可的知识产权价值评估体系。价值评估体系的缺乏使得知识产权价格市场发现机制难以形成。知识产权本质上是一种物权，能够进行拍卖、转让、收益、抵押等交易行为是其基本属性，而价值评估是无法回避的关键性问题。知识产权的价值最终要通过知识产权市场来实现，而目前我国的知识产权市场还不够发达，真正完全市场化的交易行为无论是数量还是金额都比较小，还难以形成良好的市场价格发现机制。

知识产权转化率较低。高等院校、科研院所是专利申请的主要来源之一，但其与企业缺乏沟通，拥有的专利难以转化成现实生产力。高等院校一直是技术创新和专利申请的主要力量，在各行业专利申请排名前 10 的单位中，高等院校都占有很多的席位，而目前高等院校与企业之间缺乏沟通的局面并没有显著改善，产学研用结合程度不高，创新技术未能及时转化为新产品，影响了供给产品质量的提升，不利于供给侧结构性改革。

知识产权支撑供给侧结构性改革的效应分析

——基于全国数据的实证检验

第一节 知识产权数量对供给侧结构性改革影响的模型设定

分析知识产权支撑供给侧结构性改革的实际效应，不但需要考虑知识产权数量增长的影响，还有必要考虑知识产权保护水平的影响。本章将利用空间计量方法和全国省际数据，从知识产权数量和知识产权保护两个角度，分别考察二者对供给侧结构性改革的影响。并且，本章将重点考察知识产权对实体经济供给侧结构性改革的影响效应，并在之后的章节中进一步考察知识产权对外贸供给侧结构性改革的影响效应。

首先考虑知识产权数量对供给侧结构性改革的影响。生产总值指标是实体经济发展在产出层面的重要评价指标，第三产业占比指标是实体经济发展在结构优化层面的重要评价指标。为了较为准确地刻画知识产权数量与我国实体经济供给侧结构性改革的关系，本节分别选取了地区生产总值和第三产业增加值占比作为被解释变量；由于专利数量通常被认为是评价知识产权水平的重要指标，其中又以发明专利最为重要，本节选择了专利申请总量、专利授权总量、发明申请量和发明授权量作为衡量知识产权水平的代理变量，分别带入模型进行回归，以期检验回归结果的稳健性。

一、基准模型设定

在构建空间计量模型前，先构建不考虑空间溢出效应的面板数据模型：

$$\ln Y_{it} = \alpha + \beta \ln IP_{it} + \sum_{j=1}^{N} \delta_j x_{it} + \varepsilon_{it} \tag{6.1}$$

其中，Y_{it}为被解释变量地区生产总值（GDP_{it}）或者第三产业增加值占比（$AVTI_{it}$）；IP_{it}为核心解释变量知识产权数量，分别以专利申请总量（$Appl\_t_{it}$）、发明申请量（$Appl\_i_{it}$）、专利授权总量（$Auth\_t_{it}$）和发明授权量（$Appl\_i_{it}$）来表示；x_{it}为控制变量①，具体包括出口技术复杂度（ETS_{it}）、外商直接投资（FDI_{it}）、人力资源禀赋（HR_{it}）、交通基础设施（$Infras_{it}$）；另外，i为地区、t为时间、α为常数项、β为核心解释变量的系数、δ_j为控制变量的系数、ε_{it}为随机扰动项。在基准模型中，假设$\ln GDP_{it}$与$\ln IP_{it}$呈线性关系，β是GDP_{it}对IP_{it}的弹性。

二、空间计量模型的设定

（一）空间相关性的检验

当经济个体在空间上相邻时，有可能存在空间相关性，使用传统的非空间面板模型进行估计可能会产生偏差。本节在省际面板数据下研究知识产权数量对实体经济供给侧结构性改革的影响，所涉及的相关变量在相邻省份之间可能由于人口流动、技术溢出、产业关联等因素的影响，而存在空间相关性。因此，有必要采用莫兰指数I（Moran's I）对样本进行空间相关性的检验，以判断是否有必要在基准模型的基础上引入空间滞后项，构建空间计量模型进行进一步的估计。

首先分别通过相邻关系和距离关系定义空间权重矩阵（W）：

（1）根据相邻关系定义相邻权重矩阵，该矩阵的（i，j）元素表示地区i和地区j的相邻关系，相邻取值为1，反之取值为0。

（2）根据距离关系定义距离权重矩阵，当i≠j时，该矩阵的（i，j）元素取值为地区i和地区j之间距离的倒数；当i=j时，该矩阵的（i，j）元素取值

① 所有控制变量取对数后代入模型，其中，由于第三产业增加值占比和人力资源禀赋小于1，为保证其取对数后系数符号方向不变，将其数值加1后取对数。

为0。

从表6－1可以看出，基于相邻权重矩阵计算的$\ln GDP_{it}$的莫兰指数I在2004～2017年间全部显著为正，基于距离权重矩阵计算的$\ln GDP_{it}$的莫兰指数I并不显著；基于距离权重矩阵计算的$\ln AVTI_{it}$的莫兰指数I并不显著，基于相邻权重矩阵计算的$\ln AVTI_{it}$的莫兰指数I在2004～2008年间全部显著为正。说明地区生产总值和第三产业增加值占比在相邻省份之间存在明显的空间自相关性，有必要在实证分析中考虑空间溢出效应，将空间滞后项引入计量模型。

表6－1　　地区生产总值和第三产业增加值占比的莫兰指数I

$\ln GDP_{it}$	2004年	2005年	2006年	2007年	2008年	2009年	2010年
距离权重矩阵	1.22	1.18	1.12	1.10	1.08	1.14	1.12
相邻权重矩阵	4.82**	4.71**	4.38**	4.37**	4.30**	4.38**	4.34**
$\ln GDP_{it}$	2011年	2012年	2013年	2014年	2015年	2016年	2017年
距离权重矩阵	1.05	0.98	0.95	0.94	1.03	1.17	1.20
相邻权重矩阵	4.26**	4.05**	4.03**	4.06**	4.58**	5.26**	5.82**
$\ln AVTI_{it}$	2004年	2005年	2006年	2007年	2008年	2009年	2010年
距离权重矩阵	6.81***	5.12**	4.28**	3.84*	3.46*	2.47	1.12
相邻权重矩阵	0.01	0.20	0.09	0.12	0.23	0.59	1.08
$\ln AVTI_{it}$	2011年	2012年	2013年	2014年	2015年	2016年	2017年
距离权重矩阵	1.02	1.04	2.07	1.78	1.57	1.00	0.62
相邻权重矩阵	1.14	1.19	0.62	0.49	0.17	0.18	0.50

注：*、**、***分别表示在10%、5%、1%的水平上显著。限于篇幅，此处仅列示了$\ln GDP_{it}$和$\ln AVTI_{it}$基于距离权重和相邻权重计算的莫兰指数I的值。

（二）通用嵌套空间模型

由于基准模型未考虑被解释变量、解释变量和随机扰动项的空间溢出效应，导致估计结果存在非精准性缺陷。为弥补这一缺陷，本章在基准模型的基础上，引入被解释变量、解释变量和随机扰动项的空间滞后项，充分考虑空间溢出效应的影响，构建了空间计量模型的一般式，即通用嵌套空间模型（General Nesting Spatial Model，GNSM）。

$$\ln Y_{it} = \alpha + \rho \sum_{j=1}^{N} W_{ij} \ln Y_{jt} + X_{it}\beta + \theta \sum_{j=1}^{N} W_{ij} X_{jt} + \mu_{it} \tag{6.2}$$

$$\mu_{it} = \varphi\sum_{j=1}^{N} W_{ij}\mu_{jt} + \varepsilon_{it},\ \varepsilon \sim N(0,\ \sigma^2 I_n) \tag{6.3}$$

其中，Y_{it}为被解释变量地区生产总值（GDP_{it}）或者第三产业增加值占比（$AVTI_{it}$）；$\sum_{j=1}^{N} W_{ij}\ln Y_{jt}$为$\ln Y_{it}$的空间滞后项；ρ 为该空间滞后项的系数；$X_{it}$为对数形式的自变量集合，包括核心解释变量和控制变量；β 为X_{it}的系数；$\sum_{j=1}^{N} W_{ij}X_{jt}$为$X_{it}$的空间滞后项；θ 为该空间滞后项的系数；$\mu_{it}$、$\varepsilon_{it}$为随机扰动项；$\sum_{j=1}^{N} W_{ij}\mu_{jt}$是$\mu_{it}$的空间滞后项；φ 是该空间滞后项的系数；ε 服从零均值、同方差的多元正态分布；α 为模型的常数项；i 为地区；t 为时间。

与非空间面板模型有所不同，在空间计量模型中，由于存在空间滞后项，解释变量的系数并不直接反映该解释变量对被解释变量的影响。例如在式（6.2）和式（6.3）所构成的通用嵌套空间模型中，X_{it}的系数 β 并不能直接反映X_{it}对$\ln Y_{it}$的影响，必须利用偏导数将X_{it}对$\ln Y_{it}$影响的总效应分解为直接效应和间接效应，具体分解方法如式（6.4）所示：

$$\left\{\frac{\partial E[\ln Y]}{\partial x_{1k}} \cdots \frac{\partial E[\ln Y]}{\partial x_{Nk}}\right\} = (I - \rho W)^{-1}[I\beta_k + W\theta_k] \tag{6.4}$$

其中，$(I - \rho W)^{-1}[I\beta_k + W\theta_k]$的对角线元素就是所对应的解释变量对$\ln Y_{it}$的直接效应，而非对角线元素则是所对应的解释变量对$\ln Y_{it}$的间接效应。

（三）变量与数据说明

（1）被解释变量为地区生产总值或者第三产业增加值占比，其中第三产业增加值占比用第三产业增加值占地区生产总值的比重来衡量，核心解释变量为专利申请总量、专利授权总量、发明申请量、发明授权量，数据来源于历年《中国统计年鉴》。

（2）控制变量。参考现有文献的研究成果，为减少模型估计的遗漏偏差，我们选取了出口技术复杂度、外商直接投资、人力资源禀赋、交通基础设施作为控制变量加入计量模型。

其中，出口技术复杂度参照豪斯曼（Hausmann，2007）和代中强（2014）的测算方法，根据《中国工业经济统计年鉴》提供的各年度各省份分产业的出口数据和《中国统计年鉴》提供的各年度各省份的人均生产总值计算得出，计算式如下所示：

$$PETS_k = \sum_j \frac{(x_{jk}/X_j)}{\sum_j (x_{jk}/X_j)} Y_j \tag{6.5}$$

$$ETS_i = \sum_l \left(\frac{x_{il}}{X_i}\right) PETS_l \tag{6.6}$$

具体地，ETS_i 为 i 省的出口技术复杂度，$PETS_k$ 为 k 产业出口技术复杂度，Y_j 为 j 省人均生产总值，x_{jk} 为 j 省 k 产业的出口额，X_j 为 j 省的出口总额。

另外，外商直接投资以各省份外商投资企业年底投资总额衡量，数据来源于历年《中国统计年鉴》；人力资源禀赋选择各省份大学生在校生数占当地常住人口的比例来衡量，数据来源于历年《中国统计年鉴》；交通基础设施以标准公路里程数衡量，参考姚树洁和韦开蕾（2008）的方法，对铁路、公路和水路分别赋予 4.27、1 和 1.06 的权重，加权后得出标准公路里程数，数据来源于历年《中国统计年鉴》。

受数据可获得性的限制，我们采用了中国 30 个省级行政区 2004～2017 年的面板数据，未包含西藏自治区、香港特别行政区、澳门特别行政区和中国台湾地区，个别变量在个别年份的数据缺失采用插值法补齐。

第二节　知识产权数量对供给侧结构性改革影响的计量结果

一、专利申请总量对供给侧结构性改革影响的计量结果

（一）地区生产总值

1. 基准模型的估计结果

首先估计不考虑空间溢出效应的基准模型，其中固定效应模型的估计结果如表 6－2 的（1）列所示，随机效应模型的估计结果如表 6－2 的（2）列所示。不难看出，基准模型的两列估计结果的符号方向是一致的，并且系数大小相差不大，这说明回归结果具有很好的稳健性。核心解释变量专利申请总量的回归系数在基准模型下均在 1% 的水平上高度显著为正，具体地，固定效应模型中专利申请总量的系数为 0.333，随机效应模型中专利申请总量的系数为 0.327。说明在其他变量不变的情况下，当专利申请总量提高 1% 时，地区生产总值能够获得约 0.3% 的增长，这与预期基本相符。

表 6－2　　地区生产总值计量模型的估计结果（专利申请总量）

变量名称		基准模型		距离权重矩阵		相邻权重矩阵	
		(1) 固定效应	(2) 随机效应	(3) 固定效应	(4) 随机效应	(5) 固定效应	(6) 随机效应
Main	lnappl_t	0. 333 *** (0. 0445)	0. 327 *** (0. 0418)	0. 127 *** (0. 0205)	0. 159 *** (0. 0206)	0. 290 *** (0. 0216)	0. 290 *** (0. 0203)
	lnETS	0. 0882 *** (0. 0238)	0. 0871 *** (0. 0213)	－0. 0169 (0. 0140)	0. 00948 (0. 0142)	0. 0691 *** (0. 0154)	0. 0666 *** (0. 0139)
	lnFDI	0. 109 * (0. 0592)	0. 114 ** (0. 0516)	0. 0541 *** (0. 0208)	0. 0635 *** (0. 0206)	0. 113 *** (0. 0242)	0. 135 *** (0. 0219)
	lnHR	8. 165 (12. 95)	8. 006 (8. 924)	29. 56 *** (4. 226)	22. 86 *** (4. 340)	7. 254 (4. 743)	7. 996 ** (4. 049)
	lninfras	0. 362 *** (0. 0669)	0. 374 *** (0. 0407)	0. 260 *** (0. 0528)	0. 290 *** (0. 0444)	0. 538 *** (0. 0674)	0. 428 *** (0. 0406)
空间滞后	lnappl_t			0. 196 * (0. 109)	0. 360 *** (0. 102)	0. 135 (0. 0931)	0. 0436 (0. 0749)
	lnETS			0. 0775 (0. 0624)	0. 161 *** (0. 0553)	0. 0750 * (0. 0424)	0. 0703 ** (0. 0340)
	lnFDI			－0. 154 (0. 122)	－0. 195 * (0. 108)	－0. 218 *** (0. 0744)	－0. 183 *** (0. 0610)
	lnHR			80. 70 *** (18. 44)	63. 52 *** (14. 32)	－10. 70 (16. 23)	－6. 790 (10. 32)
	lninfras			－0. 296 * (0. 161)	－0. 232 *** (0. 0765)	－0. 291 ** (0. 139)	－0. 183 *** (0. 0541)
	lnGDP			0. 0367 (0. 177)	－0. 340 * (0. 176)	0. 0921 (0. 183)	0. 183 (0. 160)
	e. lnGDP			0. 616 *** (0. 109)	1. 461 *** (0. 0874)	0. 469 *** (0. 157)	0. 408 *** (0. 153)
	N	420	420	420	420	420	420
	pseudo R^2			0. 760	0. 861	0. 741	0. 946
	AIC	－511. 7		－631. 8	－526. 0	－504. 3	－430. 6
	BIC	－491. 5		－579. 3	－465. 4	－451. 8	－370. 0
	Hausman	2. 55		－14. 14		－12. 31	

注：括号内为标准误差，*、**、*** 分别表示在 10%、5%、1% 的水平上显著。

控制变量在固定效应模型和随机效应模型中的系数方向、大小和显著性水平基本一致，表现出很好的稳健性。在固定效应模型和随机效应模型中，出口技术复杂度和基础设施建设水平在1%的水平上高度显著为正。在固定效应模型中，外商直接投资在10%的水平上显著为正；在随机效应模型中，外商直接投资在5%的水平上显著为正。这与预期相符，出口技术复杂度的提升能够优化外贸的供给侧结构，有利于外贸的高质量增长，进而带动GDP增长；基础设施建设水平的提升能够夯实实体经济发展的公共物品基础，产生良好的经济外部性，提高企业间要素和产品流通的效率，缩短产品进入市场的时间，是实体经济供给侧结构优化的重要环节；外商直接投资的水平不但反映了地区经济的国际化水平，还是地区经济资本投入的重要组成，并且在引入国外资本的同时能够引入跨国企业的先进技术和管理经验，是实现实体经济供给侧结构性改革不能忽视的重要推动力。人力资源禀赋在固定效应模型和随机效应模型中的取值相差不大，但是均不显著，结合后续空间计量的回归结果将会发现，这可能是由于未引入空间滞后项，没有考虑地区之间的人才流动导致的。

为了考察固定效应模型和随机效应模型哪一个更适用于此处面板数据的基准模型分析，进一步进行豪斯曼检验，检验结果显示无法拒绝原假设。鉴于此，后续在估计结果的分析中将同时考察固定效应模型和随机效应模型，并重点关注随机效应模型。

2. 空间计量模型的估计结果

从空间计量模型的估计结果来看，考虑了空间溢出效应之后，不管引入的是距离权重矩阵还是相邻权重矩阵，核心解释变量专利申请总量系数的显著性水平仍然在1%的水平上高度显著为正，但是系数的具体取值比基准模型要小，这说明不考虑空间滞后效应时，专利申请总量对地区生产总值的影响被明显高估了。

在引入距离权重矩阵的空间计量模型中，核心解释变量专利申请总量的空间滞后项的系数均显著为正，说明专利申请总量存在空间自相关性。被解释变量地区生产总值的空间滞后项的系数在固定效应模型中不显著，在随机效应模型中在10%的水平上显著为负，但是误差项均在1%的水平上显著为正，说明地区生产总值存在空间自相关性。外商直接投资、人力资源禀赋和交通基础设施的系数均在1%的水平上高度显著为正，出口技术复杂度的系数不显著。控制变量的空间滞后项的系数大小和显著性水平差别较大，要考察控制变量对地区生产总值的实际影响，还需要进一步具体分析直接效应和间接效应。总体来说，被解释变量、核心解释变量和控制变量普遍存在空间自相关性，空间计量模型比非空间计量模型更适合用于分析此处的面板数据样本，这与上文的莫兰指数I的检验结果是一致的。

进一步分析以相邻关系构建空间权重矩阵时变量系数的估计。在固定效应模型和随机效应模型下，核心解释变量专利申请总量的空间滞后项系数均不显著，说明仅考虑相邻关系时，专利申请总量并没有表现出明显的空间自相关性。被解释变量地区生产总值的空间滞后项系数不显著，但是误差项在1%的水平上高度显著为正，说明相邻的地区之间存在空间自相关性。控制变量及其空间滞后项的系数的显著性水平参差不齐，但是总体来说，相邻地区的空间自相关性在控制变量中是普遍存在的。

为检验固定效应模型和随机效应模型哪一个更适合用来估计此处的空间面板数据，我们对两种不同空间权重矩阵的空间计量模型进行豪斯曼检验，检验结果显示，豪斯曼统计量均为负数，故可以接受随机效应的原假设。此外，从AIC和BIC的汇报结果来看，均显示以距离关系构建空间权重矩阵的固定效应模型能够更好地拟合此处的空间面板数据。因此，在下文直接效应和间接效应的分析中，将汇报固定效应模型和随机效应模型的全部结论，并进行全面的分析和比较。

3. 空间计量模型的直接效应和间接效应

在空间计量模型中所估计的变量系数并不能够直接解释变量对被解释变量的影响，需要通过将总效应分解为直接效应和间接效应来进一步分析。基于空间计量模型的估计结果，表6－3给出了解释变量分别以距离关系和相邻关系构建空间矩阵的固定效应模型和随机效应模型的直接效应和间接效应。从核心解释变量专利申请总量的估计结果来看，在四种估计中，专利申请总量对地区生产总值的直接效应和间接效应均显著为正，并且估计结果在不同的模型中相差不大，较为稳健。以距离权重矩阵的固定效应模型为例，专利申请总量对地区生产总值的直接效应显著为正，说明一省专利申请总量的增长有利于提升该省的地区生产总值；同时，专利申请总量对地区生产总值的间接效应显著为正，说明一省专利申请总量的增长能够有效提升地理邻近省份的地区生产总值，有明显的空间溢出效应。这说明，专利申请总量具有正的外部性，不但能够提升本省地区生产总值，而且能够间接提升邻近省份的地区生产总值。这背后可能的原因是，邻近省份之间更容易形成产业链上下游的关系，一省专利申请数量的增长所带来的创新能力提升，能够通过产业链上的原材料、半成品供应关系向邻近省份传导，进而更大范围地促进实体经济的结构优化和体量增长，带动地区生产总值增长。此外，邻近省份人力资源的流动能够强化知识、技能在各省份之间传递，创新型技术和产品可以更快地被学习模仿，在比较大的空间范围产生知识溢出效应，并且最终体现在地区生产总值的增长。当空间计量模型采用相邻关系构建空间权重矩阵时，上述基本结论依然成立，即专利申请总量不但能够提升本省地区生产总值，而且能够间接提升相邻省份的地区生产总值（见表6－3）。

表6－3　　专利申请总量对地区生产总值的直接效应和间接效应估计

变量名称	距离权重矩阵				相邻权重矩阵			
	固定效应模型		随机效应模型		固定效应模型		随机效应模型	
	直接效应	间接效应	直接效应	间接效应	直接效应	间接效应	直接效应	间接效应
lnappl_t	0.128*** (0.021)	0.186** (0.080)	0.154*** (0.021)	0.212*** (0.053)	0.292*** (0.021)	0.142*** (0.049)	0.293*** (0.020)	0.093** (0.046)
lnETS	−0.017 (0.014)	0.072 (0.056)	0.007 (0.014)	0.109*** (0.034)	0.070*** (0.015)	0.071** (0.030)	0.069*** (0.014)	0.079*** (0.046)
lnFDI	0.054*** (0.021)	−0.141 (0.117)	0.067*** (0.021)	−0.150** (0.076)	0.110*** (0.024)	−0.182*** (0.068)	0.130*** (0.022)	−0.152*** (0.059)
lnHR	29.720*** (4.304)	76.137*** (25.466)	22.008*** (4.278)	38.559*** (13.057)	7.106 (4.715)	−8.801 (14.172)	7.834** (3.976)	−5.103 (9.590)
lninfras	0.260*** (0.053)	−0.267* (0.151)	0.295*** (0.045)	−0.229*** (0.048)	0.534*** (0.066)	−0.212** (0.097)	0.424*** (0.041)	−0.100*** (0.031)

注：括号内为标准误差，*、**、*** 分别表示在10%、5%、1%的水平上显著。

各控制变量在不同模型下的直接效应和间接效应也表现出了较好的稳健性。将相邻权重矩阵引入模型时，在固定效应模型和随机效应模型中，出口技术复杂度对地区生产总值影响的直接效应和间接效应均显著为正，说明出口技术复杂度不但对本省地区生产总值具有正的影响，对相邻省份的地区生产总值也有正的影响。但是将距离权重矩阵引入模型时，出口技术复杂度对地区生产总值的直接效应和间接效应在固定效应模型中均不显著，在随机效应模型中仅间接效应在1%的水平上高度显著。通过上文的豪斯曼检验我们知道，检验结果不能拒绝存在随机效应的原假设，所以此处的间接效应不容忽视。说明一省地区生产总值受到邻近省份出口技术复杂度的影响甚至要比本省出口技术复杂度的影响更大，可能的原因是地区与地区之间所形成的价值链将邻近省份的出口贸易紧密联系在一起，省际经济关系不是割裂、封闭的，而是开放、广泛联系的。

外商直接投资对地区生产总值仅在引入距离权重矩阵的固定效应模型中表现出直接效应显著为正和间接效应为负但不显著，其他模型下均表现为固定效应显著为正和间接效应显著为负。这说明外商直接投资会对本省地区生产总值产生正的影响，对相邻和邻近省份地区生产总值则会产生负的影响。不难理解一省引入更多的外商直接投资不但可以扩大当地的实体经济生产规模，刺激就业，并且可以通过跨国公司实现技术更新，引入更加先进高效的管理模式，进而有利于实现本省地区生产总值的增长。但是外商直接投资对相邻和邻近省份地区生产总值产生的负向影响是传统计量方法未能捕捉到的新信息。合理的解释是，一省引入的外商直接投资具有较强的资源吸附能力，增强该省对人才、资金，甚至是上下游企业的吸引力，将空间上距离较近的其他省份的生产力吸引、转移到本省来，进而造成了进一步提升本省地区生产总值的同时拉低了邻近和相邻省份的地区生产总值。

人力资源禀赋在引入了距离权重矩阵的空间计量模型中，直接效应和间接效应均显著为正，这说明劳动力质量的提高不但有利于提升本省的地区生产总值，还能够带动空间上距离相近的省份的地区生产总值。但是值得注意的是，当空间权重矩阵选择相邻权重矩阵时，只有随机效应模型下的直接效应显著为正，随机效应模型下的间接效应，以及固定效应模型下的直接效应和间接效应均不显著。这说明人力资源禀赋对地区生产总值所产生的效应中，受空间自相关性的影响更多地表现在距离上而非地理上是否接壤。也就是说，一省教育水平和劳动力质量的提升，能够在更大的范围内辐射周边经济，但是对相邻省份的影响并不明显。这可能是由于交通的便利化使得人才的流动更加自由、范围更广、成本更低，并且受到地理因素之外的影响更大。

基础设施建设在所有模型下的直接效应和间接效应均显著，且直接效应显著为正，间接效应显著为负。说明基础设施建设确实对本省的地区生产总值有显著的正向影响，对基础设施建设的投入能够有效提升本省的实体经济发展，实现地区生产总值的增长。另外，一省基础设施建设水平的提高却有可能会让邻近和相邻省份的地区生产总值出现负增长。出现这一现象的原因可能是地区间基础设施建设水平的不平衡，导致省际交通联通不足，进而一省基础设施建设水平的提高不但不能带动附近省份的经济增长，还会因为更好的营商环境将其他省份的经济资源吸引过来，这种联动不足背景下的资源竞争关系导致了地区生产总值此消彼长的现象。

（二）第三产业增加值占比

1. 基准模型的估计结果

首先估计不考虑空间溢出效应的基准模型，其中固定效应模型的估计结果如

表6-4的（1）列所示，随机效应模型的估计结果如表6-4的（2）列所示。不难看出，基准模型下除了人力资源禀赋，两列估计结果的符号方向基本是一致的，并且系数大小相差不大，这说明回归结果具有很好的稳健性。核心解释变量专利申请总量的回归系数在基准模型下均在1%的水平上高度显著为正，具体地，固定效应模型中专利申请总量的系数为0.025，随机效应模型中专利申请总量的系数为0.026。说明在其他变量不变的情况下，当专利申请总量提高1%时，第三产业增加值占比能够获得约0.02%的增长，这与预期基本相符。

相比以地区生产总值为被解释变量的基准模型，在以第三产业增加值占比为被解释变量的基准模型下，控制变量回归系数的显著性水平明显降低了，尤其是固定效应模型下所有控制变量的回归系数均不显著，这可能是由于模型存在一定的内生性。从（3）~（6）列可以看出，在引入空间权重矩阵后，内生性问题有所改善，部分空间滞后项的系数是显著的。

为了考察固定效应模型和随机效应模型哪一个更适用于此处面板数据的基准模型分析，我们进一步进行了豪斯曼检验，检验结果在1%的水平上拒绝了原假设，说明固定效应模型更适合用于该样本数据的估计。鉴于此，后续在估计结果的分析中将同时考察固定效应模型和随机效应模型，并重点关注固定效应模型。

表6-4　第三产业增加值占比计量模型的估计结果（专利申请总量）

变量名称		基准模型		距离权重矩阵		相邻权重矩阵	
		（1） 固定效应	（2） 随机效应	（3） 固定效应	（4） 随机效应	（5） 固定效应	（6） 随机效应
Main	lnappl_t	0.0248*** (0.00731)	0.0259*** (0.00666)	0.00381 (0.00385)	0.00796** (0.00360)	0.0117*** (0.00352)	0.0134*** (0.00345)
	lnETS	-0.00623 (0.00472)	-0.00984** (0.00414)	-0.00185 (0.00269)	-0.00200 (0.00242)	0.00540** (0.00249)	0.00410* (0.00241)
	lnFDI	0.0153 (0.00964)	0.0128 (0.00847)	-0.00309 (0.00395)	0.000308 (0.00363)	0.000983 (0.00365)	0.00272 (0.00357)
	lnHR	-1.016 (1.668)	0.476 (1.329)	-0.576 (0.780)	0.00257 (0.647)	-0.542 (0.753)	0.236 (0.712)
	lninfras	-0.0249 (0.0157)	-0.0322*** (0.00905)	-0.00909 (0.0101)	-0.0323*** (0.00680)	0.0390*** (0.0115)	0.0139* (0.00716)

续表

变量名称		基准模型		距离权重矩阵		相邻权重矩阵	
		(1) 固定效应	(2) 随机效应	(3) 固定效应	(4) 随机效应	(5) 固定效应	(6) 随机效应
W	lnappl_t			0.00649 (0.0156)	0.0114 (0.0151)	0.00213 (0.00649)	0.000801 (0.00641)
	lnETS			-0.0277** (0.0116)	-0.0291*** (0.0106)	-0.0123*** (0.00362)	-0.0124*** (0.00354)
	lnFDI			0.0766*** (0.0228)	0.0639*** (0.0195)	0.0200** (0.00815)	0.0179** (0.00780)
	lnHR			6.056* (3.166)	1.645 (2.210)	-4.162** (1.736)	-4.280*** (1.469)
	lninfras			-0.0593** (0.0266)	-0.000628 (0.0128)	-0.0354*** (0.0130)	-0.0128** (0.00504)
	lnAVTI			-0.0387 (0.241)	-0.0900 (0.202)	0.702*** (0.0626)	0.686*** (0.0627)
	e. lnAVTI			0.505*** (0.155)	0.492*** (0.155)	-0.746*** (0.137)	-0.731*** (0.139)
	N	420	420	420	420	420	420
	pseudo R^2			0.026	0.450	0.150	0.178
	AIC	-1981.6		-1934.1	-1950.5	-1949.1	-1951.0
	BIC	-1961.4		-1881.6	-1889.9	-1896.5	-1890.4
	Hausman	18.80***		73.33***		10.40*	

注：括号内为标准误差，*、**、*** 分别表示在 10%、5%、1% 的水平上显著。

2. 空间计量模型的估计结果

从空间计量模型的估计结果来看，如（3）~（4）列所示，引入距离权重矩阵后，固定效应模型下专利申请总量的系数不再显著，随机效应模型下专利申请总量系数的显著性降低，并且专利申请总量的空间滞后项均不显著；引入相邻权重矩阵后，固定效应模型和随机效应模型下的专利申请总量系数均依然在 1% 的水平上高度显著，但是专利申请总量的空间滞后项均不显著。从豪斯曼检验和 AIC、BIC 的检验结果来看，引入了距离权重矩阵的固定效应模型更适合用于该样本的估计。具体的影响效应我们将会在下文通过直接效应和间接效应的分解进行进一步分析。

3. 空间计量模型的直接效应和间接效应

如上文所述，在空间计量模型中所估计的变量系数并不能够直接解释变量对被解释变量的影响，需要通过将总效应分解为直接效应和间接效应来进一步分析。基于第三产业增加值占比空间计量模型的估计结果，表6－5给出了解释变量分别以距离关系和相邻关系构建空间矩阵的固定效应模型和随机效应模型的直接效应和间接效应。从核心解释变量专利申请总量的估计结果来看，在引入了距离权重矩阵的固定效应模型下，专利申请总量对第三产业增加值占比的直接效应和间接效应都不显著；在引入了距离权重矩阵的随机效应模型下，专利申请总量对第三产业增加值占比的直接效应显著为正，间接效应不显著；在引入了相邻权重矩阵的固定效应模型下，专利申请总量对第三产业增加值占比的直接效应和间接效应均显著为正；在引入了相邻权重矩阵的随机效应模型下，专利申请总量对第三产业增加值占比的直接效应和间接效应显著为正。其中，引入了距离权重矩阵的固定效应模型是经过豪斯曼检验和AIC、BIC检验的最适合此处样本的模型，根据该模型的估计结果，专利申请总量对第三产业增加值占比的直接效应和间接效应均不显著。也就是说，从我国历史经验数据来看，专利申请总量不但无法有效影响周边地区的第三产业增加值占比，甚至对本省第三产业增加值占比的影响也是不确定的。

表6－5　专利申请总量对第三产业生产总值占比的直接效应和间接效应估计

变量名称	距离权重矩阵				相邻权重矩阵			
	固定效应模型		随机效应模型		固定效应模型		随机效应模型	
	直接效应	间接效应	直接效应	间接效应	直接效应	间接效应	直接效应	间接效应
lnappl_t	0.004 (004)	0.006 (0.013)	0.008** (0.004)	0.009 (0.012)	0.014*** (0.003)	0.025** (0.011)	0.015*** (0.003)	0.023** (0.010)
lnETS	－0.002 (0.003)	－0.024*** (0.008)	－0.002 (0.002)	－0.024*** (0.007)	0.004 (0.002)	－0.021*** (0.006)	0.002 (0.002)	－0.022*** (0.006)
lnFDI	－0.003 (0.004)	0.067*** (0.017)	0 (0.004)	0.053*** (0.017)	0.005 (0.004)	0.051*** (0.014)	0.006* (0.003)	0.046*** (0.014)
lnHR	－0.588 (0.781)	5.281** (2.588)	－0.005 (0.650)	1.368 (1.853)	－1.417** (0.720)	－11.115*** (3.487)	－0.516 (0.710)	－9.556*** (2.807)
lninfras	－0.009 (0.010)	－0.051** (0.021)	－0.032*** (0.007)	0.002 (0.014)	0.037*** (0.011)	－0.020 (0.017)	0.013* (0.007)	－0.008 (0.009)

注：括号内为标准误差，*、**、*** 分别表示在10%、5%、1%的水平上显著。

通过上文的分析我们发现，专利申请总量不但正向影响本省的地区生产总值，还会正向影响周边省份的地区生产总值，说明知识产权数量增长能够有效带动经济总量的增长。当前我国知识产权数量的增长并不能有效带动第三产业增加值占比的增长，优化产业结构的功能有限。

二、发明申请量对供给侧结构性改革影响的计量结果

通常来说，专利的种类包括发明专利、实用新型和外观设计，且以上三种不同的专利对经济和生产的影响并不完全相同。笼统地使用专利申请总量来代表知识产权数量，可能并不能完整地反映出知识产权支撑供给侧结构性改革的实际效果。鉴于此，我们从对生产、创新的影响最突出的发明专利着手，进一步考察发明申请量对供给侧结构性改革的影响，以便获得更有针对性的实证结论，并检验实证模型的稳健性。

（一）地区生产总值

1. 基准模型的估计结果

首先估计不考虑空间溢出效应的基准模型，其中固定效应模型的估计结果如表6－6的（1）列所示，随机效应模型的估计结果如表6－6的（2）列所示。不难看出，基准模型的两列估计结果的符号方向是一致的，并且系数大小和显著性水平相差不大，这说明回归结果具有很好的稳健性。核心解释变量发明申请量的回归系数在基准模型下均在1%的水平上高度显著为正，这与预期基本相符。

控制变量在固定效应模型和随机效应模型中的系数方向、大小和显著性水平基本一致，表现出很好的稳健性。在固定效应模型和随机效应模型中，基础设施建设水平在1%的水平上高度显著为正。出口技术复杂度和外商直接投资在固定效应模型中在5%的水平上显著为正；在随机效应模型中在1%的水平上显著为正。这与预期相符，也与上文以专利申请总量为核心解释变量时的回归结果基本一致，背后的经济逻辑此处不再赘述。同样地，人力资源禀赋在固定效应模型和随机效应模型中的取值相差不大，但是均不显著，结合后续空间计量的回归结果将会发现，这依然可能是由于未引入空间滞后项，没有考虑地区之间的人才流动导致的。

为了考察固定效应模型和随机效应模型哪一个更适用于此处面板数据的基准模型分析，进一步进行豪斯曼检验，检验结果显示无法拒绝原假设。鉴于此，后续在估计结果的分析中将同时考察固定效应模型和随机效应模型，并重点关注随

机效应模型。

表 6－6　　　　地区生产总值计量模型的估计结果（发明申请量）

变量名称		基准模型		距离权重矩阵		相邻权重矩阵	
		(1) 固定效应	(2) 随机效应	(3) 固定效应	(4) 随机效应	(5) 固定效应	(6) 随机效应
Main	lnappl_i	0.284 *** (0.0440)	0.277 *** (0.0405)	0.101 *** (0.0182)	0.119 *** (0.0179)	0.240 *** (0.0189)	0.235 *** (0.0174)
	lnETS	0.0781 ** (0.0289)	0.0873 *** (0.0251)	－0.0213 (0.0141)	0.00201 (0.0141)	0.0644 *** (0.0161)	0.0683 *** (0.0144)
	lnFDI	0.137 ** (0.0631)	0.147 *** (0.0561)	0.0634 *** (0.0207)	0.0745 *** (0.0205)	0.128 *** (0.0242)	0.158 *** (0.0219)
	lnHR	7.165 (13.35)	3.418 (8.693)	29.89 *** (4.284)	24.00 *** (4.361)	6.478 (4.967)	6.858 (4.181)
	lninfras	0.360 *** (0.0805)	0.385 *** (0.0455)	0.261 *** (0.0533)	0.287 *** (0.0472)	0.497 *** (0.0679)	0.431 *** (0.0417)
空间滞后	lnappl_i			0.240 ** (0.100)	0.358 *** (0.0885)	0.240 ** (0.100)	0.358 *** (0.0885)
	lnETS			0.0643 (0.0728)	0.155 ** (0.0630)	0.0643 (0.0728)	0.155 ** (0.0630)
	lnFDI			－0.164 (0.125)	－0.175 (0.114)	－0.164 (0.125)	－0.175 (0.114)
	lnHR			76.39 *** (19.39)	56.67 *** (16.11)	76.39 *** (19.39)	56.67 *** (16.11)
	lninfras			－0.201 (0.194)	－0.114 (0.103)	－0.201 (0.194)	－0.114 (0.103)
	lnGDP			－0.0711 (0.195)	－0.417 ** (0.183)	－0.0711 (0.195)	－0.417 ** (0.183)
	e. lnGDP			0.670 *** (0.102)	1.381 *** (0.0783)	0.670 *** (0.102)	1.381 *** (0.0783)

续表

变量名称		基准模型		距离权重矩阵		相邻权重矩阵	
		(1) 固定效应	(2) 随机效应	(3) 固定效应	(4) 随机效应	(5) 固定效应	(6) 随机效应
空间滞后	N	420	420	420	420	420	420
	pseudo R^2			0.710	0.819	0.923	0.943
	AIC	-499.8		-626.1	-513.7	-491.2	-414.4
	BIC	-479.6		-573.6	-453.1	-438.6	-353.8
Hausman		3.75		-20.26		1.46	

注：括号内为标准误差，*、**、*** 分别表示在 10%、5%、1% 的水平上显著。

2. 空间计量模型的估计结果

从空间计量模型的估计结果来看，考虑了空间溢出效应之后，不管引入的是距离权重矩阵还是相邻权重矩阵，核心解释变量发明申请量系数的显著性水平仍然在 1% 的水平上高度显著为正，但是系数的具体取值比基准模型要小，这说明不考虑空间滞后效应时，发明申请量对地区生产总值的影响被明显高估了。

在引入距离权重矩阵的空间计量模型中，核心解释变量发明申请量的空间滞后项的系数均显著为正，说明发明申请量存在空间自相关性。被解释变量地区生产总值的空间滞后项的系数在固定效应模型中不显著，在随机效应模型中在 5% 的水平上显著为负，但是误差项均在 1% 的水平上显著为正，说明地区生产总值存在空间自相关性。外商直接投资、人力资源禀赋和交通基础设施的系数均在 1% 的水平上高度显著为正，出口技术复杂度的系数不显著。控制变量的空间滞后项的系数大小和显著性水平差别较大，要考察控制变量对地区生产总值的实际影响，还需进一步具体分析直接效应和间接效应。总体来说，被解释变量、核心解释变量和控制变量普遍存在空间自相关性，空间计量模型比非空间计量模型更适合用于分析此处的面板数据样本，这与上文的莫兰指数 I 的检验结果是一致的。与上文以专利申请总量为被解释变量的模型比较可以发现，回归结果高度一致，模型表现出非常好的稳健性。

进一步分析以相邻关系构建空间权重矩阵时变量系数的估计。在固定效应模型和随机效应模型下，核心解释变量发明申请量的空间滞后项系数均显著为正。这与上文以专利申请总量为被解释变量的回归结果有明显差异，说明虽然专利申请总量在相邻省份之间没有明显的空间自相关性，但是其中的发明申请量却表现出明显的空间自相关性，也就是说，相比其他类型的专利种类，发明专利具有更强的空间溢出效应。此外，被解释变量地区生产总值的空间滞后项系数在固定效应模型下不显著，在随机效应模型下显著为负，但是误差项在1%的水平上高度显著为正，说明相邻的地区之间存在空间自相关性。控制变量及其空间滞后项的系数的显著性水平参差不齐，但是总体来说，相邻地区的空间自相关性在控制变量中是普遍存在的。

为检验固定效应模型和随机效应模型哪一个更适合用来估计此处的空间面板数据，我们对两种不同空间权重矩阵的空间计量模型进行豪斯曼检验，检验结果显示可以接受随机效应的原假设。此外，从AIC和BIC的汇报结果来看，均显示以距离关系构建空间权重矩阵的固定效应模型能够更好地拟合此处的空间面板数据。因此，在下文直接效应和间接效应的分析中，将汇报固定效应模型和随机效应模型的全部结论，并进行全面的分析和比较。

3. 空间计量模型的直接效应和间接效应

基于空间计量模型的估计结果，表6－7给出了解释变量分别以距离关系和相邻关系构建空间矩阵的固定效应模型和随机效应模型的直接效应和间接效应。从核心解释变量发明申请量的估计结果来看，在四种估计中，发明申请量对地区生产总值的直接效应和间接效应均显著为正，并且估计结果在不同的模型中相差不大，较为稳健。说明一省发明申请量的增长有利于提升该省的地区生产总值，并且能够有效提升地理上邻近和相邻省份的地区生产总值，有明显的空间溢出效应。这说明，发明申请量具有正的外部性，不但能够提升本省地区生产总值，而且能够间接提升邻近省份的地区生产总值。各控制变量在不同模型下的直接效应和间接效应也表现出了较好的稳健性。这与上文以专利申请总量为被解释变量的回归结果是基本一致的，其背后的经济原理也基本相同，此处不再赘述。

表6－7　　发明申请量对地区生产总值的直接效应和间接效应估计

变量名称	距离权重矩阵				相邻权重矩阵			
	固定效应模型		随机效应模型		固定效应模型		随机效应模型	
	直接效应	间接效应	直接效应	间接效应	直接效应	间接效应	直接效应	间接效应
lnappl_i	0.100*** (0.018)	0.197*** (0.065)	0.114*** (0.018)	0.203*** (0.046)	0.239*** (0.018)	0.163*** (0.040)	0.237*** (0.017)	0.099*** (0.037)
lnETS	−0.022 (0.014)	0.056 (0.061)	−0.001 (0.014)	0.102*** (0.038)	0.064*** (0.015)	0.068** (0.030)	0.070*** (0.014)	0.081*** (0.026)

续表

变量名称	距离权重矩阵				相邻权重矩阵			
	固定效应模型		随机效应模型		固定效应模型		随机效应模型	
	直接效应	间接效应	直接效应	间接效应	直接效应	间接效应	直接效应	间接效应
lnFDI	0.064*** (0.021)	-0.142 (0.109)	0.078*** (0.020)	-0.136** (0.077)	0.129*** (0.023)	-0.150** (0.063)	0.156*** (0.021)	-0.098* (0.053)
lnHR	29.62*** (4.345)	62.754*** (23.345)	23.149*** (4.290)	30.750*** (13.461)	6.607 (4.796)	-30.474** (12.851)	6.564 (4.136)	-18.790* (9.780)
lninfras	0.262*** (0.054)	-0.186 (0.159)	0.291*** (0.048)	-0.154*** (0.058)	0.497*** (0.068)	-0.100 (0.098)	0.430*** (0.042)	-0.107*** (0.029)

注：括号内为标准误差，*、**、***分别表示在10%、5%、1%的水平上显著。

总体来说，使用空间计量方法研究知识产权数量对地区生产总值的影响比不考虑空间滞后项的传统计量模型更为合适，并且空间计量模型表现出非常好的稳健性，分别以专利申请总量和发明申请量作为知识产权数量的代理变量可以获得高度一致的回归结果。对回归结果进行深入的分析可以发现，知识产权数量对本省和周边省份地区生产总值的增长具有正向影响，并且发明专利比其他种类的专利形式具有更强的空间溢出能力。控制变量的回归结果也提供了丰富的信息。出口技术复杂度、外商直接投资、人力资源禀赋和基础设施建设对本省经济增长的积极作用获得了数据支持，但是另一个值得关注的信息是，各省份之间表现出明显的资源竞争关系。吸引外商直接投资，加强基础设施建设等改善一省营商环境的政策举措可能会将周边省份的经济资源吸引到本省，影响周边省份地区生产总值的增长。这背后反映出的是当前省际经济发展不够融合，跨省产业链联系不够紧密，省与省之间的交通联通不足等现实问题。也就是说，供给侧结构性改革不但要关注总体生产、产业结构、内外经贸的问题，还要关注国内地区间平衡发展、加强省际联系的问题。

（二）第三产业增加值占比

1. 基准模型的估计结果

首先估计不考虑空间溢出效应的基准模型，其中固定效应模型的估计结果如表6-8的（1）列所示，随机效应模型的估计结果如表6-8的（2）列所示。不难看出，基准模型的两列估计结果除了人力资源禀赋这一变量以外，其他变量的回归系数的符号方向是一致的，并且系数大小相差不大，个别变量显著性水平不一样，这说明回归结果具有较好的稳健性。核心解释变量发明申请量的回归系数在基准模型下均在1%的水平上高度显著为正，这与预期基本相符。基准模型下部分控制变量系数的显著性水平不高，甚至不显著。结合后续空间计量的回归结果将会发现，这依然可能是由于未引入空间滞后项，没有考虑地区之间的产业联系、人才流动等空间溢出效应导致的。

为了考察固定效应模型和随机效应模型哪一个更适用于此处面板数据的基准模型分析，进一步进行豪斯曼检验，检验结果拒绝了原假设，说明固定效应模型更适用于此处的样本数据。鉴于此，后续在估计结果的分析中将同时考察固定效应模型和随机效应模型，并重点关注固定效应模型。

表 6－8　　第三产业增加值占比计量模型的估计结果（发明申请量）

变量名称		基准模型		距离权重矩阵		相邻权重矩阵	
		(1) 固定效应	(2) 随机效应	(3) 固定效应	(4) 随机效应	(5) 固定效应	(6) 随机效应
Main	lnappl_i	0.284*** (0.0440)	0.277*** (0.0405)	0.101*** (0.0182)	0.119*** (0.0179)	0.240*** (0.0189)	0.235*** (0.0174)
	lnETS	0.0781** (0.0289)	0.0873*** (0.0251)	-0.0213 (0.0141)	0.00201 (0.0141)	0.0644*** (0.0161)	0.0683*** (0.0144)
	lnFDI	0.137** (0.0631)	0.147*** (0.0561)	0.0634*** (0.0207)	0.0745*** (0.0205)	0.128*** (0.0242)	0.158*** (0.0219)
	lnHR	7.165 (13.35)	3.418 (8.693)	29.89*** (4.284)	24.00*** (4.361)	6.478 (4.967)	6.858 (4.181)
	lninfras	0.360*** (0.0805)	0.385*** (0.0455)	0.261*** (0.0533)	0.287*** (0.0472)	0.497*** (0.0679)	0.431*** (0.0417)
空间滞后	lnappl_i			0.240** (0.100)	0.358*** (0.0885)	0.240** (0.100)	0.358*** (0.0885)
	lnETS			0.0643 (0.0728)	0.155** (0.0630)	0.0643 (0.0728)	0.155** (0.0630)

续表

变量名称		基准模型		距离权重矩阵		相邻权重矩阵	
		(1) 固定效应	(2) 随机效应	(3) 固定效应	(4) 随机效应	(5) 固定效应	(6) 随机效应
空间滞后	lnFDI			-0.164 (0.125)	-0.175 (0.114)	-0.164 (0.125)	-0.175 (0.114)
	lnHR			76.39*** (19.39)	56.67*** (16.11)	76.39*** (19.39)	56.67*** (16.11)
	lninfras			-0.201 (0.194)	-0.114 (0.103)	-0.201 (0.194)	-0.114 (0.103)
	lnAVTI			-0.0711 (0.195)	-0.417** (0.183)	-0.0711 (0.195)	-0.417** (0.183)
	e. lnAVTI			0.670*** (0.102)	1.381*** (0.0783)	0.670*** (0.102)	1.381*** (0.0783)
	N	420	420	420	420	420	420
	pseudo R^2			0.710	0.819	0.923	0.943
	AIC	-499.8		-626.1	-513.7	-491.2	-414.4
	BIC	-479.6		-573.6	-453.1	-438.6	-353.8
	Hausman	3.75		-20.26		1.46	

注：括号内为标准误差，*、**、*** 分别表示在 10%、5%、1% 的水平上显著。

2. 空间计量模型的估计结果

如表 6-8 中（3）~（4）列所示，与专利申请总量的情况相似，以发明申请量为核心解释变量的空间计量模型引入距离权重矩阵后，固定效应模型下发明申请量的系数不再显著，随机效应模型下发明申请量系数的显著性降低，并且发明申请量的空间滞后项均不显著；引入相邻权重矩阵后，固定效应模型和随机效应模型下的发明申请量系数均依然显著，但是显著性水平有所降低，发明申请量的空间滞后项均不显著。从 AIC、BIC 的检验结果来看，引入了距离权重矩阵的固定效应模型更适合用于该样本的估计，但是从豪斯曼检验的结果来看，并不能拒绝随机效应原假设。鉴于此，有必要对引入了距离权重矩阵的固定效应模型和随机效应模型的影响效应重点关注。具体地，我们将会在下文通过直接效应和间接效应的分解进行进一步的分析。

3. 空间计量模型的直接效应和间接效应

如前文所述，在空间计量模型中所估计的变量系数并不能够直接解释变量对被解释变量的影响，需要通过将总效应分解为直接效应和间接效应来进一步分析。基于以发明申请量为核心解释变量的第三产业增加值占比空间计量模型的估计结果，表6－9列示了解释变量分别以距离关系和相邻关系构建空间矩阵的固定效应模型和随机效应模型的直接效应和间接效应。从核心解释变量发明申请量的估计结果来看，在引入了距离权重矩阵的固定效应模型和随机效应模型下，发明申请量对第三产业增加值占比的直接效应和间接效应都不显著；在引入了相邻权重矩阵的固定效应模型和随机效应模型下，发明申请量对第三产业增加值占比的直接效应和间接效应均显著为正。其中，引入了距离权重矩阵的固定效应模型是经过AIC、BIC检验的最适合此处样本的模型，根据该模型的估计结果，发明申请量对第三产业增加值占比的直接效应和间接效应均不显著。鉴于豪斯曼检验结果不能拒绝随机效应原假设，进一步分析引入了距离权重矩阵的随机效应模型，发明申请量对第三产业增加值占比的直接效应和间接效应依然均不显著。也就是说，从我国历史经验数据来看，发明申请量不但无法有效影响周边地区的第三产业增加值占比，甚至对本省第三产业增加值占比的影响也是不确定的。当然，引入了相邻权重矩阵的第三产业增加值占比空间计量模型的估计结果还是提供了非常重要的信息，其固定效应模型和随机效应模型中发明申请量的直接效应和间接效应均显著为正。说明专利发明申请量对本省和相邻省份的第三产业增加值占比有一定程度的正向影响。

通过前文的分析我们认为，知识产权数量增长能够有效带动经济总量的增长，但是从结构上来看，专利申请总量的增长并不能够有效带动第三产业增加值占比的增长，知识产权数量优化产业结构的功能有限。此处我们的分析进一步说明，以发明申请量衡量知识产权数量时可以得到类似的结论。

表6－9　　发明申请量对第三产业增加值占比的直接效应和间接效应估计

变量名称	距离权重矩阵				相邻权重矩阵			
	固定效应模型		随机效应模型		固定效应模型		随机效应模型	
	直接效应	间接效应	直接效应	间接效应	直接效应	间接效应	直接效应	间接效应
lnappl_i	0.100*** (0.018)	0.197*** (0.065)	0.114*** (0.018)	0.203*** (0.046)	0.239*** (0.018)	0.163*** (0.040)	0.237*** (0.017)	0.099*** (0.037)
lnETS	－0.022 (0.014)	0.056 (0.061)	－0.001 (0.014)	0.102*** (0.038)	0.064*** (0.015)	0.068** (0.030)	0.070*** (0.014)	0.081*** (0.026)

续表

变量名称	距离权重矩阵				相邻权重矩阵			
	固定效应模型		随机效应模型		固定效应模型		随机效应模型	
	直接效应	间接效应	直接效应	间接效应	直接效应	间接效应	直接效应	间接效应
lnFDI	0.064*** (0.021)	-0.142 (0.109)	0.078*** (0.020)	-0.136** (0.077)	0.129*** (0.023)	-0.150** (0.063)	0.156*** (0.021)	-0.098* (0.053)
lnHR	29.62*** (4.345)	62.754*** (23.345)	23.149*** (4.290)	30.750*** (13.461)	6.607 (4.796)	-30.474** (12.851)	6.564 (4.136)	-18.790* (9.780)
lninfras	0.262*** (0.054)	-0.186 (0.159)	0.291*** (0.048)	-0.154*** (0.058)	0.497*** (0.068)	-0.100 (0.098)	0.430*** (0.042)	-0.107*** (0.029)

注：括号内为标准误差，*、**、***分别表示在10%、5%、1%的水平上显著。

总体来说，使用空间计量方法研究知识产权数量对第三产业增加值占比的影响比不考虑空间滞后项的传统计量模型更为合适，并且空间计量模型表现出非常好的稳健性，分别以专利申请总量和发明申请量作为知识产权数量的代理变量可以获得高度一致的回归结果。对回归结果进行深入的分析可以发现，知识产权数量对本省和周边省份第三产业增加值占比的增长可能存在一定程度的正向影响，但是这种影响并不十分确定。

理论上来说，知识产权能够推动第三产业的发展，并且我国各省份之间业已形成的产业链关联应该能够形成明显的空间溢出效应，某一省份知识产权数量的增长所带来的创新能力提升，能够向产业链上其他地区的企业传导，在更大的范围内共享创新带来的第三产业增加值占比增长。不仅如此，人力资源的自由流动也强化了知识、技能在城市间传递，进一步强化了知识产权数量对第三产业跨越省际边界的影响。

但是，上述理论分析的结论并没有表现在实证估计的结论中。这一方面可能是由于数据选取的问题，如果在县市级维度上定义空间权重矩阵，将能够更加准确地测度空间效应，进而更加准确地分析知识产权数量对第三产业增加值占比的影响效应。但是由于模型涉及的变量很难获得县区级维度的数据，所以此处退而选取了省级维度的数据。实证结论虽能从一定程度上反映知识产权数量对第三产业增加值占比的影响效应，但是在未来的研究中，研究方法仍有较大的改善空间。

另一方面导致实证检验结果与理论分析预期不符的另一个原因可能是我国的

知识产权并没有在实践中有效地转化为生产力，优化产业结构，推动第三产业的高质量发展。虽然我国专利申请总量和发明申请量获得了持续的增长，但是专利质量提升并不明显，尤其是对生产实践影响最大的发明申请量，转化能力不强，没有有效地推动地区经济和第三产业的高质量发展，对周边地区的空间溢出能力更加不明显。

第三节　知识产权保护对供给侧结构性改革影响的模型设定

前文详细分析了知识产权数量对供给侧结构性改革的影响，为了全面考察知识产权对供给侧结构性改革的支撑作用，接下来进一步借助空间计量模型实证分析知识产权保护对地区生产总值和第三产业增加值占比的影响。实证分析沿用前文的基本思路构建模型，首先确立以知识产权保护水平为核心解释变量的基准模型，然后引入空间滞后项，构建空间计量模型，分析知识产权保护对地区生产总值和第三产业增加值占比的直接效应和间接效应。

一、基准模型设定

在构建空间计量模型前，先构建不考虑空间溢出效应的面板数据模型：

$$\ln Y_{it} = \alpha + \beta \ln IPP_{it} + \sum_{j=1}^{N} \delta_j x_{it} + \varepsilon_{it} \tag{6.7}$$

其中，Y_{it}为地区生产总值（GDP_{it}）或者第三产业增加值占比（$AVTI_{it}$）；IPP_{it}为知识产权保护水平；x_{it}为控制变量[①]，具体包括出口技术复杂度（ETS_{it}）、外商直接投资（FDI_{it}）、人力资源禀赋（HR_{it}）、交通基础设施（$infras_{it}$）；另外，i 为地区，t 为时间，α 为常数项，β 为核心解释变量的系数，δ_j 为控制变量的系数，ε_{it}为随机扰动项。在基准模型中，假设 $\ln Y_{it}$与 $\ln IPP_{it}$呈线性关系，β 是 Y_{it}对 IPP_{it}的弹性。

① 所有控制变量取对数后代入模型，其中，由于人力资源禀赋小于 1，为保证其取对数后系数符号方向不变，将其数值加 1 后取对数。

二、空间计量模型的设定

首先，分别通过相邻关系和距离关系定义空间权重矩阵（W）：

（1）根据相邻关系定义相邻权重矩阵，该矩阵的（i，j）元素表示地区 i 和地区 j 的相邻关系，相邻取值为 1，反之取值为 0。

（2）根据距离关系定义距离权重矩阵，当 $i \neq j$ 时，该矩阵的（i，j）元素取值为地区 i 和地区 j 之间距离的倒数；当 $i = j$ 时，该矩阵的（i，j）元素取值为 0。

其次，构建通用嵌套空间模型。由于基准模型未考虑被解释变量、解释变量和随机扰动项的空间溢出效应，导致估计结果存在非精准性缺陷。为弥补这一缺陷，与前文类似，我们在基准模型的基础上引入被解释变量、解释变量和随机扰动项的空间滞后项，充分考虑空间溢出效应的影响，构建了通用嵌套空间模型。具体如下：

$$\ln Y_{it} = \alpha + \rho \sum_{j=1}^{N} W_{ij} \ln Y_{jt} + X_{it}\beta + \theta \sum_{j=1}^{N} W_{ij} X_{jt} + \mu_{it} \tag{6.8}$$

$$\mu_{it} = \varphi \sum_{j=1}^{N} W_{ij}\, \mu_{jt} + \varepsilon_{it}\,,\ \varepsilon \sim N(0,\ \sigma^2 I_n) \tag{6.9}$$

其中，Y_{it} 为地区生产总值（GDP_{it}）或者第三产业增加值占比（$AVTI_{it}$）；$\sum_{j=1}^{N} W_{ij} \ln Y_{jt}$ 为 $\ln Y_{it}$ 的空间滞后项；ρ 为该空间滞后项的系数；X_{it} 为对数形式的自变量集合，包括核心解释变量和控制变量；β 为 X_{it} 的系数；$\sum_{j=1}^{N} W_{ij} X_{jt}$ 为 X_{it} 的空间滞后项；θ 为该空间滞后项的系数；μ_{it}、ε_{it} 为随机扰动项；$\sum_{j=1}^{N} W_{ij} \mu_{jt}$ 是 μ_{it} 的空间滞后项；φ 是该空间滞后项的系数；ε 服从零均值、同方差的多元正态分布；α 为模型的常数项；i 为地区；t 为时间。

三、变量与数据说明

（1）被解释变量为地区生产总值或者第三产业增加值占比，其中第三产业增加值占比用第三产业增加值占地区生产总值的比重来衡量，数据来源于历年《中国统计年鉴》。

（2）核心解释变量。核心解释变量为知识产权保护水平，参照韩玉雄和李怀祖（2005），将各省份的知识产权保护水平由立法意义上的知识产权保护水平与知识产权保护执法水平相乘而得到。立法意义上的知识产权保护水平测算考虑了保护的覆盖范围、是否为国际条约的成员、权利丧失的保护、执法机制、保护期限五个指标，在立法水平方面，各省份并无差异。但在执法力度层面，各省份存在地区差异性，执法水平考虑了执法力度、社会法制化水平、社会知识产权保护意识、经济发展水平、法律体系完备程度、国际监督制衡机制六个指标，具体的度量标准和数据来源参考了关成华等（2018）。

（3）控制变量。参考现有文献的研究成果，为减少模型估计的遗漏偏差，我们选取了出口技术复杂度、外商直接投资、人力资源禀赋、交通基础设施作为控制变量加入计量模型。各控制变量的数据来源与前文一致。其中出口技术复杂度的计算方法参见前文的式（6.5）和式（6.6）。

第四节　知识产权保护对供给侧结构性改革影响的计量结果

一、地区生产总值

（一）基准模型的估计结果

首先估计不考虑空间溢出效应的基准模型，其中固定效应模型的估计结果如表6－10的（1）列所示，随机效应模型的估计结果如表6－10的（2）列所示。不难看出，基准模型的两列估计结果的符号方向是一致的，并且系数大小相差不大，这说明回归结果具有很好的稳健性。核心解释变量知识产权保护水平的回归系数在基准模型下均显著为正，具体地，固定效应模型中知识产权保护水平的系数为0.516，随机效应模型中知识产权保护水平的系数为0.568。说明在其他变量不变的情况下，当知识产权保护水平提高1%时，地区生产总值能够获得约0.5%以上的增长，这与预期基本相符。

控制变量在固定效应模型和随机效应模型中的系数方向、大小和显著性水平基本一致，表现出很好的稳健性。出口技术复杂度、外商直接投资和基础设施建设水平在固定效应模型和随机效应模型中，均在1%的水平上高度显著为正。这与预期相符，也与前文各个控制变量的回归结果基本一致，背后的经济逻辑此处不再赘述。人力资源禀赋在随机效应模型中在10%的水平上显著为正，但是在固定效应模型中不显著。结合后续空间计量的回归结果将会发现，这依然可能是由于未引入空间滞后项，没有考虑地区之间的人才流动导致的。鉴于前文已经对各个控制变量进行了较为详尽的分析，本节将只列出控制变量的估计结果，不做重复分析。

为了考察固定效应模型和随机效应模型哪一个更适用于此处面板数据的基准模型分析，进一步进行豪斯曼检验，检验结果拒绝随机效应原假设。固定效应模型更适合此处面板数据的分析。鉴于此，后续在估计结果的分析中将重点关注固定效应模型。

表 6-10　　地区生产总值计量模型的估计结果（知识产权保护）

变量名称		基准模型		距离权重矩阵		相邻权重矩阵	
		(1) 固定效应	(2) 随机效应	(3) 固定效应	(4) 随机效应	(5) 固定效应	(6) 随机效应
Main	lnIPP	0.516** (0.205)	0.568*** (0.220)	-0.0746 (0.0838)	-0.0519 (0.0836)	0.276** (0.112)	0.326*** (0.105)
	lnETS	0.114*** (0.0404)	0.118*** (0.0377)	-0.0259* (0.0147)	-0.00712 (0.0148)	0.0825*** (0.0179)	0.0919*** (0.0164)
	lnFDI	0.327*** (0.100)	0.310*** (0.0822)	0.0839*** (0.0212)	0.0991*** (0.0214)	0.248*** (0.0260)	0.269*** (0.0233)
	lnHR	26.85 (21.83)	21.48* (12.60)	40.85*** (4.256)	36.90*** (4.335)	22.04*** (5.621)	23.00*** (4.736)
	lninfras	0.500*** (0.127)	0.560*** (0.0562)	0.278*** (0.0558)	0.311*** (0.0516)	0.765*** (0.0814)	0.618*** (0.0476)
W	lnIPP			0.629 (0.649)	0.834 (0.620)	0.170 (0.322)	0.312 (0.281)
	lnETS			0.0196 (0.0834)	0.0866 (0.0759)	0.0378 (0.0457)	0.0361 (0.0387)
	lnFDI			0.0273 (0.141)	0.0584 (0.135)	0.00760 (0.0906)	-0.0137 (0.0748)
	lnHR			118.1*** (20.71)	106.9*** (16.77)	-28.73* (17.12)	-22.64* (13.54)
	lninfras			-0.359 (0.225)	-0.366*** (0.103)	-0.527*** (0.157)	-0.250*** (0.0633)
	lnGDP			0.154 (0.167)	-0.000955 (0.161)	0.401*** (0.136)	0.263** (0.131)

续表

变量名称		基准模型		距离权重矩阵		相邻权重矩阵	
		(1) 固定效应	(2) 随机效应	(3) 固定效应	(4) 随机效应	(5) 固定效应	(6) 随机效应
W	e. lnGDP			0. 723 *** (0. 0872)	1. 315 *** (0. 0767)	0. 369 ** (0. 148)	0. 499 *** (0. 112)
	N	420	420	420	420	420	420
	pseudo R^2			0. 555	0. 663	0. 730	0. 923
	AIC	-288. 0		-595. 7	-466. 3	-346. 3	-262. 2
	BIC	-267. 8		-543. 2	-405. 7	-293. 8	-201. 6
	Hausman	11. 303 **		-134. 18		13. 07 **	

注：括号内为标准误差，*、**、*** 分别表示在 10%、5%、1% 的水平上显著。

（二）空间计量模型的估计结果

从空间计量模型的估计结果来看，引入相邻权重矩阵后，核心解释变量知识产权保护水平的系数仍然显著为正，但是系数的具体取值比基准模型要小，这说明不考虑空间滞后效应时，知识产权保护水平对地区生产总值的影响被明显高估了。但是如果引入的是距离权重矩阵，知识产权保护水平的系数不再显著。此外，从空间滞后项的回归结果来看，知识产权保护水平空间滞后项的系数均不显著，说明知识产权保护水平并没有明显的空间自相关性，这可能是由于各省份所制定的知识产权保护政策相对独立，受到周边省份的影响较小。

引入距离权重矩阵后，被解释变量地区生产总值的空间滞后项的系数不显著，但是误差项在 1% 的水平上高度显著；引入相邻权重矩阵后，被解释变量地区生产总值的空间滞后项的系数显著为正，误差项也显著为正。这说明引入空间滞后项是有必要的，空间计量模型比非空间计量模型更适合用于分析此处的面板数据样本，这与前文的莫兰指数 I 的检验结果是一致的。

考虑到本节主要讨论知识产权保护对地区生产总值的影响，此处将选择知识产权保护水平系数显著的、引入了相邻权重矩阵的空间计量模型进行重点分析，对引入了距离权重矩阵的空间计量模型只汇报回归结果以供参考，不做进一步深入分析。为检验固定效应模型和随机效应模型哪一个更适合用来估计此处的空间面板数据，此处进行豪斯曼检验。检验结果显示，引入相邻权重矩阵时，拒绝随机效应的原假设。此外，AIC 和 BIC 的汇报结果均显示固定效应模型能够更好地拟合此处的空间面板数据。因此，结合基准模型的豪斯曼检验结果，在下文直接效应和间接效应的分析中将重点考察固定效应模型的估计结果。

（三）空间计量模型的直接效应和间接效应

基于空间计量模型的估计结果，表6－11给出了解释变量的直接效应和间接效应。从引入了相邻权重矩阵的固定效应模型的估计结果来看，知识产权保护水平对地区生产总值的直接效应显著为正，间接效应为正但不显著。这说明一省提高本省的知识产权保护水平将有利于本省地区生产总值的增长，但是对周边省份地区生产总值并不会产生明显的影响。

表6－11　知识产权保护对地区生产总值的直接效应和间接效应估计

变量名称	距离权重矩阵				相邻权重矩阵			
	固定效应模型		随机效应模型		固定效应模型		随机效应模型	
	直接效应	间接效应	直接效应	间接效应	直接效应	间接效应	直接效应	间接效应
lnIPP	－0.069 (0.865)	0.648 (0.684)	－0.052 (0.084)	0.750 (0.559)	0.297** (0.126)	0.353 (0.430)	0.344*** (0.111)	0.416 (0.303)
lnETS	－0.026* (0.015)	0.016 (0.088)	－0.007 (0.015)	0.078 (0.065)	0.088*** (0.019)	0.089* (0.052)	0.095*** (0.017)	0.063 (0.039)
lnFDI	0.084*** (0.021)	0.042 (0.135)	0.099*** (0.021)	0.052 (0.108)	0.256*** (0.027)	0.135 (0.094)	0.272*** (0.023)	0.060 (0.065)
lnHR	41.991*** (4.483)	130.506*** (36.818)	36.894*** (4.400)	96.033*** (24.585)	20.518*** (5.846)	－25.069 (21.664)	22.241*** (4.745)	－17.375 (13.821)
lninfras	0.275*** (0.056)	－0.332 (0.240)	0.311*** (0.052)	－0.329*** (0.094)	0.748*** (0.079)	－0.278* (0.155)	0.614*** (0.048)	－0.091** (0.044)

注：括号内为标准误差，*、**、*** 分别表示在10%、5%、1%的水平上显著。

需要指出的是，本节的回归结论虽然只支持知识产权保护对本省地区生产总值的促进作用，未能得到知识产权保护对地区生产总值具有空间溢出效应的有力证据，但是这并不能否定知识产权保护对周边省份地区生产总值可能产生的影响。受到省际样本的数据限制，以及可能存在的遗漏变量的影响，知识产权保护的空间溢出效应可能未被捕捉到。这有待在未来的研究中，进一步细化样本，从更加细分的空间面板着手，审查遗漏变量的可能性，以获得更加具有说服力的实证结论。

二、第三产业增加值占比

（一）基准模型的估计结果

首先估计不考虑空间溢出效应的基准模型，其中固定效应模型的估计结果如表6-12的（1）列所示，随机效应模型的估计结果如表6-12的（2）列所示。不难看出，基准模型的两列估计结果的符号方向是一致的，并且系数大小相差不大，这说明回归结果具有很好的稳健性。核心解释变量知识产权保护水平的回归系数在基准模型下均显著为正，这与预期基本相符。鉴于前文已经对各个控制变量进行了较为详尽的分析，此处将列出控制变量的估计结果，不做重复分析。

为了考察固定效应模型和随机效应模型哪一个更适用于此处面板数据的基准模型分析，进一步进行豪斯曼检验，检验结果拒绝随机效应原假设。固定效应模型更适合此处面板数据的分析。鉴于此，后续在估计结果的分析中将重点关注固定效应模型。

表6-12　第三产业增加值占比计量模型的估计结果（知识产权保护）

变量名称		基准模型		距离权重矩阵		相邻权重矩阵	
		(1) 固定效应	(2) 随机效应	(3) 固定效应	(4) 随机效应	(5) 固定效应	(6) 随机效应
Main	lnIPP	0.0622** (0.0303)	0.0782** (0.0304)	0.00421 (0.0148)	0.0130 (0.0148)	0.0183 (0.0145)	0.0243 (0.0148)
	lnETS	-0.00536 (0.00477)	-0.00849** (0.00421)	-0.00252 (0.00273)	-0.00222 (0.00246)	0.00531** (0.00258)	0.00348 (0.00250)
	lnFDI	0.0298*** (0.00885)	0.0267*** (0.00767)	-0.00261 (0.00386)	0.00291 (0.00353)	0.00631* (0.00354)	0.00951*** (0.00341)
	lnHR	0.0771 (1.815)	1.099 (1.381)	-0.305 (0.749)	0.282 (0.651)	-0.211 (0.766)	0.948 (0.719)
	lninfras	-0.0136 (0.0152)	-0.0180** (0.00854)	-0.00638 (0.0101)	-0.0273*** (0.00666)	0.0545*** (0.0113)	0.0180** (0.00753)

续表

变量名称		基准模型 (1) 固定效应	基准模型 (2) 随机效应	距离权重矩阵 (3) 固定效应	距离权重矩阵 (4) 随机效应	相邻权重矩阵 (5) 固定效应	相邻权重矩阵 (6) 随机效应
W	lnIPP			0.167 (0.102)	0.219 ** (0.0960)	0.0419 (0.0316)	0.0541 * (0.0316)
	lnETS			-0.0359 *** (0.0121)	-0.0386 *** (0.0111)	-0.0142 *** (0.00402)	-0.0146 *** (0.00403)
	lnFDI			0.0697 *** (0.0217)	0.0605 *** (0.0165)	0.0288 *** (0.00941)	0.0261 *** (0.00873)
	lnHR			5.600 * (3.085)	0.936 (2.262)	-4.107 ** (1.675)	-5.362 *** (1.407)
	lninfras			-0.0490 * (0.0273)	0.00871 (0.0139)	-0.0523 *** (0.0133)	-0.0136 ** (0.00571)
	lnAVTI			-0.101 (0.237)	-0.173 (0.205)	0.631 *** (0.0777)	0.595 *** (0.0806)
	e. lnAVTI			0.501 *** (0.142)	0.482 *** (0.138)	-0.571 *** (0.147)	-0.516 *** (0.148)
	N	420	420	420	420	420	420
	pseudo R^2			0.026	0.399	0.155	0.201
	AIC	-1939.3		-1935.6	-1950.0	-1926.9	-1925.3
	BIC	-1919.1		-1883.1	-1889.4	-1874.3	-1864.7
	Hausman	12.85 **		68.98 ***		5.95	

注：括号内为标准误差，*、**、*** 分别表示在10%、5%、1%的水平上显著。

（二）空间计量模型的估计结果

从空间计量模型的估计结果来看，如表6-12的（3）~（6）列所示，引入空间权重矩阵之后，知识产权保护水平的回归系数不再显著，但是知识产权保护水平的空间滞后项的回归系数在两个随机模型中显著为正。从AIC、BIC的检验结果来看，引入了相邻权重矩阵的随机效应模型更适合用于该样本的估计。进一步从引入了相邻权重矩阵的空间计量模型的豪斯曼检验结果来看，并不能拒绝随机效应原假设。鉴于此，我们在下文进一步对直接效应和间接效应进行分解时，将重点分析引入了相邻权重矩阵的随机效应模型。

（三）空间计量模型的直接效应和间接效应

如前文所述，在空间计量模型中所估计的变量系数并不能够直接解释变量对被解释变量的影响，需要通过将总效应分解为直接效应和间接效应来进一步分析。基于以知识产权保护水平为核心解释变量的第三产业增加值占比空间计量模型的估计结果，表6-13给出了解释变量分别以距离关系和相邻关系构建空间矩阵的固定效应模型和随机效应模型的直接效应和间接效应。从核心解释变量知识产权保护水平的估计结果来看，在引入了距离权重矩阵的固定效应模型和随机效应模型下，知识产权保护水平对第三产业增加值占比的直接效应不显著，间接效应显著为正；在引入了相邻权重矩阵的固定效应模型和随机效应模型下，知识产权保护水平对第三产业增加值占比的直接效应和间接效应均显著为正。其中，引入了相邻权重矩阵的随机效应模型是经过AIC、BIC和豪斯曼检验的最适合此处样本的模型，根据该模型的估计结果，知识产权保护水平对第三产业增加值占比的直接效应和间接效应均显著为正。也就是说，我国知识产权保护水平不但能够有效提升本省第三产业增加值占比，并且对相邻省份的第三产业增加值占比也有正向的影响。

总体来说，使用空间计量方法研究知识产权保护水平对第三产业增加值占比的影响比不考虑空间滞后项的传统计量模型更为合适，并且空间计量模型表现出较好的稳健性。通过前文的分析我们认为，知识产权保护水平的提高能够有效带动本省经济总量的增长。此处我们的分析进一步说明，知识产权保护水平的提升还将有效改善产业结构，提高本省和周边省份的第三产业增加值占比，支撑供给侧结构性改革（见表6-13）。

表6-13　知识产权保护对第三产业增加值占比的直接效应和间接效应估计

变量名称	距离权重矩阵				相邻权重矩阵			
	固定效应模型		随机效应模型		固定效应模型		随机效应模型	
	直接效应	间接效应	直接效应	间接效应	直接效应	间接效应	直接效应	间接效应
lnIPP	0.003 (0.014)	0.138* (0.078)	0.011 (0.014)	0.169*** (0.066)	0.027* (0.015)	0.106* (0.058)	0.034** (0.015)	0.124** (0.050)
lnETS	-0.002 (0.003)	-0.029*** (0.008)	-0.002 (0.002)	-0.030*** (0.007)	0.004 (0.002)	-0.021*** (0.006)	0.002 (0.002)	-0.023*** (0.005)

续表

变量名称	距离权重矩阵				相邻权重矩阵			
	固定效应模型		随机效应模型		固定效应模型		随机效应模型	
	直接效应	间接效应	直接效应	间接效应	直接效应	间接效应	直接效应	间接效应
lnFDI	-0.003 (0.004)	0.058*** (0.013)	0.002 (0.004)	0.047*** (0.011)	0.011*** (0.003)	0.065*** (0.013)	0.014*** (0.003)	0.058*** (0.012)
lnHR	-0.333 (0.752)	4.641* (2.473)	0.275 (0.654)	0.690 (1.794)	-0.864 (0.741)	-8.439*** (2.893)	0.286 (0.726)	-8.715*** (2.310)
lninfras	-0.006 (0.056)	-0.040* (0.021)	-0.027*** (0.007)	-0.010 (0.013)	0.052*** (0.011)	-0.036** (0.016)	0.018** (0.008)	-0.005 (0.008)

注：括号内为标准误差，*、**、*** 分别表示在10%、5%、1%的水平上显著。

本章附录

在分析知识产权数量对供给侧结构性改革的影响时，为了进一步检验实证结果的稳健性，我们还分别以专利授权总量和发明授权量作为核心解释变量进行了回归，回归结果与以专利申请总量和发明申请量作为核心解释变量的结果保持了较高的一致性，说明实证结果具有较好的稳健性。具体回归结果参见附表6－1～附表6－8。

附表6－1　　地区生产总值计量模型的估计结果（专利授权总量）

变量名称		基准模型		距离权重矩阵		相邻权重矩阵	
		(1) 固定效应	(2) 随机效应	(3) 固定效应	(4) 随机效应	(5) 固定效应	(6) 随机效应
Main	lnauth_t	0.362*** (0.0375)	0.356*** (0.0346)	0.176*** (0.0218)	0.239*** (0.0218)	0.362*** (0.0209)	0.354*** (0.0194)
	lnETS	0.0636*** (0.0174)	0.0653*** (0.0153)	-0.0174 (0.0136)	0.00721 (0.0131)	0.0474*** (0.0132)	0.0477*** (0.0125)

续表

变量名称		基准模型		距离权重矩阵		相邻权重矩阵	
		(1) 固定效应	(2) 随机效应	(3) 固定效应	(4) 随机效应	(5) 固定效应	(6) 随机效应
Main	lnFDI	0.0985 * (0.0525)	0.0992 ** (0.0441)	0.0520 *** (0.0200)	0.0715 *** (0.0197)	0.104 *** (0.0209)	0.114 *** (0.0193)
	lnHR	16.94 (11.14)	13.28 * (7.815)	30.04 *** (4.004)	10.50 *** (3.587)	11.01 *** (4.234)	9.683 *** (3.607)
	lninfras	0.268 *** (0.0641)	0.323 *** (0.0380)	0.222 *** (0.0515)	0.255 *** (0.0326)	0.410 *** (0.0639)	0.351 *** (0.0364)
空间滞后	lnauth_t			-0.00872 (0.0944)	-0.0205 (0.0433)	-0.130 (0.109)	-0.151 * (0.0808)
	lnETS			0.0463 (0.0607)	0.0538 *** (0.0207)	0.0157 (0.0328)	0.0315 (0.0298)
	lnFDI			-0.0248 (0.111)	-0.0846 *** (0.0321)	-0.124 ** (0.0580)	-0.101 ** (0.0497)
	lnHR			88.18 *** (17.27)	40.60 *** (6.847)	24.02 * (12.93)	4.718 (8.732)
	lninfras			-0.352 ** (0.152)	-0.351 *** (0.0329)	-0.372 *** (0.107)	-0.187 *** (0.0632)
	lnGDP			0.209 (0.161)	0.389 *** (0.0832)	0.341 (0.215)	0.388 ** (0.181)
	e. lnGDP			0.623 *** (0.111)	3.065 *** (0.189)	0.292 (0.246)	0.296 (0.214)
	N	420	420	420	420	420	420
	pseudo R^2			0.656	0.895	0.225	0.955
	AIC	-583.5		-653.7	-562.2	-581.7	-513.3
	BIC	-563.3		-601.2	-501.6	-529.1	-452.7
	Hausman	5.54		141.54 ***		20.88 ***	

注：括号内为标准误差，*、**、*** 分别表示在10%、5%、1%的水平上显著。

附表 6-2　　专利授权总量对地区生产总值的直接效应和间接效应估计

变量名称	距离权重矩阵				相邻权重矩阵			
	固定效应模型		随机效应模型		固定效应模型		随机效应模型	
	直接效应	间接效应	直接效应	间接效应	直接效应	间接效应	直接效应	间接效应
lnauth_t	0. 177 *** (0. 022)	0. 031 (0. 089)	0. 241 *** (0. 021)	0. 103 *** (0. 031)	0. 362 *** (0. 020)	-0. 007 (0. 057)	0. 353 *** (0. 019)	-0. 017 (0. 047)
lnETS	-0. 017 (0. 014)	0. 048 (0. 067)	-0. 009 (0. 013)	0. 081 *** (0. 022)	0. 049 *** (0. 013)	0. 037 (0. 031)	0. 051 *** (0. 012)	0. 062 ** (0. 029)
lnFDI	0. 052 *** (0. 020)	-0. 016 (0. 122)	0. 070 *** (0. 019)	-0. 081 * (0. 042)	0. 099 *** (0. 021)	-0. 102 (0. 067)	0. 109 *** (0. 019)	-0. 070 (0. 061)
lnHR	31. 273 *** (4. 146)	105. 508 *** (30. 782)	11. 811 *** (3. 561)	63. 640 *** (11. 861)	12. 732 *** (4. 265)	-32. 097 * (17. 599)	10. 304 *** (3. 528)	-10. 474 (9. 843)
lninfras	0. 218 *** (0. 051)	-0. 341 * (0. 175)	0. 247 *** (0. 032)	-0. 358 *** (0. 051)	0. 395 *** (0. 061)	-0. 269 *** (0. 099)	0. 347 *** (0. 037)	-0. 063 * (0. 035)

注：括号内为标准误差，*、**、*** 分别表示在 10%、5%、1% 的水平上显著。

附表 6-3　　地区生产总值计量模型的估计结果（发明授权量）

变量名称		基准模型		距离权重矩阵		相邻权重矩阵	
		(1) 固定效应	(2) 随机效应	(3) 固定效应	(4) 随机效应	(5) 固定效应	(6) 随机效应
Main	lnauth_i	0. 284 *** (0. 0266)	0. 276 *** (0. 0248)	0. 109 *** (0. 0198)	0. 132 *** (0. 0198)	0. 271 *** (0. 0185)	0. 266 *** (0. 0174)
	lnETS	0. 0664 ** (0. 0288)	0. 0818 *** (0. 0259)	-0. 0233 * (0. 0140)	0. 00157 (0. 0142)	0. 0531 *** (0. 0158)	0. 0623 *** (0. 0141)
	lnFDI	0. 128 ** (0. 0522)	0. 144 *** (0. 0462)	0. 0718 *** (0. 0204)	0. 0818 *** (0. 0204)	0. 124 *** (0. 0227)	0. 150 *** (0. 0205)
	lnHR	12. 28 (11. 89)	7. 315 (7. 837)	31. 65 *** (4. 245)	25. 99 *** (4. 372)	7. 300 (4. 737)	5. 940 (3. 943)
	lninfras	0. 403 *** (0. 0877)	0. 413 *** (0. 0468)	0. 273 *** (0. 0534)	0. 302 *** (0. 0474)	0. 447 *** (0. 0649)	0. 421 *** (0. 0385)

续表

变量名称		基准模型		距离权重矩阵		相邻权重矩阵	
		(1) 固定效应	(2) 随机效应	(3) 固定效应	(4) 随机效应	(5) 固定效应	(6) 随机效应
空间滞后	lnauth_i			0. 142 (0. 0884)	0. 255 *** (0. 0781)	0. 180 ** (0. 0888)	0. 0260 (0. 100)
	lnETS			0. 0388 (0. 0752)	0. 132 ** (0. 0601)	0. 0811 * (0. 0433)	0. 0828 ** (0. 0382)
	lnFDI			-0. 122 (0. 132)	-0. 171 (0. 119)	-0. 0996 (0. 0825)	-0. 0436 (0. 0679)
	lnHR			89. 19 *** (19. 23)	71. 02 *** (14. 79)	-19. 75 (16. 68)	-4. 954 (10. 58)
	lninfras			-0. 185 (0. 211)	-0. 0852 (0. 107)	0. 128 (0. 184)	-0. 107 (0. 0995)
	lnGDP			0. 0154 (0. 195)	-0. 310 * (0. 173)	-0. 228 (0. 193)	0. 0128 (0. 252)
	e. lnGDP			0. 668 *** (0. 117)	1. 407 *** (0. 0863)	0. 706 *** (0. 102)	0. 548 *** (0. 195)
	N	420	420	420	420	420	420
	pseudo R^2			0. 731	0. 829	0. 834	0. 954
	AIC	-535. 4		-627. 4	-517. 6	-521. 7	-452. 0
	BIC	-515. 2		-574. 8	-456. 9	-469. 1	-391. 4
	Hausman	6. 48		7. 48		3. 79	

注：括号内为标准误差，*、**、*** 分别表示在 10%、5%、1% 的水平上显著。

附表 6-4　专利授权总量对地区生产总值的直接效应和间接效应估计

变量名称	距离权重矩阵				相邻权重矩阵			
	固定效应模型		随机效应模型		固定效应模型		随机效应模型	
	直接效应	间接效应	直接效应	间接效应	直接效应	间接效应	直接效应	间接效应
lnauth_i	0. 109 *** (0. 020)	0. 131 ** (0. 067)	0. 129 *** (0. 020)	0. 151 *** (0. 048)	0. 267 *** (0. 018)	0. 082 ** (0. 037)	0. 266 *** (0. 017)	-0. 024 (0. 037)

续表

变量名称	距离权重矩阵				相邻权重矩阵			
	固定效应模型		随机效应模型		固定效应模型		随机效应模型	
	直接效应	间接效应	直接效应	间接效应	直接效应	间接效应	直接效应	间接效应
lnETS	-0.023 * (0.014)	0.035 (0.069)	-0.000 (0.014)	0.092 ** (0.040)	0.051 *** (0.015)	0.048 * (0.028)	0.062 *** (0.013)	0.069 *** (0.025)
lnFDI	0.072 *** (0.020)	-0.110 (0.123)	0.084 *** (0.020)	-0.139 (0.085)	0.128 *** (0.022)	-0.089 (0.056)	0.150 *** (0.020)	-0.034 (0.047)
lnHR	31.727 *** (4.269)	81.815 *** (25.349)	25.097 *** (4.319)	44.431 *** (14.151)	8.011 * (4.563)	-14.921 (11.325)	5.931 (3.932)	-4.000 (8.776)
lninfras	0.272 *** (0.053)	-0.165 (0.183)	0.305 *** (0.048)	-0.126 ** (0.063)	0.446 *** (0.066)	0.018 (0.102)	0.024 *** (0.037)	-0.084 *** (0.028)

注：括号内为标准误差，*、**、*** 分别表示在10%、5%、1%的水平上显著。

附表6-5　第三产业增加值占比计量模型的估计结果（专利授权总量）

变量名称		基准模型		距离权重矩阵		相邻权重矩阵	
		(1) 固定效应	(2) 随机效应	(3) 固定效应	(4) 随机效应	(5) 固定效应	(6) 随机效应
Main	lnauth_t	0.0246 *** (0.00729)	0.0268 *** (0.00657)	0.00985 ** (0.00423)	0.0139 *** (0.00384)	0.0169 *** (0.00359)	0.0191 *** (0.00342)
	lnETS	-0.00759 (0.00500)	-0.0114 *** (0.00443)	-0.00148 (0.00268)	-0.00240 (0.00241)	0.00421 * (0.00248)	0.00265 (0.00238)
	lnFDI	0.0163 * (0.00927)	0.0125 (0.00793)	-0.00406 (0.00393)	-0.00145 (0.00361)	-0.000389 (0.00362)	0.000763 (0.00353)
	lnHR	-0.253 (1.570)	0.975 (1.244)	-0.812 (0.758)	0.0197 (0.630)	-0.473 (0.732)	0.299 (0.688)
	lninfras	-0.0305 * (0.0157)	-0.0350 *** (0.00854)	-0.0115 (0.0101)	-0.0353 *** (0.00676)	0.0297 ** (0.0118)	0.00567 (0.00694)

续表

变量名称		基准模型		距离权重矩阵		相邻权重矩阵	
		(1) 固定效应	(2) 随机效应	(3) 固定效应	(4) 随机效应	(5) 固定效应	(6) 随机效应
W	lnauth_t	0.518*** (0.144)	0.617*** (0.0793)		0.698*** (0.0849)		0.119* (0.0624)
	lnETS			-0.00804 (0.0122)	-0.00742 (0.0113)	-0.00979* (0.00553)	-0.0113** (0.00541)
	lnFDI			-0.0236** (0.0109)	-0.0250** (0.00980)	-0.0112*** (0.00359)	-0.0112*** (0.00343)
	lnHR			0.0855*** (0.0216)	0.0795*** (0.0182)	0.0252*** (0.00781)	0.0234*** (0.00744)
	lninfras			5.204* (3.049)	1.850 (2.110)	-2.479 (1.582)	-2.568* (1.367)
	lnAVTI			-0.0533** (0.0255)	-0.00261 (0.0123)	-0.0318** (0.0131)	-0.0102** (0.00491)
	e. lnAVTI			0.0213 (0.231)	-0.0271 (0.182)	0.727*** (0.0568)	0.710*** (0.0561)
	N			0.455***	0.443***	-0.781***	-0.768***
	pseudo R^2			(0.169)	(0.160)	(0.130)	(0.129)
	AIC	420	420	420	420	420	420
	BIC			0.021	0.481	0.186	0.238
	Hausman	17.62***		23.31***		8.95	

注：括号内为标准误差，*、**、***分别表示在10%、5%、1%的水平上显著。

附表6-6　专利授权总量对第三产业增加值占比的直接效应和间接效应估计

变量名称	距离权重矩阵				相邻权重矩阵			
	固定效应模型		随机效应模型		固定效应模型		随机效应模型	
	直接效应	间接效应	直接效应	间接效应	直接效应	间接效应	直接效应	间接效应
lnauth_t	0.010** (0.004)	-0.007 (0.011)	0.014*** (0.004)	-0.007 (0.010)	0.017*** (0.003)	0.007 (0.010)	0.020*** (0.003)	0.006 (0.009)

续表

变量名称	距离权重矩阵				相邻权重矩阵			
	固定效应模型		随机效应模型		固定效应模型		随机效应模型	
	直接效应	间接效应	直接效应	间接效应	直接效应	间接效应	直接效应	间接效应
lnETS	-0.002 (0.003)	-0.022*** (0.008)	-0.002 (0.002)	-0.022*** (0.007)	0.003 (0.002)	-0.022*** (0.006)	0.001 (0.002)	-0.024*** (0.006)
lnFDI	-0.004 (0.004)	0.078*** (0.015)	-0.002 (0.004)	0.070*** (0.014)	0.005 (0.004)	0.067*** (0.013)	0.005 (0.003)	0.060*** (0.012)
lnHR	-0.806 (0.760)	4.759* (2.599)	0.017 (0.632)	1.623 (1.867)	-1.064 (0.691)	-7.520** (3.425)	-0.167 (0.674)	-5.924** (2.805)
lninfras	-0.012 (0.010)	-0.049** (0.020)	-0.035*** (0.007)	-0.001 (0.015)	0.028** (0.011)	-0.027 (0.017)	0.004 (0.007)	-0.015* (0.009)

注：括号内为标准误差，*、**、***分别表示在10%、5%、1%的水平上显著。

附表6-7　第三产业增加值占比计量模型的估计结果（发明授权量）

变量名称		基准模型		距离权重矩阵		相邻权重矩阵	
		(1) 固定效应	(2) 随机效应	(3) 固定效应	(4) 随机效应	(5) 固定效应	(6) 随机效应
Main	lnauth_i	0.0267*** (0.00484)	0.0292*** (0.00454)	0.0137*** (0.00370)	0.0193*** (0.00340)	0.0199*** (0.00305)	0.0216*** (0.00283)
	lnETS	-0.00924** (0.00411)	-0.0118*** (0.00329)	-0.00222 (0.00269)	-0.00365 (0.00234)	0.00270 (0.00246)	0.00178 (0.00232)
	lnFDI	0.0122* (0.00644)	0.00986* (0.00572)	-0.00331 (0.00381)	-0.000921 (0.00331)	-0.000795 (0.00342)	0.000248 (0.00332)
	lnHR	-1.120 (1.486)	-0.0966 (1.172)	-1.264* (0.767)	-0.602 (0.611)	-1.179 (0.721)	-0.640 (0.695)
	lninfras	-0.0233 (0.0151)	-0.0338*** (0.00752)	-0.0115 (0.00997)	-0.0368*** (0.00589)	0.0210* (0.0116)	0.00545 (0.00663)

续表

变量名称		基准模型		距离权重矩阵		相邻权重矩阵	
		(1) 固定效应	(2) 随机效应	(3) 固定效应	(4) 随机效应	(5) 固定效应	(6) 随机效应
W	lnauth_i			0.00289 (0.0188)	0.000944 (0.0124)	-0.0139 *** (0.00464)	-0.0147 *** (0.00447)
	lnETS			-0.0319 * (0.0164)	-0.0328 *** (0.0114)	-0.00978 *** (0.00350)	-0.0113 *** (0.00334)
	lnFDI			0.0791 *** (0.0221)	0.0721 *** (0.0190)	0.0231 *** (0.00762)	0.0222 *** (0.00737)
	lnHR			4.560 (3.281)	1.039 (2.123)	-1.429 (1.483)	-0.848 (1.339)
	lninfras			-0.0474 * (0.0276)	0.0141 (0.0172)	-0.0206 (0.0127)	-0.0107 ** (0.00484)
	lnAVTI			-0.156 (0.326)	-0.209 (0.203)	0.736 *** (0.0538)	0.697 *** (0.0595)
	e. lnAVTI			0.537 *** (0.208)	0.522 *** (0.154)	-0.872 *** (0.127)	-0.814 *** (0.136)
	N	420	420	420	420	420	420
	pseudo R^2			0.010	0.614	0.217	0.317
	AIC	-2026.3		-1947.8	-1976.3	-1975.0	-1987.4
	BIC	-2006.1		-1895.3	-1915.7	-1922.5	-1926.8
	Hausman						

注：括号内为标准误差，*、**、*** 分别表示在10%、5%、1%的水平上显著。

附表6-8　专利授权总量对第三产业增加值占比的直接效应和间接效应估计

变量名称	距离权重矩阵				相邻权重矩阵			
	固定效应模型		随机效应模型		固定效应模型		随机效应模型	
	直接效应	间接效应	直接效应	间接效应	直接效应	间接效应	直接效应	间接效应
lnauth_i	0.014 *** (0.004)	0.001 (0.013)	0.019 *** (0.003)	0.002 (0.009)	0.020 *** (0.003)	0.002 (0.008)	0.022 *** (0.003)	0.001 (0.007)

续表

变量名称	距离权重矩阵				相邻权重矩阵			
	固定效应模型		随机效应模型		固定效应模型		随机效应模型	
	直接效应	间接效应	直接效应	间接效应	直接效应	间接效应	直接效应	间接效应
lnETS	-0.002 (0.003)	-0.025*** (0.009)	-0.003 (0.002)	-0.024*** (0.007)	0.001 (0.002)	-0.021*** (0.006)	-0.000 (0.002)	-0.024*** (0.005)
lnFDI	-0.004 (0.004)	0.063*** (0.019)	-0.002 (0.003)	0.055*** (0.015)	0.004 (0.003)	0.062*** (0.014)	0.004 (0.003)	0.054*** (0.012)
lnHR	-1.301* (0.764)	3.752* (2.363)	-0.614 (0.616)	0.882 (1.615)	-1.675** (0.675)	-6.322** (3.143)	-0.886 (0.666)	-3.115 (2.543)
lninfras	-0.011 (0.010)	-0.036 (0.020)	-0.037*** (0.006)	0.017 (0.015)	0.020* (0.011)	-0.014 (0.017)	0.004 (0.007)	-0.017* (0.009)

注：括号内为标准误差，*、**、***分别表示在10%、5%、1%的水平上显著。

第七章

知识产权支撑供给侧结构性改革的效应分析

——基于典型区域的实证检验

第一节 江苏供给侧结构性改革与知识产权发展现状

一、江苏实体经济发展现状

江苏是我国的经济大省、强省，不但坐拥优质的实体经济基础，而且近年来以较快的发展速度和较高的发展质量，不断创造出令人瞩目的经济新成果。全国各省份公布的《2017年国民经济和社会发展统计公报》显示2017年，江苏规模以上工业和民营经济发展继续领跑全国，其中，民营经济实现58326.7亿元的生产总值，占地区生产总值的67.90%，实现增速7.50%，民营经济生产总值是排名第二位广东的1.2倍；规模以上工业投资总额达26180.8亿元，其中制造业投资为24418.1亿元、工业技改投资15167.9亿元，实现企业主管业务收入155000亿元、企业利润10359.7亿元，均位列全国之首。此外，江苏在2017年还实现货物进出口40022.1亿元，位列全国第二，同比增长19.00%，其中出口额24607.2亿元，同比增长16.90%，进口额15414.9亿元，同比增长22.60%；实有市场主体811.01万户，其中新登记市场主体152.74万户，均位列全国第二，实现13.80%的增长速度；现有高新技术企业1.3万家，位列全国第二；上市公司数量为382家，仅次于广东和浙江位列全国第三，其中市值500强上市公司38家，仅次于广东位列全国第二。总体来说，江苏实体经济的发展延续了一直以来强劲的竞争力，实体经济成果在全国名列前茅。此外，江苏实体经济还实现了地区间更加平衡的发展，并且形成了扬子江城市群、江淮生态经济区、沿海经济带等多个特色经济区域。本章将选取地区生产总值、第二产业生产总值、工业生产总值、固定资产投资和工业资产总值等多个实体经济关键指标，从生产产出和资产投资两个角度，进一步分析江苏实体经济的发展现状。

（一）江苏各地级市生产总值的发展现状

2017年江苏的地区生产总值共计87988.06亿元，位列全国第二，同比增长7.20%，相比2006年的地区生产总值增长了3.08倍，年均增长率高达13.63%。表7－1给出了江苏全省及各地级市2017年的地区生产总值、第二产业生产总值和工业生产总值，以及以上各项指标在2006～2017年间的年均增长率和增长倍数。可以看出，江苏第二产业生产总值为40066.42亿元，占地区生产总值的45.54%，相较于2006年第二产业生产总值增长了2.27倍，年均增速为11.36%，比地区生产总值年均增速低了2.27个百分点；江苏工业生产总值为35429.83亿元，占第二产业生产总值的88.41%，占地区生产总值的40.27%，相比2006年的工业生产总值增长了3.00倍，年均增速为13.43%，略低于地区生产总值的年均增速，比第二产业生产总值高2.07个百分点。[①] 总体来说江苏实体经济的发展速度略低于江苏经济的总体水平，但仍然保持了较快的增长。

表7－1　　2017年江苏全省及各地级市生产总值情况

项目	生产总值（亿元）			年均增长率（%）			增长倍数		
	地区	第二产业	工业	地区	第二产业	工业	地区	第二产业	工业
苏州	17319.51	8235.88	7606.45	12.33	9.12	10.42	2.59	1.61	1.98
南京	11715.10	4454.87	3853.39	13.99	11.39	17.55	3.22	2.28	4.92
无锡	10511.80	4964.44	4553.15	11.11	8.77	10.25	2.18	1.52	1.93
常州	6618.42	3098.62	2817.63	13.98	11.37	13.10	3.22	2.27	2.87
镇江	4010.36	1978.01	1820.66	13.24	11.15	11.57	2.93	2.20	2.33
南通	7734.64	3639.81	3042.25	14.42	12.62	14.78	3.40	2.70	3.55

① 根据2018年的《中国统计年鉴》和2018年的《江苏统计年鉴》整理。

续表

项目	生产总值（亿元）			年均增长率（%）			增长倍数		
	地区	第二产业	工业	地区	第二产业	工业	地区	第二产业	工业
泰州	4744.53	2238.13	1954.39	15.18	12.96	14.59	3.73	2.82	3.47
扬州	5064.92	2475.88	2170.55	14.89	13.40	14.09	3.60	2.99	3.26
徐州	6605.95	2884.32	2448.17	14.93	13.15	15.61	3.62	2.89	3.93
盐城	5082.69	2256.72	1943.81	14.25	13.96	15.65	3.33	3.21	3.95
连云港	2640.31	1179.86	958.61	15.77	15.51	17.85	4.01	3.88	5.09
淮安	3328.88	1406.39	1187.50	15.99	14.90	18.16	4.11	3.61	5.27
宿迁	2610.94	1253.49	1073.27	17.23	17.96	19.09	4.75	5.15	5.83
全省	87988.06	40066.42	35429.83	13.63	11.36	13.43	3.08	2.27	3.00

资料来源：2018 年《江苏统计年鉴》。

结合表 7－1 具体分析江苏各地级市的实体经济发展现状可以发现，地区生产总值、第二产业生产总值和工业生产总值均表现出“南高北低”的地域特点。苏南城市苏州以绝对的优势分别位列江苏地区生产总值、第二产业生产总值和工业生产总值之首，年均增长率虽然排名靠后，但是地区生产总值和工业生产总值的年均增长率均在 10% 以上，第二产业生产总值的年均增长率为 9.12%。另外两个表现突出的苏南城市是南京和无锡，二者的地区生产总值均超过了 1 万亿元，分别位列全省第二、第三；无锡的第二产业生产总值和工业生产总值要略高于南京，位列全省第二，南京位列全省第三。苏中城市南通的地区生产总值、第二产业生产总值和工业生产总值均超过常州、镇江两个苏南城市位列全省第四，这和南通的专利数量排名基本相符。结合前面分析可以看出，苏南城市镇江虽然在专利数量和实力上有不错的表现，但是地区生产总值、第二产业生产总值和工业生产总值不但低于所有的苏中城市，而且低于徐州和盐城这两个苏北城市，均位列全省倒数第四，年均增速也均低于全省平均水平。有必要特别提出的还有苏北城市徐州，该市的地区生产总值、第二产业生产总值和工业生产总值不但高于大多数的苏中城市，而且高于部分苏南城市，排名均为全省第六，年均增速均高于全省平均水平。

总体来说，江苏各地级市生产总值的分布情况与知识产权非常相似，均表现出明显的地域性，但是地域间的差别更加不稳定。结合图 7－1 不难看出，当考虑人口因素之后，用人均生产总值来考察江苏实体经济的发展水平，各个地级市的排名严格受到地域影响。在总量上表现突出的南通市和徐州市在考虑人口因素之后，排名回归到本地区所处梯队。从人均生产总值的年均增长率来看，有别于总值和人均值，江苏各地级市表现出明显的“南低北高”的特征，除个别城市以外，基本呈现为人均生产总值越低的城市年均增长率越高。这一方面是由于人均生产总值较低的城市基数小更容易出现快速增长，另一方面也是由于江苏地区发展越发趋于平衡（见图7－1）。

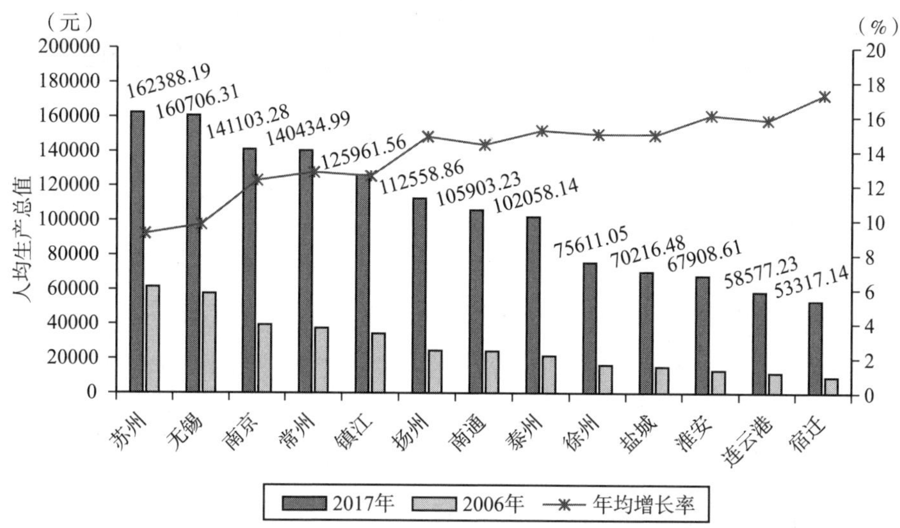

图7－1　2017年和2006年江苏各地级市人均生产总值情况

资料来源：2018年《江苏统计年鉴》。

要准确把握江苏生产总值的发展趋势，有必要拉长分析的时间维度。图7－2列示了2006～2017年间江苏生产总值、第二产业生产总值和工业生产总值的情况。不难看出，以上三个指标均保持了稳定的增长形式，并且在第三产业快速崛起的拉动下，生产总值的增长速度要明显快于第二产业生产总值和工业生产总值，在图7－2中主要表现在所呈现的坡度差异。2013年前后，受到经济发展进入“新常态”的影响，增速略有放缓，但是很快又有所提高，尤其是2017年明显提速。

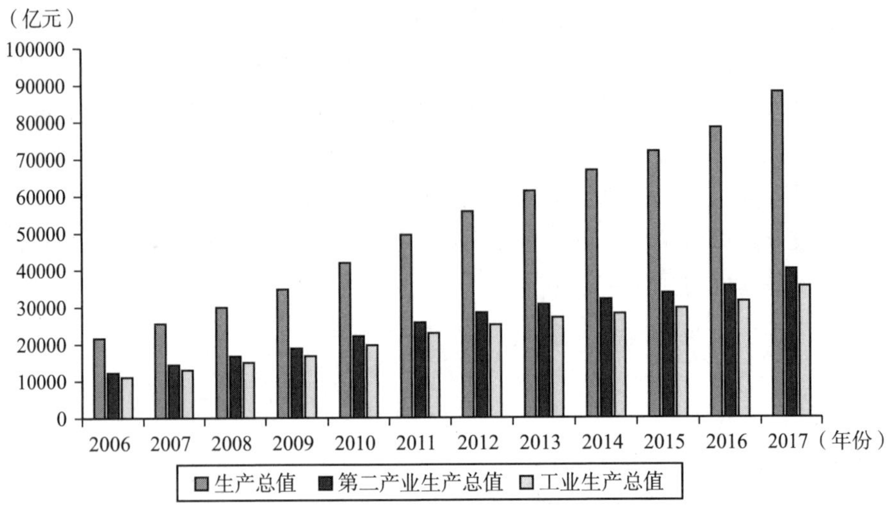

图7－2 2006～2017年江苏生产总值变化趋势

资料来源：2018年《江苏统计年鉴》。

（二）江苏各地级市资产投资现状

生产总值指标是实体经济发展在产出层面的重要评价指标，然而要更全面的衡量实体经济的综合发展水平，仅评价当前的实体经济产出情况是远远不够的，有必要从投入的角度来考察实体经济的长期发展基础和潜力。本章重点分析固定资产投资这一流量指标和工业资产总值这一存量指标。

为了更好地反映实体经济的固定资产投资实际水平，表7－2分别给出了江苏各地级市2017年包含房地产和不包含房地产的固定资产投资情况，以及2006～2017年间相应的年均增长率和增长倍数。2017年江苏全省的固定资产投资额为53000.21亿元，同比增长了7.35%，比上一年下降了0.2个百分点，比2006年的固定资产投资额增长了6.08倍，年均增长率达19.48%。其中，房地产投资为9629.11亿元，占固定资产投资额的18.17%，同比增长7.51%，比上一年下降了2.33个百分点，比2006年的房地产投资额增长了4.05倍，年均增长率达15.86%；非房地产领域的固定资产投资额为43371.10亿元，占固定资产投资额的81.83%，同比增长了7.32%，比上一年上升了0.27个百分点，比2006年非房地产领域的固定资产投资额增长了6.78倍，年均增长率达20.50%。不难看出，在全省层面，固定资产投资正在向实体经济倾斜，非房地产领域的固定资产投资的增长速度要明显快于房地产投资。

表 7-2 **2017 年江苏全省及各地级市固定资产投资情况**

项目	固定资产投资（亿元）		年均增长率（%）		增长倍数	
	含房地产	不含房地产	含房地产	不含房地产	含房地产	不含房地产
苏州	5629.59	3323.77	13.03	11.62	2.85	2.35
南京	6362.21	4192.00	16.13	15.28	4.18	3.78
无锡	4966.06	3764.17	15.53	15.96	3.89	4.10
常州	3896.30	3417.18	18.40	20.56	5.41	6.82
镇江	2694.36	2350.84	22.09	23.40	7.98	9.11
南通	4959.20	4349.24	23.48	24.82	9.17	10.46
泰州	3609.47	3320.75	25.98	27.93	11.69	14.02
扬州	3690.09	3246.51	23.63	25.18	9.31	10.83
徐州	5277.03	4738.40	21.88	22.08	7.82	7.98
盐城	4278.49	3851.82	25.63	26.82	11.30	12.65
连云港	2603.63	2328.70	21.70	22.71	7.68	8.50
淮安	2839.55	2536.49	22.47	23.94	8.29	9.60
宿迁	2194.23	1951.23	25.16	28.03	10.81	14.14
全省合计	53000.21	43371.10	19.48	20.50	6.08	6.78

资料来源：2018 年《江苏统计年鉴》。

2017 年，江苏所有地级市中南京的固定资产投资总额最高，达到 6362.21 亿元，同比增长了 14.97%，比上一年上升近 13 个百分点，比 2006 年的固定资产投资额增长了 4.18 倍，年均增长率达 16.13%。其中，房地产投资为 2170.21 亿元，占固定资产投资额的 34.11%，同比增长了 17.59%，比上一年下降了 11.56 个百分点，比 2006 年的房地产投资额增长了 5.18 倍，年均增长率达 18.01%；非房地产领域的固定资产投资额为 4192.00 亿元，占固定资产投资额的 65.89%，同比增长了 13.67%，比上一年上升了 21.40 个百分点（2016 年同比下降 7.73%），比 2006 年非房地产领域的固定资产投资额增长了 3.78 倍，年均增长率达 15.28%。值得关注的是，南京的固定资产投资总额虽然位列全省之首，但是房地产投资额和比重都仅次于苏州，位列全省第二；反观其非房地产领域的投资额，排在徐州和南通之后，位列全省第三。这种房地产投资比重过高的现象在苏州更为明显，该市的房地产投资额位列全省之首，占固定资产投资的 40.96%，远高于全省平均水平，非房地产领域的固定资产投资仅为 3323.77 亿元，排在全省第七位。结合前文分析不难发现，南通和徐州两市实体经济产出和专利数量的快速增长，与它们对实体经济的固定资产投资是密不可分的。

进一步分析江苏各地级市的工业资产总值存量情况，图 7－3 显示了 2006 年和 2017 年各地级市的工业资产总值，以及 12 年间各地级市的工业资产总值年均增长率。可以看出，与人均生产总值类似，各地级市的基期工业资产总值和年均增长率的排序也呈现负相关关系，工业资产总值的基数越小相对越容易获得高速增长，尤其是基础较差的宿迁和连云港确实增速明显比其他城市更快，其中宿迁的年均增速高达 28.22%。2017 年，苏州以 30203.70 亿元的工业资产总值位列江苏各地级市之首，并且比排名第二的无锡高出 88.75%，比排名第三的南京高出 160.29%，比排名末位的宿迁高出 1061.73%。殷实的工业资产为苏州的工业生产奠定了良好的基础，也是该市在知识产权领域成绩突出的重要原因。前文分析中提及，无锡的地区生产总值虽然略低于南京、位列江苏第三位，但是其第二产业生产总值和工业生产总值均高于南京、位列江苏第二位，这与该市良好的工业资产基础有紧密关联。另外，不难看出，随着各地级市多年来城市发展规划和资产投资的差异，2017 年工业资产总值的排序发生了诸多变化，例如，苏中城市南通增长速度较快，工业资产总值反超苏南城市常州，进入第一梯队；苏南城市镇江和苏中城市扬州由于增速较慢，工业资产总值由第二梯队滑入第三梯队；苏北城市徐州也借助较快的增速，超越镇江和扬州，由全省第八位上升至全省第六位。总体来说，江苏各地级市的工业资产总值在 2006 年比 2017 年呈现出更明显的“南高北低”的地域差别，换言之，十多年的经济发展使得江苏工业

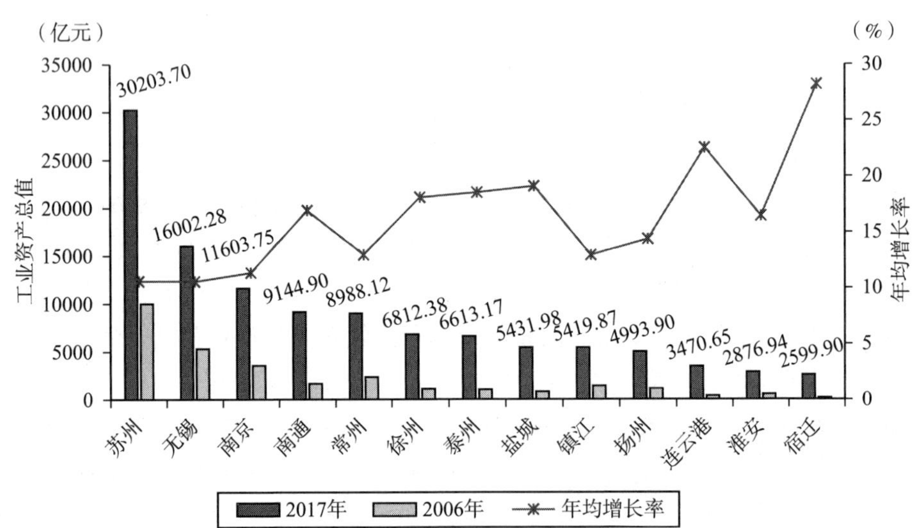

图 7－3　2006 年和 2017 年江苏各地级市工业资产总值情况

资料来源：2018 年《江苏统计年鉴》。

资产的投资分布在地区间更加趋于平衡，这为江苏实现实体经济的供给侧结构性改革、实现更加平衡的地区发展创造了良好的基础。

二、江苏第三产业发展现状

2017 年，江苏的第三产业增加值为 43169.73 亿元，约占全国第三产业增加值的 10.08%，仅次于广东的 48085.73 亿元，位列全国第二。相比 2016 年，江苏 2017 年的第三产业增加值的增长率高达 11.57%。图 7－4 显示了 2013～2017 年的 5 年间，江苏各地级市第三产业增加值的具体分布和变化情况。不难看出，各地级市均保持了较稳定的年增长率，并且表现出“南高北低”的总体趋势。其中，苏州历年位列全省第三产业增加值之首，2017 年的第三产业增加值实现了 11.11% 的年增长，达到 8861.65 亿元，2013～2017 年的年均增长率高达 10.46%。总体来说，相比我国其他地区，江苏第三产业发展处于领先水平，历年来保持了较高的稳定增长，具有较大的发展优势发展潜力。

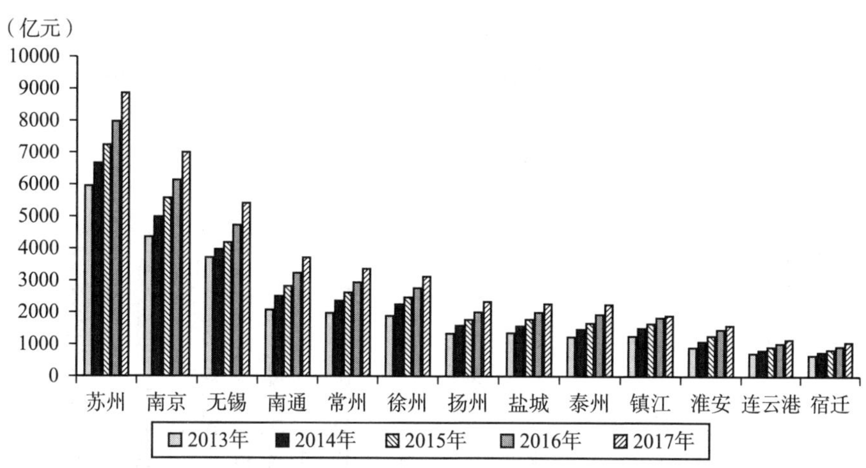

图 7－4　2013～2017 年江苏各地级市第三产业增加值情况

资料来源：历年《江苏统计年鉴》。

三、江苏知识产权发展现状

近年来，江苏知识产权发展迅猛，取得了令人瞩目的成果。2017 年，江苏知识产权综合实力位列全国第二，新增知识产权优势企业和国家级试点示范区的数量均位居全国之首，知识产权工作被正式纳入《江苏省“十三五”战略性新兴产业发展规划》。此外，江苏的各个地级市也取得了诸多发展成果，例如，南京、苏州、镇江等市列入首批国家知识产权强市创建城市，苏州列入首批国家知识产权综合管理改革试点、首批知识产权运营服务体系建设重点城市。本章深入研究了江苏专利的发展趋势和现状，并且借助知识产权评价体系比较分析了江苏各地级市之间的实力差异。

（一）江苏专利申请与授权的基本概况

2017 年，江苏的专利申请总量和授权量分别达到 514402 项和 227187 项。其中，发明专利申请总量为 187005 项，同比增长 15. 12%；授权量为 41518 项，同比增长了 1. 38%，占授权量的 18. 27%，较上一年提高了 0. 54 个百分点。从图 7 –5 可以看出，2013 年之前江苏专利申请总量呈现明显的上升趋势。2013 年江苏专利申请总量是 2006 年的 9. 47 倍，年均增长率高达 37. 88%，其中发明、实用新型和外观设计的专利申请量分别是 2006 年的 13. 85 倍、9. 63 倍和 7. 90 倍，年均增长率分别为 45. 57%、38. 21% 和 34. 34%。可以看出，虽然发明的专利申请量占专利申请总量的比例是最小的，但是增长速度却是最快的。同样的，从图 7 –5 还可以看出，2013 年之前江苏专利的授权量也呈现明显的上升趋势。

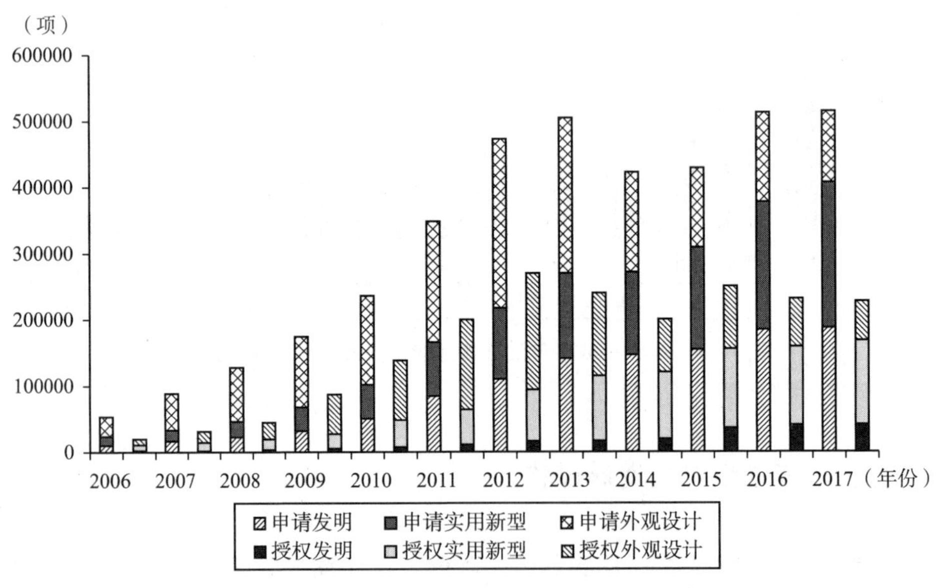

图 7 –5　2006 –2017 年江苏专利申请和授权情况

资料来源：江苏知识产权局网站。

具体来说，2013 年江苏专利授权总量是 2006 年的 12.51 倍，其中发明、实用新型和外观设计的专利申请量分别是 2006 年的 7.61 倍、11.20 倍和 14.22 倍，年均增长率分别为 33.64%、41.22% 和 46.12%。可以看出专利授权总量的增速要明显大于专利申请量的增速，其中实用新型和外观设计的授权量的增速分别大于各自专利申请量的增速，而发明授权量的增速则要小于其授权量的增速。

2014 年随着经济进入新常态，江苏专利申请总量和授权量分别出现 16.37% 和 16.53% 的下降，值得一提的是，其中发明的专利申请量和授权量依然保持了 3.82% 和 17.16% 的增长，实用新型的专利申请量虽然下降了 3.04%，但是授权量依然增长了 2.61%，总量的下降主要是由于外观设计的下降导致的，外观设计的专利申请量和授权量降幅分别高达 35.88% 和 36.16%，也显示了江苏的专利结构不断优化，由专利数量的追求转向高价值专利的追求。

2015 年之后，江苏专利申请总量恢复了持续的增长，并在 2016 年超过 2013 年水平。专利申请总量的增长主要来自其中实用新型和发明的增长，二者 2017 年的专利申请量相比 2013 年分别增长了 70.26% 和 32.38%，而外观设计的专利申请量反而下降了 53.96%。也就是说，2013 ~2015 年间专利申请总量的增长还伴随着专利结构的调整，一方面，发明和实用新型专利占比分别由 28.00% 和 25.55% 增长至 36.36% 和 42.67%；另一方面，外观设计专利占比由 46.45% 下降至 20.97%（见图 7 –5）。

江苏专利授权总量在 2015 年回升后又连续出现下滑，2017 年的专利授权总量比最高峰的 2013 年下降了 5.22%，具体地，外观设计专利授权下降了 52.52%，但是发明和实用新型专利授权分别上升了 147.25% 和 28.72%。可见专利授权总量下降主要表现为专利结构的调整，发明和实用新型专利授权的占比分别由 7.01% 和 41.00% 上升至 18.28% 和 55.68%，而外观设计专利授权则由 52.00% 下降至 26.05%（见图 7 –5）。

1. 江苏各地级市不同技术领域有效发明专利的比较分析

2017 年，江苏全省有效发明专利数量共计 179944 项，同比增长 22.56%。其中，机械工程领域 51001 项，同比增长 27.29%；化工领域 57733 项，同比增长 13.08%；电气工程领域 35670 项，同比增长 30.40%；仪器领域 22250 项，同比增长 24.60%；其他领域 13290 项，同比增长 26.72%。仅从 2016 年和 2017 年江苏有效发明专利数量的变化来看，目前化工领域是江苏有效发明数量最多的领域，但是增长速度最慢，电气工程是增长速度最快的领域。

从表 7 –3 可以看出，2014 ~2017 年的 4 年间，江苏有效发明专利数量的年均增长率高达 30.42%。从全省各技术领域的年均增长率来看，增长最快的是机械工程领域，年均增速高达39.64%；增长最慢的是化工领域，但是年均增速也超过了20%。对比不同地级市的有效发明专利年均增长率，盐城、徐州和宿迁三个苏北城市位列江苏增速前三，其中增速最为瞩目的是盐城的电气工程领域，年均增长率高达78.03%。总体来说，苏北地区由于经济和科技发展水平不及苏中、苏南地区，知识产权基础相对薄弱，有效发明专利基数相对较小，也就更容易出现快速的增长。值得关注的是，苏南城市苏州不但经济建设和知识产权基础好，近年来发展速度也非常快，有效发明专利的年均增长速度比江苏平均水平高出了5.39个百分点。苏州近年来各技术领域有效发明专利数量的增长形势均令人瞩目，目前总量上更是超过南京，呈现领跑全省之势。

表7-3　2014~2017年江苏全省及各地级市各技术领域有效发明专利的年均增长率

单位：%

地区	机械工程	化工	电气工程	仪器	其他领域	总计
苏州	43.79	28.40	36.42	28.85	43.20	35.81
南京	34.91	16.05	32.21	29.44	34.99	26.01
无锡	27.76	15.17	32.28	26.16	33.96	24.29
常州	34.85	19.20	31.51	31.15	32.39	27.33
镇江	49.55	29.16	37.58	31.36	44.22	37.39
南通	44.64	19.51	22.47	17.91	37.34	27.35
泰州	42.75	27.89	49.13	35.60	30.35	35.16
扬州	32.66	20.35	42.58	28.59	39.29	28.93
徐州	58.96	29.36	63.95	40.32	45.05	44.87
盐城	51.19	35.82	78.03	58.98	70.65	46.99
连云港	35.25	21.38	51.06	30.11	35.16	26.04
淮安	32.47	25.01	50.42	43.95	46.48	31.18
宿迁	29.40	49.20	35.02	38.14	41.34	39.55
全省	39.64	21.42	34.07	28.97	38.94	30.42

资料来源：各年《江苏专利实力指数报告》。

从图7-6具体来看2017年江苏各地级市有效发明专利的分布情况。目前江苏有效发明专利数量最多的前三个地级市分别是苏州、南京和无锡，数量分别为49169项、41468项和22919项，以上三市均为苏南城市，其中苏州和南京相比全省其他城市表现出了更突出的知识产权实力；有效发明专利数量最少的三个地级市分别是连云港、淮安和宿迁，数量分别为 2437 项、1955 项和 962 项，以上三市均为苏北城市。不难看出，就有效发明专利总量来说，苏南、苏中、苏北实力差距明显，其中以苏南最强、苏中次之、苏北最弱。

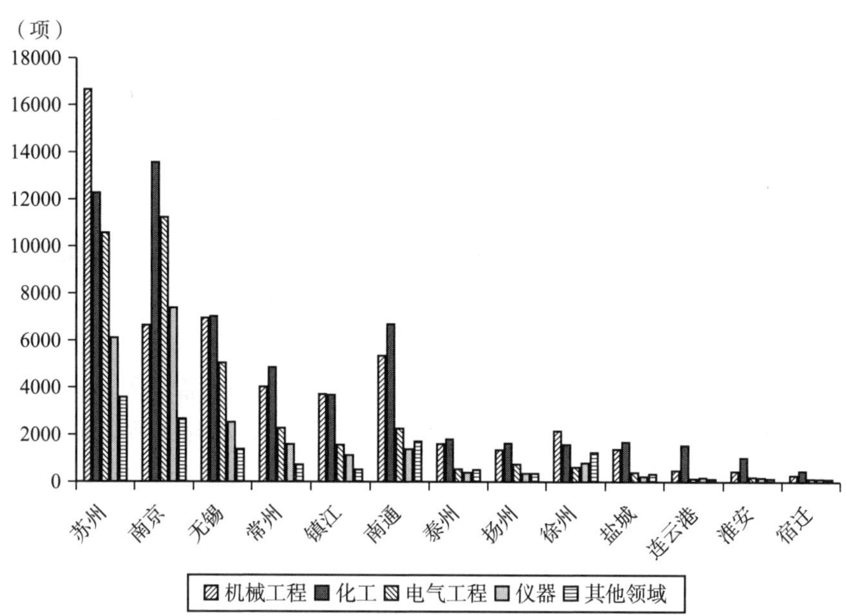

图 7－6　2017 年江苏各地级市各技术领域有效发明专利的分布情况

资料来源：2018 年《江苏专利实力指数报告》。

结合图 7－6 分别关注 2017 年江苏各地级市在不同技术领域的有效发明专利的分布情况。2017 年，苏州机械工程领域的有效发明专利有 16665 项，明显高于全省各地级市的其他领域，并且是该领域排名第二位的无锡的 2.40 倍。在化工领域，南京以 13557 项有效发明专利领跑全省，苏州以 12264 项紧随其后。在电气工程领域和仪器领域，南京和苏州仍然以明显的优势位列全省前两位，其中电气工程有效发明专利数量分别为 11232 和 10558 项，仪器有效发明专利数量分别为 7381 项和 6105 项。最后，在其他领域，苏州共有有效发明专利 3577 项，比排名第二位的南京（2659 项）高出 34.52%。不难看出，相比江苏其他地级市，苏州和南京明显具有更强的知识产权实力。

值得一提的是，南通虽然是苏中城市，但是知识产权发展水平完全可以媲美苏南城市，其中机械工程和化工领域的有效专利数量均位列全省第四，电气工程和仪器领域位列第五。另外，徐州各领域的有效发明专利数量不但全面领跑苏北五个地级市，而且在总量上和部分领域上要明显优于苏中城市泰州和扬州。总体来说，宿迁是江苏知识产权实力最弱的城市，这与该市经济实力的表现是相匹配的。换言之，从江苏各地级市不同领域有效发明专利的数量分布来看，地区知识产权的综合实力与其经济实力是紧密相关、相辅相成的。一方面，更强的经济实力意味着更多的研发投入，进而导致更强的知识产权实力；另一方面，更强的知识产权实力意味着更高的生产效率和生产力水平，进而导致更强的经济实力。可喜的是，江苏知识产权实力较差的城市往往有更快的发展速度，从地区间平衡发展的角度来说，知识产权强市稳步领跑、知识产权弱市迎头赶超的发展趋势对江苏实体经济的发展具有良好的促进作用。

要准确把握江苏知识产权的发展趋势，只考察2017年的最新发展现状是远远不够的，有必要结合历年数据，从时间、区域、领域多维度综合分析。图7－7～图7－9分别显示了2014～2015年3年间江苏各市各技术领域的有效发明专利分布情况，可以看出江苏各领域的有效发明专利数量增长都非常显著，其中尤其以机械工程领域的增长最令人瞩目。2014年，江苏各市在机械工程领域的有效发明专利数量为18729项，同年化工产业的有效发明专利数量为32254项，是机械工程领域的1.72倍。但是此后几年，机械工程领域的有效发明专利数量以年均39.64%的速度持续增长，增速位列各领域之首。截至2017年，机械工程领域的有效发明专利数量已经达到51001项，是同年化工领域（57733项）的88%。其

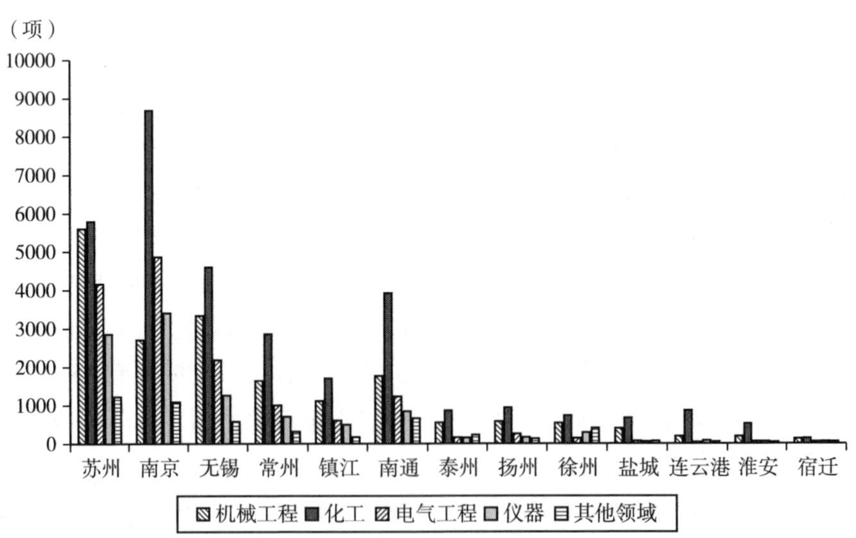

图7－7　2014年江苏各地级市各技术领域有效发明专利的分布情况

资料来源：2015年《江苏专利实力指数报告》。

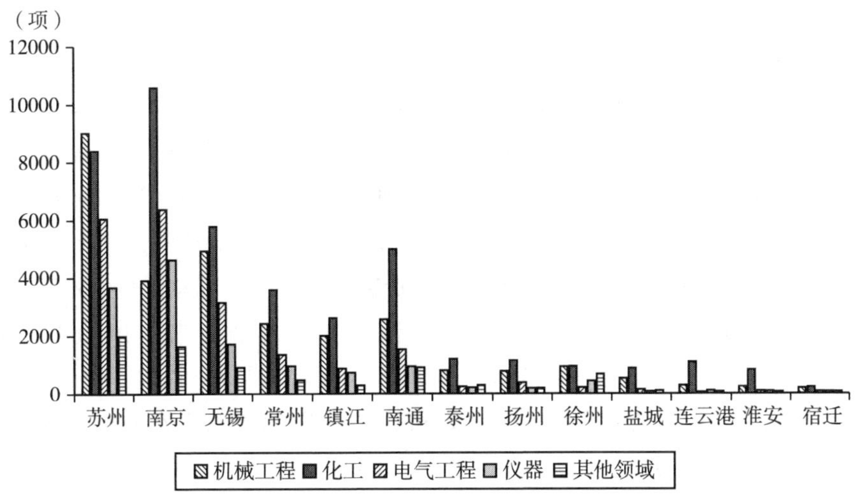

图 7-8　2015 年江苏各地级市各技术领域有效发明专利的分布情况

资料来源：2016 年《江苏专利实力指数报告》。

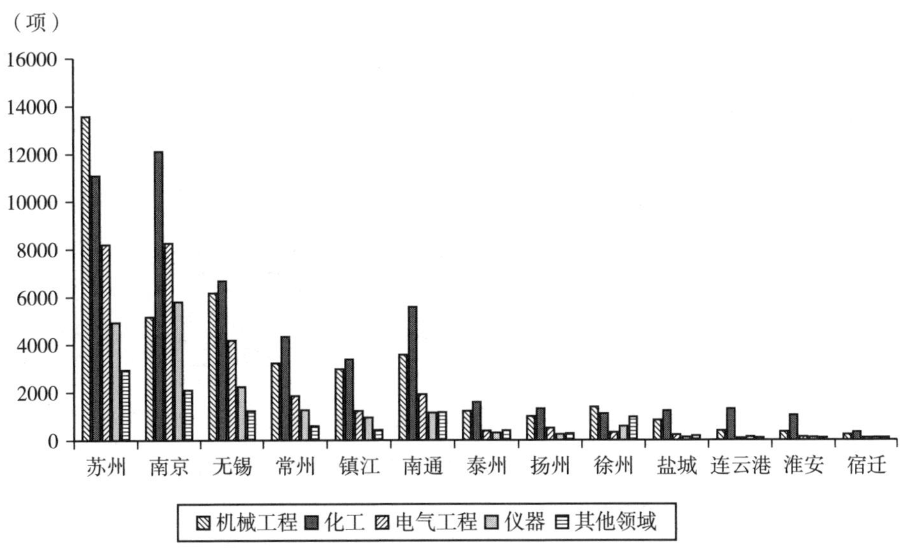

图 7-9　2016 年江苏各地级市各技术领域有效发明专利的分布情况

资料来源：2017 年《江苏专利实力指数报告》。

中又以苏州机械工程领域有效发明专利数量的增长最为突出，年均增长率高达 43.79%，2015 年开始超过苏州化工领域成为该市有效发明专利数量最多的技术领域，2016 年开始超过南京化工领域成为江苏所有地级市中有效发明专利数量最多的技术领域。[①]

2. 江苏不同地区有效发明专利数量的全省占比分析

江苏经济发展呈现明显的地域差别，以苏南地区的经济实力最强，苏中次之，苏北相对较弱，各地区的知识产权实力也同样存在这样的特征，仅从江苏不同区域有效发明专利的数量分布情况就能清晰地看出这一差别。图 7 – 10 显示了 2017 年江苏各地级市有效发明专利数量的占比情况。不难看出，苏南五市（苏州、南京、无锡、常州、镇江）的有效发明专利数量占江苏总量的 76.46%，其中仅苏州所占比例（27.32%）就超过了苏中和苏北所有地级市的占比总和（23.54%）。苏中三市（南通、泰州、扬州）的有效发明专利数量占江苏总量的 14.80%，其中又以南通表现最为突出，占比达到 9.66%，位列全省第四。苏北五市（徐州、盐城、连云港、淮安、宿迁）的有效发明专利数量占江苏总量的 8.74%，其中徐州表现较为突出，占比超过了泰州和扬州两座苏中城市，宿迁是全省占比最少的地级市，占比为 0.53%。

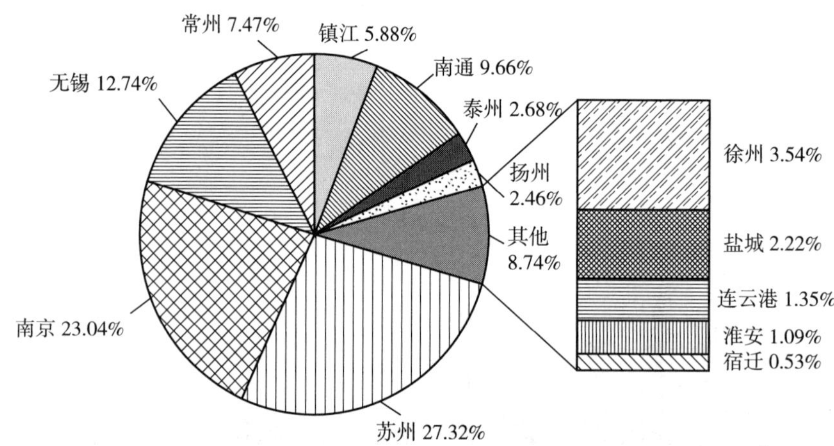

图 7 – 10　2017 年江苏各地级市有效发明专利的占比情况

资料来源：2018 年《江苏专利实力指数报告》。

图 7 – 11 ~ 图 7 – 13 显示了 2014 ~ 2016 年 3 年间江苏各地级市有效发明专利的占比情况，结合图 7 – 9 可以看出，江苏各地级市知识产权实力增长较为稳定，占比波动普遍不大。苏南地区 2014 ~ 2016 年间的有效发明专利数量全省占比分别为 77.53%、77.86% 和 78.17%，3 年间略有增长，但是涨幅未超过 1 个百分点，并且

① 2015 年《江苏专利实力指数报告》。

在2017年出现了小于2个百分点的下降。其中，可以看出苏州的占比变化相对较为明显，2014年为24.20%、全省第二；2015年开始超过南京成为江苏之首，并且在此后稳定住了27%左右的占比和江苏第一的排位。苏中地区2014~2016年间的有效发明专利数量全省占比分别为15.33%、14.61%和14.05%，3年间略有下滑，但是降幅未超过1.5个百分点，并且在2017年出现回弹。苏北地区2014~2016年间的有效发明专利数量全省占比分别为7.14%、7.53%和7.78%，3年间持续小幅增长，并且在2017年不但保持了增长势头还出现了明显的提速。

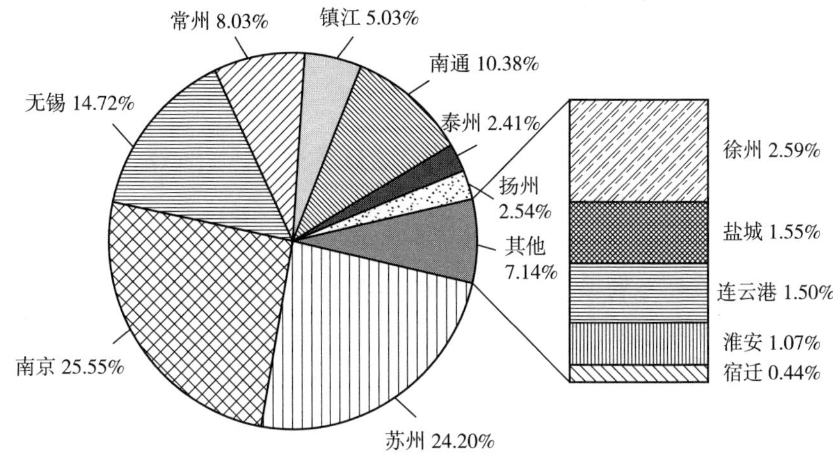

图7－11　2014年江苏各地级市有效发明专利的占比情况

资料来源：2015年《江苏专利实力指数报告》。

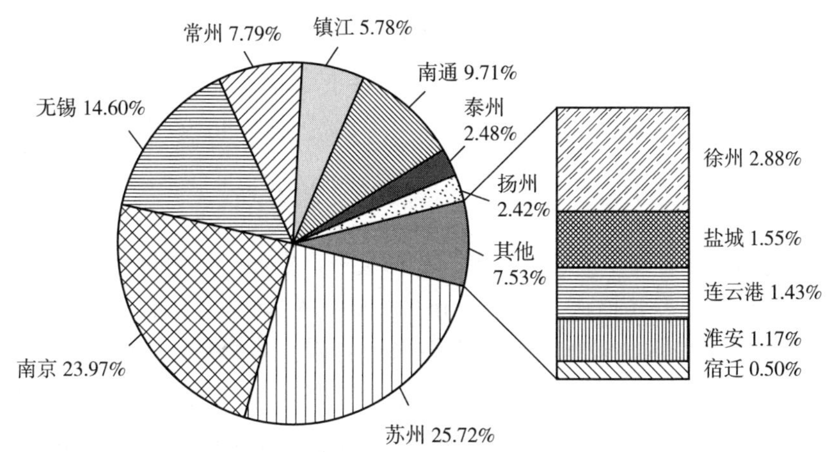

图7－12　2015年江苏各地级市有效发明专利的占比情况

资料来源：2016年《江苏专利实力指数报告》。

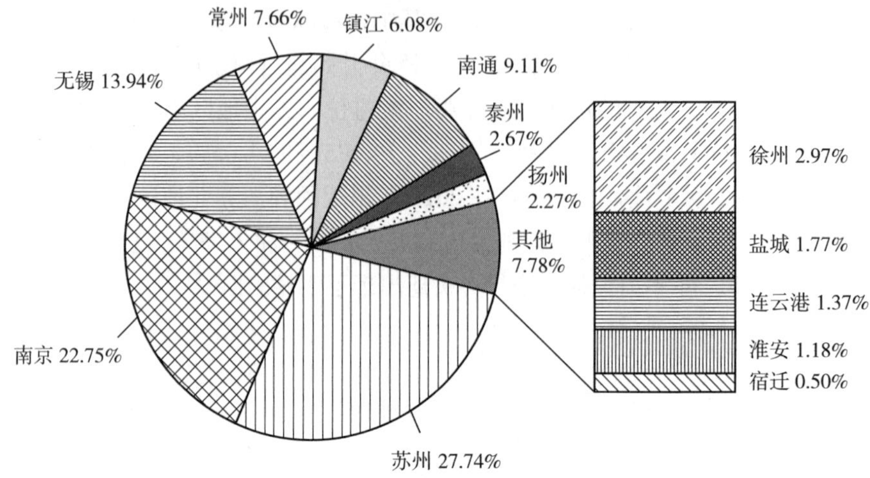

图 7-13　2016 年江苏各地级市有效发明专利的占比情况

资料来源：2017 年《江苏专利实力指数报告》。

从地区有效发明专利数量全省占比的角度来看，2017 年是江苏不同区域知识产权发展的一个小拐点，苏中地区由降转增、苏北地区增长提速，换言之，苏中、苏北开始较明显地呈现出追赶苏南的态势。这一方面是由于苏南各地级市有效发明专利数量的增速开始放缓，增长动能不及前期水平。具体地，苏南各地级市 2017 年的同比增长率（苏州 20.74%、南京 24.13%、无锡 12.00%、常州 19.62%、镇江 18.50%）均小于 2014～2017 年的年均增长率（苏州 35.81%、南京 26.01%、无锡 24.29%、常州 27.33%、镇江 37.39%）。另一方面是苏中苏北多个经济基础较好的地级市在 2017 年的同比增长率（南通 30.00%、扬州 32.69%、徐州 46.44%、盐城 53.42%）要好于 2014～2017 年的年均增长率水平（南通 27.35%、扬州 28.93%、徐州 44.87%、盐城 46.99%）。①

（二）江苏各地级市专利实力指数的比较分析

本章借助江苏省知识产权研究与保护协会所研发的指标评价体系和测算的专利实力指数，对江苏各地区、各地级市的知识产权综合实力水平进行进一步分析。从 2017 年江苏各地级市的专利实力指数的测算结果来看，总体呈现“南高北低”的态势。其中，专利实力指数最高为 0.740（南京），最低为 0.097（宿迁），两者相差 0.643，最高值是最低值的 7.63 倍，可见江苏各地级市的知识产

① 根据 2018 年《江苏专利实力指数报告》整理。

权发展水平参差不齐、南北实力差距悬殊。具体按照“4、4、5”的比例进行实力分组的话，苏南城市南京、苏州、无锡、镇江为第一梯队，苏南城市常州和苏中城市南通、扬州、泰州为第二梯队，苏北城市徐州、盐城、连云港、淮安和宿迁为第三梯队。以上梯队分布不但和地域位置紧密关联，也基本符合当前江苏经济发展的区域特征。其中常州市虽然地处苏南，但是专利实力指数的测算结果与苏中地区差别不大，被归入了第二梯队。事实上追溯前几年的专利实力指数测算结果就会发现，上一梯队中实力最差的和下一梯队中实力最强的城市经常会出现位置互换的波动。换言之，以上一梯队的划分只是为了展示地域位置对江苏地级市知识产权发展水平的影响，梯队间的界限并非牢不可破的。

结合前文的分析可以发现，苏中和苏北地区在2017年迎来了有效发明专利数量增长加速的小拐点，并且个别苏中城市在量上已经赶超部分苏南城市，个别苏北城市在量上已经赶超了部分苏中城市。以苏中城市南通为例，其有效发明专利数量已经位列全省第四位，但是从图7－14可以看出，2017年江苏各地级市专利实力指数的排序严格依赖于由苏南到苏中再到苏北的地域位置，南通的专利实力位列苏中之首、全省第六，弱于所有苏南城市。由此可见，苏中和苏北地区的知识产权发展虽然在数量上已经表现出较强的赶超势头，但是质量的提升不及数

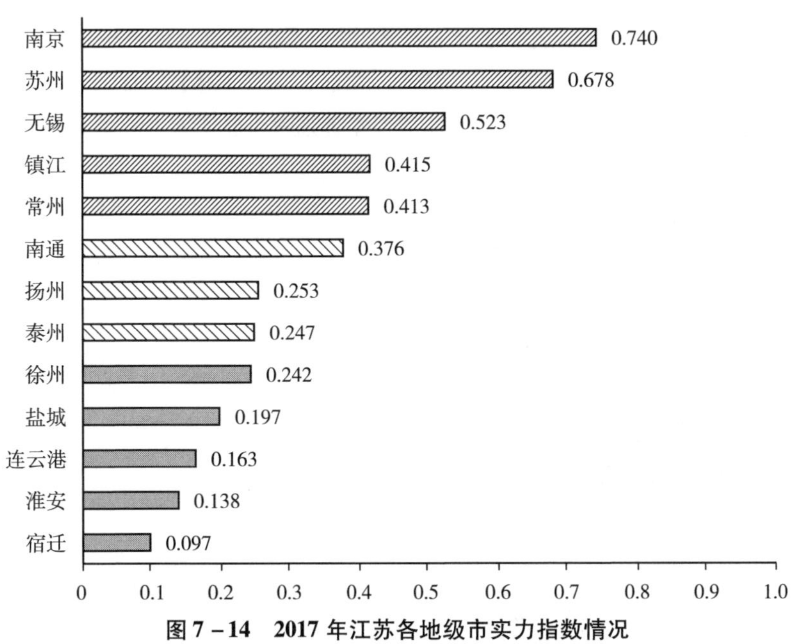

图7－14　2017年江苏各地级市实力指数情况

资料来源：2018年《江苏专利实力指数报告》。

量的增长，所以出现了综合实力排名不及数量排名的情况。也就是说，江苏知识产权要实现平衡发展，除了稳住苏南地区的良好发展形势，鼓励苏中、苏北提高专利数量，还要加强专利质量和效率的提升、改善知识产权的管理和执法环境，从而增强知识产权综合实力，在长期形成可持续的竞争力。

为了深入分析江苏各地级市知识产权发展的连续性，图 7－15～图 7－18 显示了江苏 13 个地级市在 2013～2016 年间的专利指数的具体情况。不难看出各地级市的专利实力基本稳定，并呈现小幅波动。从最大值的变化来看，有较为明显的小幅波动，并且没有明确的上升趋势。从最小值的变化来看，有小幅下降的趋势，2017 年虽然有所回升，但仍未达到 2014 年的实力水平，并且指数得分未越过 0.1。从前面的分析可知近年来江苏各地级市的专利申请、专利授权和有效发明专利的数量均保持了较快的增长，但是专利指数的测算结果说明数量的较快增长并没有带动综合实力的同步增长。换言之，江苏专利的质量水平并没有获得显著的提高，知识产权制度环境的改善并不明显。综合实力的提高不但是当前知识产权发展状况的反映，也是未来知识产权长期高质量、高增速发展的基础保障。仅追求数量上的增长是不足以保障知识产权的长期发展的，只有全面提高知识产权综合实力才能实现数量与质量的可持续的高增长。

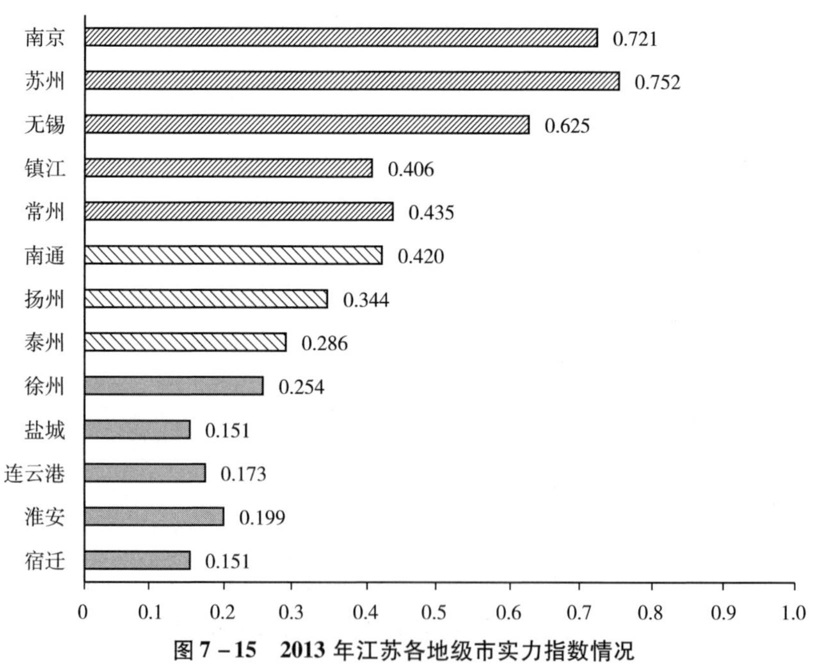

图 7－15　2013 年江苏各地级市实力指数情况

资料来源：2014 年《江苏专利实力指数报告》。

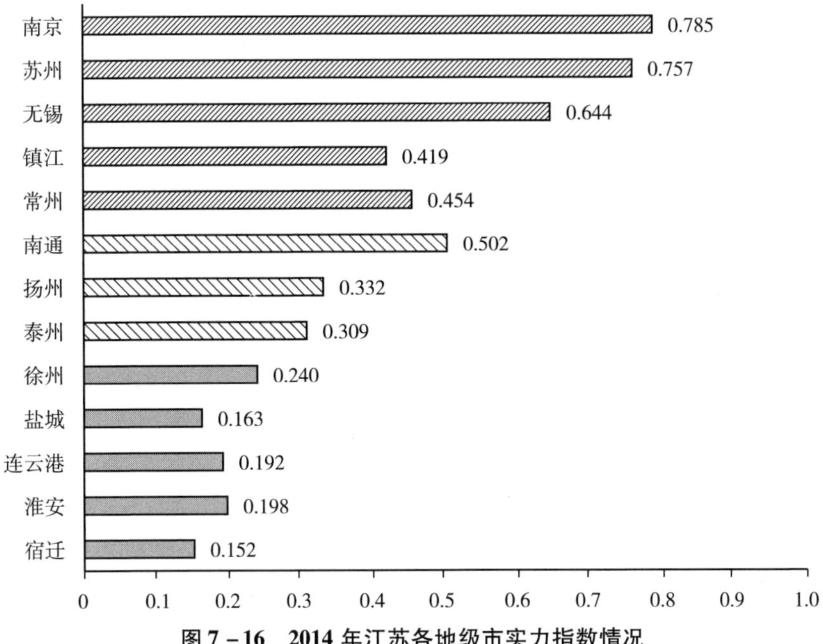

图 7 – 16　2014 年江苏各地级市实力指数情况

资料来源：2015 年《江苏专利实力指数报告》。

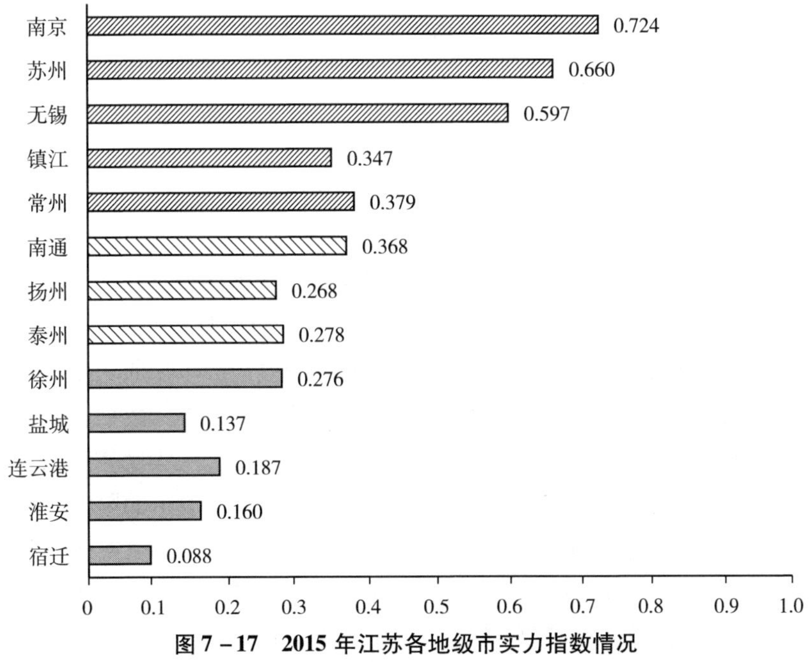

图 7 – 17　2015 年江苏各地级市实力指数情况

资料来源：2016 年《江苏专利实力指数报告》。

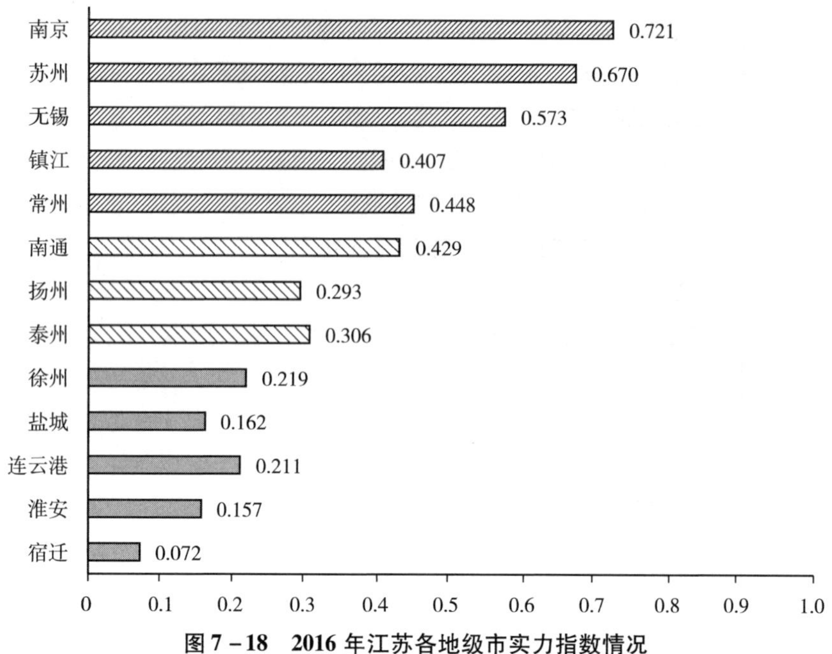

图 7－18　2016 年江苏各地级市实力指数情况

资料来源：2017 年《江苏专利实力指数报告》。

第二节　实证检验的模型设定

一、研究假设

要研究如何通过知识产权来支撑江苏供给侧结构性改革，不但需要从理论层面论述二者的内在逻辑关系和影响机理，还有必要结合经验数据，从历史的角度挖掘知识产权对江苏实体经济和第三产业发展的影响效应。本章收集了 2006～2017 年间江苏各地级市实体经济、第三产业和知识产权的相关指标数据，并充分考虑了人口、外商直接投资等控制变量的影响，分多个模型，从考虑空间效应和不考虑空间效应两个角度，实证检验知识产权对供给侧结构性改革的影响。

既往研究成果及前文的理论分析均显示知识产权发展能够支撑供给侧结构性改革。一方面，发明、品牌、设计等专利的运用能够增加产品的附加值，尤其是高精尖的技术发明专利，能够显著提升产品的质量和价值；另一方面，知识产权发展能够在产业层面推动实体经济的整体发展水平，技术外溢效应能够促进产业集聚区形成创新型的生产力，实现江苏在全球价值链上的攀升。此外，基于前文的统计分析可以发现，江苏各地级市实体经济、第三产业和知识产权的发展水平存在明显的“南高北低”分布状态，要获得更加准确的分析结果，有必要将空间效应在后续分析中考虑进来。

二、数据与变量说明

本章选取了2006~2017年江苏13个地级市的年度数据作为研究样本，其中被解释变量（实体经济指标、第三产业指标）和控制变量来源于《江苏统计年鉴》，解释变量（知识产权指标）来源于江苏知识产权局网站。样本期从2006年开始主要是基于以下考虑，即江苏知识产权局只公布了2006年之后的专利数据，此前的数据无法获取。

（一）被解释变量

为了较为准确地刻画知识产权对供给侧结构性改革的影响，并获得稳健的计量结果，本章分别选取地区生产总值、第二产业生产总值和工业生产总值作为被解释变量，从生产角度体现实体经济供给侧结构性改革水平；分别选取工业资产总值和固定资产投资作为被解释变量，从资产投资角度体现实体经济供给侧结构性改革水平；选取第三产业增加值作为被解释变量，从结构优化角度体现实体经济供给侧结构性改革水平。以上六个指标将作为被解释变量分别进行回归，以检验回归结果的稳健性。

（二）核心解释变量

虽然江苏省知识产权研究与保护协会建立了知识产权水平的评价指标体系并公布了测算结果，较好地刻画了江苏各地级市的知识产权发展水平，但是该协会目前只提供了2013~2017年的测算结果，数据长度不足以支撑本章的计量分析。由于专利数量通常被认为是评价知识产权水平的重要指标，其中又以发明专利最为重要，本章选择了专利申请总量、专利授权总量、发明申请量和发明授权量作为衡量知识产权水平的代理变量，分别带入模型进行回归，以期检验回归结果的稳健性。

（三）控制变量

参考现有研究成果的相关结论，我们选取了以下会对江苏实体经济发展产生影响的因素作为控制变量，具体包括：居民储蓄存款、外商直接投资、进出口贸易总额、地方财政一般预算支出、年末常住人口、邮政业务总量。

三、研究模型设定

（一）基准模型设定

在构建空间计量模型之前，先构建不考虑空间效应的面板数据模型：

$$Y_{it} = \alpha + \beta X_{it} + \delta_1 Saving_{it} + \delta_2 FDI_{it} + \delta_3 Trade_{it} + \delta_4 Fiscal_{it} + \delta_5 Pop_{it} + \delta_6 Mail_{it} + \varepsilon_{it} \tag{7.1}$$

其中，Y_{it}为被解释变量，不同的模型中分别选用地区生产总值（GDP_{it}）、第二产业生产总值（$GDP2_{it}$）、工业生产总值（$GDPI_{it}$）、工业资产总值（$Asset_{it}$）和固定资产投资（$Fixed_{it}$）、第三产业增加值（$AVTI_{it}$），单位均为亿元。X_{it}为核心解释变量，不同的模型中分别选用专利申请总量（$Appl\_T_{it}$）、专利授权总量（$Appl\_I_{it}$）、发明申请量（$Auth\_T_{it}$）和发明授权量（$Auth\_I_{it}$），单位均为项。$Saving_{it}$为居民储蓄存款，单位为亿元；FDI_{it}为外商直接投资，单位为亿美元；$Trade_{it}$为进出口贸易总额，单位为亿美元；$Fiscal_{it}$为地方财政一般预算支出，单位为亿元；Pop_{it}为年末常住人口，单位为万人；$Mail_{it}$为邮政业务总量，单位为亿元，以上变量均为控制变量。另外，i 表示地级市，t 表示时间，α 为常数项，β 为核心解释变量系数，δ 为控制变量系数，ε_{it}为误差项。

（二）空间计量模型设定

为了检验江苏实体经济和第三产业发展的空间效应，更加准确地估计知识产权水平对供给侧结构性改革产生的影响，本章进一步采用空间计量方法对面板数据进行回归。

首先定义空间权重矩阵：

（1）根据相邻关系定义权重矩阵（W），该矩阵的（i，j）元素 W_{ij}表示地级市 i 和地级市 j 的相邻关系，相邻取值为 1，反之取值为 0。

（2）根据距离关系定义权重矩阵（M），当 i≠j 时，该矩阵的（i，j）元素 M_{ij}取值为地级市 i 和地级市 j 之间距离的倒数；当 i = j 时，M_{ij}取值为 0。

然后，将传统模型扩展为包含因变量空间滞后项的空间自回归模型：

（1）根据相邻关系创建的空间自回归模型：

$$Y_{it} = \alpha + \rho \sum_{j=1}^{N} W_{ij} Y_{jt} + \beta X_{it} + \delta_1 Saving_{it} + \delta_2 FDI_{it} + \delta_3 Trade_{it} + \delta_4 Fiscal_{it} + \delta_5 Pop_{it} + \delta_6 Mail_{it} + \varepsilon_{it} \quad (7.2)$$

其中，$W_{ij}Y_{jt}$为因变量基于相邻关系的空间滞后项，ρ 为空间相关系数，其他变量与基准模型的设定一致。

（2）根据距离关系创建的空间自回归模型：

$$Y_{it} = \alpha + \rho \sum_{j=1}^{N} M_{ij} Y_{jt} + \beta X_{it} + \delta_1 Saving_{it} + \delta_2 FDI_{it} + \delta_3 Trade_{it} + \delta_4 Fiscal_{it} + \delta_5 Pop_{it} + \delta_6 Mail_{it} + \varepsilon_{it} \quad (7.3)$$

其中，$M_{ij}Y_{jt}$为因变量基于距离关系的空间滞后项，ρ 同样为空间相关系数，其他变量与基准模型的设定一致。

第三节　不考虑空间效应的计量结果

一、从实体经济生产角度分析知识产权对供给侧结构性改革的影响

（一）地区生产总值

以地区生产总值为被解释变量，分别以专利申请总量、专利授权总量、发明申请量和发明授权量为核心解释变量，采用标准误稳健的固定效应模型和随机效应模型对面板数据进行回归，回归结果见表 7 -4。由图 7 -4 可以看出，各个变量的回归系数和标准误在不同模型下相差不大且全部为正，说明回归结果具有很好的稳健性，并且全部为正，符合理论分析预期。控制变量中的居民储蓄存款、外商直接投资、地方财政一般预算支出、邮政业务总量在所有模型中均在 0.01 的水平上显著为正；进出口贸易在以专利申请总量和专利授权总量为解释变量的固定效应模型中均不显著，在以发明申请量为解释变量的固定效应模型中仅在 0.1 的水平上显著，在其他模型中均在 0.01 的水平上显著；年末常住人口均不显著。

表 7－4　　专利申请总量和授权量对地区生产总值的影响（非空间面板）

模型序号	专利申请总量		发明申请量		专利授权总量		发明授权量	
	固定效应 (1)	随机效应 (2)	固定效应 (3)	随机效应 (4)	固定效应 (5)	随机效应 (6)	固定效应 (7)	随机效应 (8)
Saving	0. 667 *** (0. 205)	0. 671 *** (0. 197)	0. 697 *** (0. 178)	0. 699 *** (0. 171)	0. 729 *** (0. 221)	0. 725 *** (0. 207)	0. 768 *** (0. 239)	0. 783 *** (0. 233)
FDI	14. 93 *** (4. 107)	14. 79 *** (4. 016)	17. 26 *** (4. 045)	16. 81 *** (3. 544)	18. 71 *** (3. 903)	18. 15 *** (4. 202)	19. 55 *** (4. 664)	18. 06 *** (3. 772)
Trade	0. 435 (0. 320)	0. 439 *** (0. 109)	0. 572 * (0. 263)	0. 548 *** (0. 140)	0. 489 (0. 342)	0. 397 *** (0. 112)	0. 901 *** (0. 281)	0. 862 *** (0. 148)
Fiscal	2. 639 *** (0. 641)	2. 597 *** (0. 571)	2. 794 *** (0. 548)	2. 782 *** (0. 486)	2. 532 *** (0. 680)	2. 551 *** (0. 550)	2. 778 *** (0. 785)	2. 789 *** (0. 673)
Pop	1. 038 (2. 079)	0. 256 (0. 421)	0. 920 (1. 436)	0. 130 (0. 395)	0. 294 (2. 460)	0. 0259 (0. 495)	1. 598 (2. 591)	0. 0783 (0. 618)
Mail	13. 58 *** (1. 582)	13. 81 *** (2. 097)	9. 548 *** (1. 543)	9. 319 *** (1. 434)	15. 07 *** (1. 618)	15. 21 *** (2. 285)	10. 65 *** (3. 165)	9. 881 *** (2. 782)
Appl_T	0. 013 *** (0. 003)	0. 014 *** (0. 002)						
Appl_I			0. 032 *** (0. 010)	0. 035 *** (0. 009)				
Auth_T					0. 016 *** (0. 005)	0. 017 *** (0. 004)		
Auth_I							0. 041 (0. 058)	0. 059 (0. 066)
N	156	156	156	156	156	156	156	156
R^2	0. 990		0. 990		0. 990		0. 988	
AIC	2076. 0		2081. 1		2088. 7		2112. 4	
BIC	2097. 4		2102. 4		2110. 0		2133. 7	

注：括号内为标准误差，*、**、*** 分别表示在 10%、5%、1% 的水平上显著。

另外，重点考察核心解释变量的回归系数和显著性水平不难发现，专利和发明的申请量和授权量对地区生产总值均产生正向影响，并且发明对地区生产总值的影响要略大于专利，授权量对地区生产总值的影响要略大于申请量。专利申请总量、发明申请量和专利授权总量对地区生产总值的影响均在0.01的水平上显著为正，但是发明授权量对地区生产总值的影响虽然为正，但是不显著。

进一步地，本章采用豪斯曼检验方法对应该采用固定效应模型还是随机效应模型进行了相应的检验，检验结果均显示，固定效应模型更适用于本章所选用的样本。以上几个模型的 R^2 统计量均高于0.98，说明这几个模型均很好地解释了地区生产总值的影响因素。

（二）第二产业生产总值

以第二产业生产总值为被解释变量，分别以专利申请总量、专利授权总量、发明申请量和发明授权量为核心解释变量，采用标准误稳健的固定效应模型和随机效应模型对面板数据进行回归，回归结果见表7－5。从表7－5中（1）～(8)列的回归结果来看，各个变量的回归系数和标准误在不同模型下相差不大，说明回归结果具有很好的稳健性。控制变量中的居民储蓄存款、进出口贸易、地方财政一般预算支出在所有模型中均在0.01的水平上显著为正，符合理论预期；外商直接投资在以专利申请总量的固定效应模型中在0.05的水平上显著为正，在其他模型中均在0.01的水平上显著为正，也符合理论预期；年末常住人口虽然在部分模型下回归系数为负，与理论预期相反，但是要么不显著、要么仅在0.1的水平上显著；邮政业务总量虽然回归系数均为正，与理论预期一致，但是仅在个别模型中在0.1或0.05的水平上显著。

表7－5 专利申请总量和授权量对第二产业生产总值的影响（非空间面板）

模型序号	专利申请总量		发明申请量		专利授权总量		发明授权量	
	固定效应(1)	随机效应(2)	固定效应(3)	随机效应(4)	固定效应(5)	随机效应(6)	固定效应(7)	随机效应(8)
Saving	0.303*** (0.0782)	0.306*** (0.0698)	0.342*** (0.0878)	0.344*** (0.0819)	0.337*** (0.0864)	0.335*** (0.0741)	0.366*** (0.103)	0.376*** (0.0995)
FDI	5.142** (1.896)	5.583*** (2.057)	7.012*** (2.086)	6.996*** (2.084)	7.229*** (1.691)	7.234*** (1.975)	7.349*** (1.791)	7.594*** (1.555)
Trade	0.623*** (0.152)	0.584*** (0.110)	0.757*** (0.165)	0.707*** (0.113)	0.653*** (0.142)	0.585*** (0.102)	0.716*** (0.159)	0.749*** (0.0950)

续表

模型序号	专利申请总量		发明申请量		专利授权总量		发明授权量	
	固定效应（1）	随机效应（2）	固定效应（3）	随机效应（4）	固定效应（5）	随机效应（6）	固定效应（7）	随机效应（8）
Fiscal	1.097 *** (0.248)	1.119 *** (0.205)	1.192 *** (0.275)	1.199 *** (0.227)	1.037 *** (0.261)	1.097 *** (0.197)	1.237 *** (0.355)	1.193 *** (0.305)
Pop	-1.285 * (0.720)	-0.456 (0.341)	-0.888 (0.866)	-0.452 (0.389)	-1.703 * (0.844)	-0.538 (0.368)	0.204 (1.155)	-0.186 (0.398)
Mail	1.807 * (0.991)	1.555 (1.070)	0.350 (1.128)	0.285 (1.086)	2.639 ** (1.102)	2.101 * (1.121)	2.188 (1.877)	2.169 (1.858)
Appl_T	0.007 *** (0.001)	0.006 *** (0.001)						
Appl_I			0.008 (0.006)	0.008 (0.006)				
Auth_T					0.009 *** (0.002)	0.007 *** (0.002)		
Auth_I							-0.029 (0.027)	-0.026 (0.029)
N	156	156	156	156	156	156	156	156
R^2	0.986		0.982		0.984		0.981	
AIC	1858.0		1896.0		1873.1		1900.2	
BIC	1879.3		1917.3		1894.5		1921.5	

注：括号内为标准误差，*、**、*** 分别表示在10%、5%、1%的水平上显著。

另外，重点考察核心解释变量的回归系数和显著性水平不难发现，专利的申请量和授权量对第二产业生产总值均产生正向影响，授权量的影响略大于申请量，并且回归系数在0.01的水平上高度显著。发明的申请量和授权量对第二产业生产总值的影响均不显著。

进一步地，本章采用豪斯曼检验方法对应该采用固定效应模型还是随机效应模型进行相应的检验，检验结果均显示，固定效应模型更适用于本章所选用的样本。以上几个模型的 R^2 统计量均高于0.98，说明这几个模型均很好地解释了第二产业生产总值的影响因素。

（三）工业生产总值

以工业生产总值为被解释变量，分别以专利申请总量、专利授权总量、发明申请量和发明授权量为核心解释变量，采用标准误稳健的固定效应模型和随机效应模型对面板数据进行回归，回归结果见表7-6。从表7-6中（1）~（8）列的回归结果来看，各个变量的回归系数和标准误在不同模型下相差不大，说明回归结果具有很好的稳健性。控制变量中的进出口贸易、地方财政一般预算支出在所有模型中均在0.01的水平上显著为正，符合理论预期；居民储蓄存款、外商直接投资在个别模型中在0.05的水平上显著为正，在其他模型中均在0.01的水平上显著为正，也符合理论预期；年末常住人口虽然在部分模型下回归系数为负，与理论预期相反，但是全部不显著；邮政业务总量虽然回归系数均为正，与理论预期一致，但是仅在个别模型中在0.1或0.05的水平上显著。

另外，重点考察核心解释变量的回归系数和显著性水平不难发现，专利的申请量和授权量对工业生产总值均产生正向影响，授权量的影响略大于申请量，并且回归系数在0.01的水平上高度显著。发明的申请量和授权量对工业生产总值的影响均不显著。

表7-6　专利申请总量和授权量对工业生产总值的影响（非空间面板）

模型序号	专利申请总量		发明申请量		专利授权总量		发明授权量	
	固定效应（1）	随机效应（2）	固定效应（3）	随机效应（4）	固定效应（5）	随机效应（6）	固定效应（7）	随机效应（8）
Saving	0.241** （0.0791）	0.248*** （0.0743）	0.279*** （0.0884）	0.284*** （0.0859）	0.276*** （0.0889）	0.277*** （0.0803）	0.304** （0.105）	0.315*** （0.103）
FDI	4.441** （1.893）	5.197** （2.090）	6.300*** （2.012）	6.635*** （2.141）	6.551*** （1.787）	6.896*** （2.095）	6.714*** （1.669）	7.216*** （1.617）
Trade	0.591*** （0.162）	0.612*** （0.114）	0.723*** （0.176）	0.733*** （0.118）	0.624*** （0.152）	0.619*** （0.105）	0.708*** （0.166）	0.786*** （0.105）
Fiscal	0.914*** （0.235）	0.905*** （0.197）	1.010*** （0.264）	0.986*** （0.223）	0.858*** （0.259）	0.882*** （0.202）	1.046** （0.344）	0.982*** （0.300）
Pop	-0.875 （0.734）	-0.439 （0.318）	-0.494 （0.880）	-0.415 （0.382）	-1.265 （0.864）	-0.549 （0.343）	0.456 （1.144）	-0.167 （0.424）

续表

模型序号	专利申请总量		发明申请量		专利授权总量		发明授权量	
	固定效应（1）	随机效应（2）	固定效应（3）	随机效应（4）	固定效应（5）	随机效应（6）	固定效应（7）	随机效应（8）
Mail	2.110 * （1.025）	2.012 * （1.121）	0.609 （1.105）	0.673 （1.115）	2.909 ** （1.144）	2.570 ** （1.198）	2.206 （1.866）	2.208 （1.864）
Appl_T	0.007 *** （0.001）	0.006 *** （0.001）						
Appl_I			0.009 （0.006）	0.008 （0.006）				
Auth_T					0.009 *** （0.002）	0.007 *** （0.002）		
Auth_I							-0.022 （0.028）	-0.017 （0.030）
N	156	156	156	156	156	156	156	156
R^2	0.982		0.977		0.980		0.976	
AIC	1848.3		1888.1		1866.4		1895.3	
BIC	1869.7		1909.4		1887.8		1916.7	

注：括号内为标准误差，*、**、*** 分别表示在10%、5%、1%的水平上显著。

进一步地，本章采用豪斯曼检验方法对应该采用固定效应模型还是随机效应模型进行了相应的检验，检验结果均显示，固定效应模型更适用于本章所选用的样本。以上几个模型的 R^2 统计量均高于0.97，说明这几个模型均很好地解释了工业生产总值的影响因素。

二、从实体经济资产投资角度分析知识产权对供给侧结构性改革的影响

（一）工业资产总值

以工业资产总值为被解释变量，分别以专利申请总量、专利授权总量、发明申请量和发明授权量为核心解释变量，采用标准误稳健的固定效应模型和随机效应模型对面板数据进行回归，回归结果见表7-7。从表7-7中（1）~（8）列的

回归结果来看，各个变量的回归系数和标准误在不同模型下相差不大，说明回归结果具有很好的稳健性。控制变量中的居民储蓄存款、地方财政一般预算支出在所有模型中均显著为正，符合理论预期；外商直接投资、年末常住人口、邮政业务总量几乎在所有模型中均不显著，进出口贸易只在部分模型中显著。

表7-7 专利申请总量和授权量对工业资产总值的影响（非空间面板）

模型序号	专利申请总量		发明申请量		专利授权总量		发明授权量	
	固定效应 (1)	随机效应 (2)	固定效应 (3)	随机效应 (4)	固定效应 (5)	随机效应 (6)	固定效应 (7)	随机效应 (8)
Saving	0.994 ** (0.375)	1.130 ** (0.445)	1.010 ** (0.338)	1.142 *** (0.397)	1.065 ** (0.402)	1.198 *** (0.459)	1.121 ** (0.433)	1.271 ** (0.500)
FDI	-23.81 (21.30)	-14.90 (20.33)	-21.52 (20.90)	-12.65 (20.90)	-19.32 (21.27)	-9.545 (21.15)	-18.59 (20.34)	-10.63 (19.46)
Trade	2.642 (1.785)	4.250 *** (0.996)	2.756 (1.876)	4.306 *** (1.095)	2.690 (1.697)	4.179 *** (0.928)	3.053 * (1.538)	4.810 *** (0.967)
Fiscal	4.208 *** (1.310)	3.073 ** (1.370)	4.386 *** (1.175)	3.369 *** (1.199)	4.062 *** (1.321)	2.893 ** (1.310)	4.431 *** (1.373)	3.393 ** (1.476)
Pop	11.85 (7.625)	-0.209 (2.559)	11.30 (7.895)	-0.123 (2.945)	10.82 (7.588)	-1.185 (2.006)	13.58 * (6.871)	-0.0304 (2.821)
Mail	-2.903 (6.551)	1.797 (8.561)	-8.416 (5.851)	-5.300 (7.424)	-0.937 (6.656)	4.597 (9.440)	-4.616 (6.236)	-4.880 (6.714)
Appl_T	0.015 ** (0.007)	0.019 *** (0.007)						
Appl_I			0.046 ** (0.020)	0.057 ** (0.025)				
Auth_T					0.020 * (0.010)	0.028 *** (0.011)		
Auth_I							0.002 (0.141)	0.105 (0.163)
N	156	156	156	156	156	156	156	156
R^2	0.967		0.967		0.966		0.965	
AIC	2383.1		2380.5		2385.1		2391.6	
BIC	2404.4		2401.8		2406.4		2412.9	

注：括号内为标准误差，*、**、*** 分别表示在10%、5%、1%的水平上显著。

另外重点考察了核心解释变量的回归系数和显著性水平。专利授权总量的影响略大于其申请量，发明申请量的影响略大于专利申请总量，且以上核心解释变量的回归系数均显著为正。发明授权量的回归系数不显著。

进一步地，本章采用豪斯曼检验方法对应该采用固定效应模型还是随机效应模型进行了相应地检验，检验结果均显示，固定效应模型更适用于本章所选用的样本。以上几个模型的 R^2 统计量均高于0.96，说明这几个模型均很好地解释了工业资产总值的影响因素。

（二）固定资产投资

以固定资产投资为被解释变量，分别以专利申请总量、专利授权总量、发明申请量和发明授权量为核心解释变量，采用标准误稳健的固定效应模型和随机效应模型对面板数据进行回归，回归结果见表7-8。从表7-8中（1）~（8）列的回归结果来看，各个变量的回归系数和标准误在不同模型下相差不大，说明回归结果具有很好的稳健性。控制变量中的居民储蓄存款、地方财政一般预算支出在所有模型中均显著为正，符合理论预期；外商直接投资、年末常住人口几乎在所有模型中均不显著；进出口贸易只在随机效应模型中显著为负，但是基于豪斯曼检验，固定效应模型更适用于本章所选用的样本，所以回归结果并不足以说明进出口贸易会对固定资产投资产生负面影响；邮政业务总量的回归系数显著为负，可能是由于邮政业务的发展让生产地和市场之间距离扩大成为可能，本地的生产性投资被外地的企业生产能力所替代。

表7-8　专利申请总量和授权量对固定资产投资的影响（非空间面板）

模型序号	专利申请总量		发明申请量		专利授权总量		发明授权量	
	固定效应 (1)	随机效应 (2)	固定效应 (3)	随机效应 (4)	固定效应 (5)	随机效应 (6)	固定效应 (7)	随机效应 (8)
Saving	0.924*** (0.208)	0.538*** (0.0903)	0.921*** (0.167)	0.508*** (0.0836)	0.967*** (0.225)	0.568*** (0.103)	1.008*** (0.259)	0.628*** (0.152)
FDI	10.10 (9.715)	-2.145 (5.025)	11.08 (9.959)	-1.994 (5.500)	12.70 (9.803)	-0.638 (4.917)	12.66 (10.24)	-0.899 (5.066)
Trade	-0.0203 (0.991)	-0.809*** (0.138)	0.0120 (0.912)	-0.747*** (0.150)	0.0143 (1.018)	-0.806*** (0.149)	0.00219 (1.147)	-0.678*** (0.139)

续表

模型序号	专利申请总量		发明申请量		专利授权总量		发明授权量	
	固定效应 (1)	随机效应 (2)	固定效应 (3)	随机效应 (4)	固定效应 (5)	随机效应 (6)	固定效应 (7)	随机效应 (8)
Fiscal	2.277*** (0.730)	4.125*** (0.506)	2.373*** (0.600)	4.336*** (0.430)	2.200** (0.773)	4.187*** (0.475)	2.487** (0.867)	4.376*** (0.563)
Pop	-7.974 (5.431)	-1.018* (0.555)	-8.559 (5.185)	-1.014* (0.533)	-8.511 (5.691)	-1.106* (0.604)	-5.451 (6.861)	-1.221** (0.608)
Mail	-7.769*** (2.346)	-11.15*** (3.610)	-11.39*** (2.975)	-14.50*** (4.227)	-6.711*** (2.047)	-10.70*** (3.519)	-6.168 (4.159)	-8.713** (4.111)
Appl_T	0.009** (0.003)	0.008*** (0.003)						
Appl_I			0.032** (0.012)	0.027** (0.011)				
Auth_T					0.011*** (0.003)	0.009*** (0.003)		
Auth_I							-0.066 (0.081)	-0.074 (0.058)
N	156	156	156	156	156	156	156	156
R^2	0.951		0.953		0.950		0.949	
AIC	2221.1		2213.9		2223.4		2226.5	
BIC	2242.4		2235.2		2244.7		2247.9	

注：括号内为标准误差，*、**、*** 分别表示在10%、5%、1%的水平上显著。

另外重点考察了核心解释变量的回归系数和显著性水平。专利授权总量的影响略大于其申请量，发明申请量的影响略大于专利申请总量，且以上核心解释变量的回归系数均显著为正。发明授权量的回归系数不显著。

进一步地，本章采用豪斯曼检验方法对应该采用固定效应模型还是随机效应模型进行了相应的检验，检验结果均显示，固定效应模型更适用于本章所选用的样本。以上几个模型的 R^2 统计量均高于0.95，说明这几个模型均很好地解释了固定资产投资的影响因素。

三、从第三产业增加值角度分析知识产权对供给侧结构性改革的影响

以第三产业增加值为被解释变量，分别以专利申请总量、专利授权总量、发明申请量和发明授权量为核心解释变量，采用标准误稳健的固定效应模型和随机效应模型对面板数据进行回归，回归结果见表7－9。从表7－8中（1）～（8）列的回归结果来看，各个变量的回归系数和标准误在不同模型下相差不大，说明回归结果具有很好的稳健性。控制变量中的居民储蓄存款、外商直接投资、地方财政一般预算支出、邮政业务总量在所有模型中均显著为正，符合理论预期；年末常住人口、进出口贸易在所有模型中均不显著。

表7－9　专利申请总量和授权量对第三产业增加值的影响（非空间面板）

模型序号	专利申请总量		发明申请量		专利授权总量		发明授权量	
	固定效应（1）	随机效应（2）	固定效应（3）	随机效应（4）	固定效应（5）	随机效应（6）	固定效应（7）	随机效应（8）
Saving	0.376** (0.137)	0.374*** (0.140)	0.364*** (0.0917)	0.354*** (0.0992)	0.408** (0.146)	0.405*** (0.148)	0.413*** (0.135)	0.406*** (0.133)
FDI	9.851** (3.656)	9.351** (4.586)	10.30*** (3.323)	10.16*** (3.557)	11.71** (3.865)	11.27** (4.892)	13.08*** (4.024)	10.54*** (3.358)
Trade	-0.128 (0.348)	-0.0648 (0.167)	-0.129 (0.251)	-0.0762 (0.137)	-0.0842 (0.365)	-0.0932 (0.166)	0.344 (0.264)	0.162 (0.118)
Fiscal	0.957* (0.452)	0.897** (0.429)	1.020*** (0.324)	1.027*** (0.314)	0.924* (0.480)	0.882** (0.422)	0.916* (0.457)	1.064*** (0.374)
Pop	2.333 (1.902)	0.264 (0.338)	1.738 (1.188)	0.164 (0.260)	2.114 (2.038)	0.167 (0.348)	0.717 (1.901)	-0.0441 (0.295)
Mail	13.42*** (1.113)	14.05*** (1.786)	10.58*** (0.935)	10.37*** (1.097)	13.96*** (1.200)	14.85*** (1.888)	8.974*** (1.562)	7.735*** (1.158)
Appl_T	0.00617** (0.00216)	0.00821*** (0.00148)						
Appl_I			0.0261*** (0.00567)	0.0319*** (0.00536)				

续表

模型序号	专利申请总量		发明申请量		专利授权总量		发明授权量	
	固定效应（1）	随机效应（2）	固定效应（3）	随机效应（4）	固定效应（5）	随机效应（6）	固定效应（7）	随机效应（8）
Auth_T					0.00663 (0.00385)	0.0102 *** (0.00287)		
Auth_I							0.100 ** (0.0367)	0.122 *** (0.0443)
N	156	156	156	156	156	156	156	156
R^2	0.986		0.988		0.985		0.986	
AIC	1965.6		1930.3		1975.0		1956.2	
BIC	1986.9		1951.7		1996.4		1977.5	

注：括号内为标准误差，*、**、*** 分别表示在10%、5%、1%的水平上显著。

另外重点考察了核心解释变量的回归系数和显著性水平。专利授权总量的影响略大于其申请量，发明申请量的影响略大于专利申请总量，除固定效应模型下的专利授权总量的回归系数不显著，其他核心解释变量的回归系数均显著为正。

进一步地，本章采用豪斯曼检验方法对应该采用固定效应模型还是随机效应模型进行了相应的检验，检验结果均显示，固定效应模型更适用于本章所选用的样本。以上几个模型的 R^2 统计量均高于0.98，说明这几个模型均很好地解释了第三产业增加值的影响因素。

第四节　考虑空间效应的计量结果

一、从实体经济生产角度分析知识产权对供给侧结构性改革的影响

（一）地区生产总值

以地区生产总值为被解释变量，分别以专利申请总量和发明申请量为核心解释变量，采用固定效应空间自回归模型和随机效应空间自回归模型对面板数据进

行回归，回归结果见表7－10。各个变量的回归系数和标准误在不同模型下相差不大，说明回归结果具有很好的稳健性。年末常住人口的回归系数在以专利授权总量为解释变量的部分模型中不显著；其他所有控制变量均显著为正，符合理论预期。

重点考察核心解释变量的回归系数和显著性水平不难发现，专利申请总量和发明专利的申请量对地区生产总值的影响均显著为正，并且发明专利申请量对地区生产总值的影响要略大于专利申请总量。进一步考察因变量空间滞后项的回归系数，均高度显著为正，说明江苏各地级市的地区生产总值存在明显的空间效应。

另外，以上几个模型的 R^2 统计量均高于0.97，说明这几个模型均很好地解释了固定资产投资的影响因素。从AIC和BIC的结果来看，基于相邻关系的空间矩阵比基于距离关系的空间矩阵更适合用于估计江苏各地级市地区生产总值的空间效应。

表7－10　　专利申请总量对地区生产总值的影响（空间面板）

模型序号		专利申请总量				发明申请量			
		固定效应		随机效应		固定效应		随机效应	
		W (1)	M (2)	W (3)	M (4)	W (5)	M (6)	W (7)	M (8)
Main	Saving	0.592*** (0.061)	0.577*** (0.059)	0.610*** (0.058)	0.588*** (0.056)	0.623*** (0.061)	0.599*** (0.059)	0.643*** (0.058)	0.610*** (0.056)
	FDI	12.19*** (3.204)	12.96*** (3.149)	12.37*** (2.979)	13.26*** (2.835)	13.97*** (3.180)	13.92*** (3.183)	14.03*** (2.962)	14.08*** (2.842)
	Trade	0.483** (0.240)	0.474* (0.246)	0.575*** (0.156)	0.552*** (0.150)	0.583** (0.237)	0.571** (0.243)	0.656*** (0.149)	0.641*** (0.141)
	Fiscal	2.884*** (0.305)	2.538*** (0.278)	2.784*** (0.281)	2.432*** (0.247)	2.896*** (0.297)	2.673*** (0.279)	2.818*** (0.272)	2.586*** (0.246)
	Pop	2.456* (1.305)	2.602** (1.282)	0.842 (0.651)	1.215** (0.593)	2.392* (1.313)	2.592** (1.290)	0.774 (0.629)	1.108** (0.564)
	Mail	12.17*** (1.359)	13.17*** (1.259)	12.65*** (1.278)	13.75*** (1.129)	9.214*** (1.373)	9.447*** (1.427)	9.135*** (1.310)	9.509*** (1.299)

续表

模型序号		专利申请总量				发明申请量			
		固定效应		随机效应		固定效应		随机效应	
		W (1)	M (2)	W (3)	M (4)	W (5)	M (6)	W (7)	M (8)
Main	Appl_T	0.010 *** (0.002)	0.011 *** (0.002)	0.012 *** (0.002)	0.012 *** (0.002)				
	Appl_I					0.0257 *** (0.005)	0.0279 *** (0.005)	0.0302 *** (0.005)	0.0320 *** (0.005)
空间滞后	GDP	0.0536 *** (0.021)	0.0890 *** (0.021)	0.0460 ** (0.020)	0.0897 *** (0.021)	0.0623 *** (0.020)	0.0925 *** (0.0211)	0.0551 *** (0.020)	0.0934 *** (0.021)
	e.GDP	0.455 *** (0.113)	0.324 ** (0.152)	0.456 *** (0.111)	0.310 ** (0.148)	0.443 *** (0.112)	0.341 ** (0.147)	0.445 *** (0.110)	0.335 ** (0.140)
	N	156	156	156	156	156	156	156	156
	pseudo R^2	0.975	0.981	0.983	0.986	0.977	0.982	0.985	0.988
	AIC	1891.4	1888.8	2121.0	2115.5	1892.0	1889.9	2120.9	2115.3
	BIC	1921.9	1919.3	2157.6	2152.1	1922.5	1920.4	2157.5	2151.9

注：括号内为标准误差，*、**、*** 分别表示在 10%、5%、1% 的水平上显著。

表 7-11 列示了分别以距离关系和相邻关系构建空间矩阵时，专利申请总量对地区生产总值影响的效应分解。从核心解释变量专利申请总量的估计结果来看，在四种估计中，专利申请总量对地区生产总值的直接效应和间接效应均显著为正，并且估计结果在不同的模型中相差不大，较为稳健。以距离权重矩阵的固定效应模型为例，专利申请总量对地区生产总值的直接效应显著为正，说明江苏各地级市专利申请总量的增长有利于提升该市的地区生产总值；同时，专利申请总量对地区生产总值的间接效应显著为正，说明江苏各地级市专利申请总量的增长能够有效提升地理邻近的其他江苏城市的地区生产总值，有明显的空间溢出效应。江苏省内城市间业已形成的产业链关联是形成这一空间溢出效应的重要原因，某一城市专利申请数量的增长所带来的创新能力提升，能够向产业链上其他城市的企业传导，在更大的范围内共享创新带来的地区生产总值增长。不仅如此，江苏省内人力资源的自由流动也强化了知识、技能在城市间传递，进一步强化了专利申请总量对地区生产总值跨越城市界限的影响。当空间计量模型采用相

邻关系构建空间权重矩阵时，上述基本结论依然成立，即专利申请总量不但能够提升本市地区生产总值，而且能够间接提升相邻城市的地区生产总值。

表7-11　　专利申请总量对地区生产总值影响的效应分解

变量名称	相邻权重矩阵 W				距离权重矩阵 M			
	固定效应模型		随机效应模型		固定效应模型		随机效应模型	
	直接效应	间接效应	直接效应	间接效应	直接效应	间接效应	直接效应	间接效应
Appl_T	0.010*** (0.002)	0.001** (0.000)	0.012*** (0.002)	0.001** (0.000)	0.011*** (0.002)	0.001*** (0.000)	0.012*** (0.002)	0.001*** (0.000)
Saving	0.592*** (0.061)	0.030*** (0.012)	0.610*** (0.058)	0.026** (0.011)	0.578*** (0.059)	0.053*** (0.013)	0.589*** (0.559)	0.054*** (0.013)
FDI	12.200*** (3.207)	0.611* (0.315)	12.374*** (2.981)	0.529* (0.286)	12.967*** (3.152)	1.188*** (0.425)	13.271*** (2.837)	1.227*** (0.393)
Trade	0.484** (0.240)	0.024 (0.015)	0.575*** (0.156)	0.025* (0.123)	0.474* (0.246)	0.043 (0.027)	0.553*** (0.151)	0.051** (0.021)
Fiscal	2.886*** (0.305)	0.144** (0.059)	2.785*** (0.281)	0.119** (0.054)	2.540*** (1.283)	0.233*** (0.061)	2.434*** (0.247)	0.225*** (0.057)
Pop	2.458* (1.306)	0.123 (0.089)	0.842 (0.651)	0.036 (0.036)	2.604** (1.283)	0.238* (0.137)	1.216** (0.594)	0.112* (0.068)
Mail	12.177*** (1.362)	0.610** (0.272)	12.660*** (1.280)	0.541** (0.263)	13.176*** (1.261)	1.207*** (0.354)	13.758*** (1.131)	1.272*** (0.350)

注：括号内为标准误差，*、**、*** 分别表示在10%、5%、1%的水平上显著。

表7-12列示了分别以距离关系和相邻关系构建空间矩阵时，发明申请量对地区生产总值影响的效应分解。从核心解释变量发明申请量的估计结果来看，在四种估计中，发明申请量对地区生产总值的直接效应和间接效应均显著为正，并且估计结果在不同的模型中相差不大，较为稳健。与表7-12中的结果进行比较不难发现，发明申请量对地区生产总值的直接效应和间接效应均大于专利申请总量，说明相比其他种类的专利，江苏各地级市发明专利的申请量对本市和周边城市的地区生产总值的影响更大。

表 7-12　发明申请量对地区生产总值影响的效应分解

变量名称	相邻权重矩阵 W				距离权重矩阵 M			
	固定效应模型		随机效应模型		固定效应模型		随机效应模型	
	直接效应	间接效应	直接效应	间接效应	直接效应	间接效应	直接效应	间接效应
Appl_I	0.026*** (0.005)	0.002*** (0.001)	0.030*** (0.005)	0.002** (0.001)	0.028*** (0.005)	0.003*** (0.001)	0.032*** (0.005)	0.003*** (0.001)
Saving	0.623*** (0.061)	0.037*** (0.012)	0.643*** (0.058)	0.033*** (0.012)	0.600*** (0.059)	0.057*** (0.014)	0.611*** (0.056)	0.059*** (0.013)
FDI	13.983*** (3.183)	0.819** (0.359)	14.038*** (2.965)	0.723** (0.328)	13.934*** (3.186)	1.332*** (0.458)	14.092*** (2.845)	1.361*** (0.420)
Trade	0.583** (0.237)	0.034* (0.018)	0.656*** (0.149)	0.034** (0.015)	0.571** (0.243)	0.055* (0.029)	0.641*** (0.141)	0.062*** (0.022)
Fiscal	2.899*** (0.297)	0.170*** (0.060)	2.819*** (0.272)	0.145*** (0.055)	2.675*** (0.279)	0.256*** (0.064)	2.589*** (0.246)	0.250*** (0.060)
Pop	2.394* (1.314)	0.140 (0.098)	0.774 (0.630)	0.040 (0.039)	2.594** (1.291)	0.248* (0.142)	1.109** (0.564)	0.107 (0.067)
Mail	9.222*** (1.376)	0.540** (0.222)	9.141*** (1.312)	0.471** (0.205)	9.456*** (1.429)	0.904*** (0.301)	9.518*** (1.301)	0.919*** (0.285)

注：括号内为标准误差，*、**、***分别表示在10%、5%、1%的水平上显著。

（二）第二产业生产总值

以第二产业生产总值为被解释变量，分别以专利申请总量和发明申请量为核心解释变量，采用固定效应空间自回归模型和随机效应空间自回归模型对面板数据进行回归，回归结果见表7-13。表7-13中各个变量的回归系数和标准误在不同模型下相差不大，说明回归结果具有很好的稳健性。年末常住人口的回归系数几乎在所有模型中均不显著，邮政业务总量在以发明申请量为核心解释变量的模型中不显著；其他所有控制变量均显著为正，符合理论预期。相对于不考虑空间效应的情形，控制变量回归系数的显著性获得了明显的改善。

重点考察核心解释变量的回归系数和显著性水平不难发现，发明申请量对第二产业生产总值的影响略大于专利申请总量，以上核心变量的回归系数均显著为正，符合理论预期。需要指出的是，与表 7－5 中不考虑空间效应的回归结果相比较，考虑空间效应之后，发明申请量的回归系数由不显著变为显著。进一步考察因变量空间滞后项的回归系数，均高度显著为正，说明江苏各地级市的第二产业生产总值存在明显的空间效应。

另外，以上几个模型的 R^2 统计量均高于 0.97，说明这几个模型均很好地解释了固定资产投资的影响因素。从 AIC 和 BIC 的结果来看，基于相邻关系的空间矩阵比基于距离关系的空间矩阵更适合用于估计江苏各地级市第二产业生产总值的空间效应。

表 7－13　　专利申请总量对第二产业生产总值的影响（空间面板）

模型 矩阵 序号		专利申请总量				发明申请量			
		固定效应		随机效应		固定效应		随机效应	
		W (1)	M (2)	W (3)	M (4)	W (5)	M (6)	W (7)	M (8)
Main	Saving	0.266 *** (0.0311)	0.249 *** (0.0260)	0.268 *** (0.0305)	0.250 *** (0.0255)	0.287 *** (0.0343)	0.267 *** (0.0288)	0.294 *** (0.0328)	0.271 *** (0.0278)
	FDI	3.617 ** (1.748)	2.433 * (1.428)	4.259 ** (1.701)	2.926 ** (1.359)	5.173 *** (1.903)	3.446 ** (1.638)	5.489 *** (1.792)	3.910 *** (1.491)
	Trade	0.623 *** (0.116)	0.639 *** (0.108)	0.617 *** (0.0856)	0.644 *** (0.0810)	0.732 *** (0.126)	0.766 *** (0.120)	0.731 *** (0.0862)	0.772 *** (0.0787)
	Fiscal	1.035 *** (0.137)	0.973 *** (0.122)	1.033 *** (0.128)	0.975 *** (0.114)	1.104 *** (0.151)	1.030 *** (0.136)	1.083 *** (0.139)	1.000 *** (0.125)
	Pop	−0.392 (0.641)	−0.256 (0.563)	0.0460 (0.394)	0.223 (0.365)	0.111 (0.714)	0.210 (0.631)	0.190 (0.386)	0.445 (0.339)
	Mail	1.867 *** (0.650)	1.771 *** (0.546)	1.811 *** (0.632)	1.628 *** (0.514)	0.947 (0.756)	0.856 (0.680)	0.960 (0.721)	0.971 (0.638)
	Appl_T	0.006 *** (0.001)	0.006 *** (0.001)	0.005 *** (0.001)	0.005 *** (0.001)				
	Appl_I					0.006 ** (0.003)	0.005 ** (0.003)	0.006 ** (0.003)	0.004 * (0.002)

续表

模型 矩阵 序号		专利申请总量				发明申请量			
		固定效应		随机效应		固定效应		随机效应	
		W (1)	M (2)	W (3)	M (4)	W (5)	M (6)	W (7)	M (8)
空间滞后	GDP2	0.107 *** (0.0236)	0.155 *** (0.0233)	0.110 *** (0.0229)	0.162 *** (0.0229)	0.130 *** (0.0259)	0.183 *** (0.0253)	0.126 *** (0.0248)	0.190 *** (0.0245)
	e. GDP2	0.289 ** (0.137)	0.417 *** (0.127)	0.259 * (0.141)	0.389 *** (0.131)	0.275 * (0.143)	0.371 ** (0.145)	0.272 * (0.141)	0.336 ** (0.147)
	N	156	156	156	156	156	156	156	156
	pseudo R^2	0.972	0.974	0.974	0.979	0.974	0.979	0.974	0.981
	AIC	1684.6	1654.7	1903.4	1872.9	1713.6	1687.2	1929.4	1900.0
	BIC	1715.1	1685.2	1940.0	1909.5	1744.1	1717.7	1966.0	1936.6

注：括号内为标准误差，*、**、*** 分别表示在10%、5%、1%的水平上显著。

表7-14列示了分别以距离关系和相邻关系构建空间矩阵时，专利申请总量对第二产业生产总值影响的效应分解。从核心解释变量专利申请总量的估计结果来看，在四种估计中，专利申请总量对第二产业生产总值的直接效应和间接效应均显著为正，并且估计结果在不同的模型中相差不大，较为稳健。这说明，江苏各地级市专利申请总量的增长不但能带动本市第二产业生产总值的增长，还对省内其他地级市具有正向的带动作用。结合前文对地区生产总值的分析，这一结论不难理解，其背后的经济原理是一致的。

表7-14　　专利申请总量对第二产业生产总值影响的效应分解

变量名称	相邻权重矩阵 W				距离权重矩阵 M			
	固定效应模型		随机效应模型		固定效应模型		随机效应模型	
	直接效应	间接效应	直接效应	间接效应	直接效应	间接效应	直接效应	间接效应
Appl_T	0.006 *** (0.001)	0.001 *** (0.000)	0.005 *** (0.001)	0.001 *** (0.000)	0.006 *** (0.001)	0.001 *** (0.000)	0.005 *** (0.001)	0.001 *** (0.000)
Saving	0.267 *** (0.031)	0.028 *** (0.006)	0.268 *** (0.030)	0.029 *** (0.006)	0.249 *** (0.026)	0.043 *** (0.008)	0.251 *** (0.026)	0.045 *** (0.008)

续表

变量名称	相邻权重矩阵 W				距离权重矩阵 M			
	固定效应模型		随机效应模型		固定效应模型		随机效应模型	
	直接效应	间接效应	直接效应	间接效应	直接效应	间接效应	直接效应	间接效应
FDI	3.626 ** (1.754)	0.378 * (0.225)	4.270 ** (1.707)	0.458 * (0.234)	2.440 * (1.432)	0.416 (0.256)	2.935 ** (1.363)	0.525 ** (0.259)
Trade	0.624 *** (0.116)	0.065 *** (0.020)	0.619 *** (0.086)	0.066 *** (0.018)	0.641 *** (0.108)	0.109 *** (0.029)	0.646 *** (0.081)	0.116 *** (0.026)
Fiscal	1.038 *** (0.138)	0.108 *** (0.029)	1.036 *** (0.128)	0.111 *** (0.028)	0.975 *** (0.122)	0.166 *** (0.033)	0.978 *** (0.114)	0.175 *** (0.033)
Pop	-0.393 (0.643)	-0.041 (0.065)	0.046 (0.395)	0.005 (0.043)	-0.257 (0.565)	-0.044 (0.096)	0.224 (0.366)	0.040 (0.067)
Mail	1.871 *** (0.652)	0.195 ** (0.095)	1.816 *** (0.634)	0.195 ** (0.094)	1.776 *** (0.548)	0.303 *** (0.115)	1.633 *** (0.516)	0.292 *** (0.111)

注：括号内为标准误差，*、**、*** 分别表示在 10%、5%、1% 的水平上显著。

表 7-15 列示了分别以距离关系和相邻关系构建空间矩阵时，发明申请量对第二产业生产总值影响的效应分解。从核心解释变量发明申请量的估计结果来看，在四种估计中，发明申请量对第二产业生产总值的直接效应和间接效应均显著为正，并且估计结果在不同的模型中相差不大，较为稳健。与表 7-13 中的结果进行比较不难发现，发明申请量对第二产业生产总值的直接效应和间接效应与专利申请总量相差不大，说明相比其他种类的专利，发明专利在第二产业并没有表现出更强的经济带动作用。

表 7-15　　发明申请量对第二产业生产总值影响的效应分解

变量名称	相邻权重矩阵 W				距离权重矩阵 M			
	固定效应模型		随机效应模型		固定效应模型		随机效应模型	
	直接效应	间接效应	直接效应	间接效应	直接效应	间接效应	直接效应	间接效应
Appl_I	0.006 ** (0.003)	0.001 ** (0.000)	0.006 ** (0.003)	0.001 ** (0.000)	0.005 ** (0.003)	0.001 ** (0.001)	0.004 * (0.002)	0.001 * (0.001)
Saving	0.288 *** (0.034)	0.037 *** (0.008)	0.295 *** (0.033)	0.037 *** (0.007)	0.268 *** (0.029)	0.056 *** (0.010)	0.272 *** (0.028)	0.059 *** (0.009)

续表

变量名称	相邻权重矩阵 W				距离权重矩阵 M			
	固定效应模型		随机效应模型		固定效应模型		随机效应模型	
	直接效应	间接效应	直接效应	间接效应	直接效应	间接效应	直接效应	间接效应
FDI	5.192*** (1.912)	0.672** (0.320)	5.508*** (1.800)	0.688** (0.300)	3.460** (1.645)	0.718** (0.365)	3.927*** (1.497)	0.852** (0.349)
Trade	0.734*** (0.127)	0.095*** (0.026)	0.733*** (0.865)	0.092*** (0.022)	0.769*** (0.120)	0.160*** (0.039)	0.775*** (0.079)	0.168*** (0.033)
Fiscal	1.109*** (0.151)	0.144*** (0.036)	1.087*** (0.139)	0.136*** (0.033)	1.034*** (0.137)	0.215*** (0.041)	1.004*** (0.125)	0.218*** (0.039)
Pop	0.112 (0.717)	0.014 (0.094)	0.190 (0.388)	0.024 (0.050)	0.211 (0.634)	0.044 (0.132)	0.447 (0.340)	0.097 (0.079)
Mail	0.951 (0.759)	0.123 (0.112)	0.964 (0.724)	0.120 (0.104)	0.859 (0.683)	0.178 (0.154)	0.975 (0.642)	0.212 (0.152)

注：括号内为标准误差，*、**、*** 分别表示在 10%、5%、1% 的水平上显著。

（三）工业生产总值

以工业生产总值为被解释变量，分别以专利申请总量和发明申请量为核心解释变量，采用固定效应空间自回归模型和随机效应空间自回归模型对面板数据进行回归，回归结果见表 7－16。表 7－16 中各个变量的回归系数和标准误在不同模型下相差不大，说明回归结果具有很好的稳健性。年末常住人口的回归系数几乎在所有模型中均不显著；其他所有控制变量几乎全部显著为正，符合理论预期。相对于不考虑空间效应的情形，控制变量回归系数的显著性获得了明显的改善。

表 7－16　　专利申请总量对工业生产总值的影响（空间面板）

模型 矩阵 序号		专利申请总量				发明申请量			
		固定效应		随机效应		固定效应		随机效应	
		W (1)	M (2)	W (3)	M (4)	W (5)	M (6)	W (7)	M (8)
Main	Saving	0.187*** (0.0301)	0.180*** (0.0250)	0.192*** (0.0293)	0.183*** (0.0245)	0.207*** (0.0334)	0.199*** (0.0278)	0.218*** (0.0319)	0.204*** (0.0268)

续表

模型 矩阵 序号		专利申请总量				发明申请量			
		固定效应		随机效应		固定效应		随机效应	
		W (1)	M (2)	W (3)	M (4)	W (5)	M (6)	W (7)	M (8)
Main	FDI	3.864** (1.809)	2.023 (1.400)	4.706*** (1.753)	2.711** (1.346)	5.319*** (1.953)	3.001* (1.616)	5.837*** (1.846)	3.775** (1.491)
	Trade	0.592*** (0.111)	0.643*** (0.103)	0.632*** (0.0861)	0.683*** (0.0811)	0.697*** (0.122)	0.761*** (0.115)	0.753*** (0.0878)	0.815*** (0.0791)
	Fiscal	0.878*** (0.129)	0.798*** (0.117)	0.850*** (0.121)	0.777*** (0.110)	0.945*** (0.144)	0.852*** (0.133)	0.901*** (0.134)	0.796*** (0.122)
	Pop	0.100 (0.627)	0.102 (0.542)	0.177 (0.404)	0.300 (0.361)	0.601 (0.701)	0.561 (0.607)	0.295 (0.409)	0.490 (0.345)
	Mail	2.438*** (0.668)	2.134*** (0.531)	2.532*** (0.653)	2.142*** (0.503)	1.470* (0.778)	1.226* (0.667)	1.559** (0.741)	1.481** (0.630)
	Appl_T	0.006*** (0.001)	0.005*** (0.001)	0.005*** (0.001)	0.005*** (0.001)				
	Appl_I					0.006** (0.003)	0.005** (0.003)	0.007** (0.002)	0.004* (0.002)
空间滞后	GDPI	0.133*** (0.0272)	0.186*** (0.0245)	0.135*** (0.0261)	0.193*** (0.0240)	0.160*** (0.0299)	0.216*** (0.0269)	0.153*** (0.0282)	0.224*** (0.0260)
	e.GDPI	0.137 (0.167)	0.315** (0.149)	0.102 (0.169)	0.267* (0.158)	0.137 (0.172)	0.290* (0.166)	0.145 (0.165)	0.228 (0.174)
	N	156	156	156	156	156	156	156	156
	pseudo R^2	0.966	0.972	0.966	0.974	0.962	0.975	0.966	0.976
	AIC	1676.0	1643.6	1896.0	1862.4	1705.9	1676.6	1923.8	1890.8
	BIC	1706.5	1674.1	1932.6	1899.0	1736.4	1707.1	1960.4	1927.4

注：括号内为标准误差，*、**、*** 分别表示在 10%、5%、1% 的水平上显著。

重点考察核心解释变量的回归系数和显著性水平不难发现，发明申请量与专利申请总量对工业生产总值的影响没有明显区别，以上核心变量的回归系数均显著为正，符合理论预期。需要指出的是，与表 7－6 中不考虑空间效应的回归结果相比较，考虑空间效应之后，发明申请量的回归系数由不显著变为显著。进一步考察因变量空间滞后项的回归系数，均高度显著为正，说明江苏各地级市的工业生产总值存在明显的空间效应。

另外，以上几个模型的 R^2 统计量均高于 0.96，说明这几个模型均很好地解释了固定资产投资的影响因素。从 AIC 和 BIC 的结果来看，基于相邻关系的空间矩阵比基于距离关系的空间矩阵更适合用于估计江苏各地级市工业生产总值的空间效应。

表 7－17 列示了分别以距离关系和相邻关系构建空间矩阵时，专利申请总量对工业生产总值影响的效应分解。从核心解释变量专利申请总量的估计结果来看，在四种估计中，专利申请总量对工业生产总值的直接效应和间接效应均显著为正，并且估计结果在不同的模型中相差不大，较为稳健。这说明，江苏各地级市专利申请总量的增长不但能带动本市工业生产总值的增长，还对省内其他地级市具有正向的带动作用。结合前文对地区生产总值和第二产业生产总值的分析，考虑工业与第二产业之间的关系，这一结论不难理解。

表 7－17　专利申请总量对工业生产总值影响的效应分解

变量名称	相邻权重矩阵 W				距离权重矩阵 M			
	固定效应模型		随机效应模型		固定效应模型		随机效应模型	
	直接效应	间接效应	直接效应	间接效应	直接效应	间接效应	直接效应	间接效应
Appl_T	0.006 *** (0.001)	0.001 *** (0.000)	0.005 *** (0.001)	0.001 *** (0.000)	0.005 *** (0.001)	0.001 *** (0.000)	0.005 *** (0.001)	0.001 *** (0.000)
Saving	0.188 *** (0.030)	0.025 *** (0.005)	0.193 *** (0.029)	0.026 *** (0.005)	0.181 *** (0.025)	0.038 *** (0.007)	0.184 *** (0.026)	0.041 *** (0.007)
FDI	3.879 ** (1.818)	0.517 * (0.305)	4.725 *** (1.762)	0.640 ** (0.315)	2.031 (1.406)	0.429 (0.307)	2.723 ** (1.352)	0.603 * (0.315)
Trade	0.595 *** (0.111)	0.079 *** (0.023)	0.634 *** (0.086)	0.086 *** (0.022)	0.645 *** (0.104)	0.136 *** (0.034)	0.686 *** (0.082)	0.152 *** (0.032)
Fiscal	0.882 *** (0.130)	0.117 *** (0.030)	0.854 *** (0.121)	0.116 *** (0.028)	0.801 *** (0.117)	0.169 *** (0.033)	0.780 *** (0.110)	0.173 *** (0.032)
Pop	0.101 (0.630)	0.013 (0.085)	0.178 (0.406)	0.024 (0.057)	0.102 (0.544)	0.022 (0.115)	0.301 (0.363)	0.067 (0.083)
Mail	2.448 *** (0.672)	0.326 ** (0.139)	2.543 *** (0.658)	0.344 ** (0.140)	2.143 *** (0.534)	0.453 *** (0.145)	2.152 *** (0.506)	0.477 *** (0.145)

注：括号内为标准误差，*、**、*** 分别表示在 10%、5%、1% 的水平上显著。

表7－18列示了分别以距离关系和相邻关系构建空间矩阵时，发明申请量对工业生产总值影响的效应分解。从核心解释变量发明申请量的估计结果来看，在四种估计中，发明申请量对工业生产总值的直接效应和间接效应均显著为正，并且估计结果在不同的模型中相差不大，较为稳健。与表7－17中的结果进行比较不难发现，和第二产业生产总值的情况类似，发明申请量对工业生产总值的直接效应和间接效应与专利申请总量相差不大，说明相比其他种类的专利，发明专利在工业领域并没有表现出更强的经济带动作用。

表7－18　　发明申请量对工业生产总值影响的效应分解

变量名称	相邻权重矩阵 W				距离权重矩阵 M			
	固定效应模型		随机效应模型		固定效应模型		随机效应模型	
	直接效应	间接效应	直接效应	间接效应	直接效应	间接效应	直接效应	间接效应
Appl_I	0.006** (0.003)	0.001** (0.000)	0.006** (0.002)	0.001** (0.000)	0.005** (0.003)	0.001** (0.001)	0.004* (0.002)	0.001* (0.001)
Saving	0.208*** (0.033)	0.034*** (0.007)	0.219*** (0.032)	0.034*** (0.007)	0.268*** (0.029)	0.056*** (0.010)	0.205*** (0.027)	0.054*** (0.009)
FDI	5.349*** (1.968)	0.874** (0.423)	5.867*** (1.859)	0.911** (0.393)	3.460** (1.645)	0.718** (0.365)	3.799** (1.500)	1.010** (0.425)
Trade	0.701*** (0.122)	0.115*** (0.030)	0.757*** (0.088)	0.117*** (0.027)	0.769*** (0.120)	0.160*** (0.039)	0.820*** (0.080)	0.218*** (0.041)
Fiscal	0.950*** (0.144)	0.155*** (0.037)	0.905*** (0.134)	0.141*** (0.033)	1.034*** (0.137)	0.215*** (0.041)	0.801*** (0.122)	0.213*** (0.039)
Pop	0.604 (0.705)	0.099 (0.123)	0.296 (0.411)	0.046 (0.068)	0.211 (0.634)	0.044 (0.132)	0.493 (0.347)	0.131 (0.099)
Mail	1.478* (0.784)	0.241 (0.160)	1.567** (0.746)	0.243* (0.147)	0.859 (0.683)	0.178 (0.154)	1.490** (0.634)	0.396** (0.195)

注：括号内为标准误差，*、**、***分别表示在10%、5%、1%的水平上显著。

二、从实体经济资产投资角度分析知识产权对供给侧结构性改革的影响

（一）工业资产总值

以工业资产总值为被解释变量，分别以专利申请总量和发明申请量为核心解

释变量，采用固定效应空间自回归模型和随机效应空间自回归模型对面板数据进行回归，回归结果见表7－19。表7－19中各个变量的回归系数和标准误在不同模型下相差不大，说明回归结果具有很好的稳健性。年末常住人口的回归系数在固定效应模型下显著为正，邮政业务总量仅在部分模型下显著为正。外商直接投资的回归系数全部显著为负，这可能是由于近年来服务业的高速发展吸引了部分外商直接投资，导致外商直接投资的增长主要流向了服务业。其他所有控制变量的回归系数全部显著为正，符合理论预期。相对于不考虑空间效应的情形，控制变量回归系数的显著性获得了明显的改善。

表7－19　　专利申请总量对工业资产总值的影响（空间面板）

模型 矩阵 序号		专利申请总量				发明申请量			
		固定效应		随机效应		固定效应		随机效应	
		W (1)	M (2)	W (3)	M (4)	W (5)	M (6)	W (7)	M (8)
Main	Saving	0.603*** (0.168)	0.676*** (0.163)	0.748*** (0.170)	0.766*** (0.159)	0.606*** (0.163)	0.685*** (0.161)	0.767*** (0.164)	0.780*** (0.157)
	FDI	－22.77*** (8.756)	－27.45*** (8.439)	－16.23* (8.468)	－19.54** (7.922)	－21.74** (8.453)	－26.76*** (8.354)	－14.24* (8.255)	－18.76** (7.872)
	Trade	2.666*** (0.632)	3.314*** (0.638)	4.355*** (0.485)	4.799*** (0.419)	2.694*** (0.617)	3.323*** (0.624)	4.401*** (0.466)	4.833*** (0.405)
	Fiscal	4.281*** (0.756)	3.528*** (0.724)	3.369*** (0.768)	2.496*** (0.687)	4.335*** (0.732)	3.615*** (0.717)	3.436*** (0.732)	2.631*** (0.678)
	Pop	15.82*** (3.591)	13.36*** (3.477)	2.462 (2.527)	2.135 (1.817)	15.16*** (3.541)	12.98*** (3.462)	2.247 (2.413)	1.968 (1.790)
	Mail	0.669 (3.253)	1.250 (3.333)	4.627 (3.295)	6.599** (3.188)	－3.267 (3.470)	－1.850 (3.586)	－1.016 (3.468)	2.211 (3.531)
	Appl_T	0.009* (0.005)	0.007 (0.005)	0.015*** (0.005)	0.010** (0.005)				
	Appl_I					0.035*** (0.013)	0.025* (0.014)	0.049*** (0.013)	0.033** (0.013)

续表

模型 矩阵 序号		专利申请总量				发明申请量			
		固定效应		随机效应		固定效应		随机效应	
		W (1)	M (2)	W (3)	M (4)	W (5)	M (6)	W (7)	M (8)
空间滞后	Asset	0.181 *** (0.0348)	0.216 *** (0.0383)	0.153 *** (0.0352)	0.229 *** (0.0410)	0.182 *** (0.0336)	0.211 *** (0.0378)	0.159 *** (0.0340)	0.226 *** (0.0404)
	e. Asset	0.140 (0.148)	0.174 (0.194)	0.262 ** (0.133)	0.299 * (0.157)	0.136 (0.144)	0.154 (0.201)	0.247 * (0.131)	0.280 * (0.164)
	N	156	156	156	156	156	156	156	156
	pseudo R^2	0.820	0.894	0.957	0.969	0.828	0.896	0.959	0.970
	AIC	2174.5	2173.8	2443.1	2434.6	2170.9	2172.2	2438.3	2432.5
	BIC	2205.0	2204.3	2479.7	2471.2	2201.4	2202.7	2474.9	2469.1

注：括号内为标准误差，*、**、*** 分别表示在10%、5%、1%的水平上显著。

重点考察核心解释变量的回归系数和显著性水平不难发现，发明申请量与专利申请总量对工业资产总值的影响没有明显区别，以上核心变量的回归系数均显著为正，符合理论预期。进一步考察因变量空间滞后项的回归系数，均高度显著为正，说明江苏各地级市的工业资产总值存在明显的空间效应。

另外，以上几个模型的 R^2 统计量均高于0.96，说明这几个模型均很好地解释了固定资产投资的影响因素。从AIC和BIC的结果来看，基于相邻关系的空间矩阵比基于距离关系的空间矩阵更适合用于估计江苏各地级市工业资产总值的空间效应。

表7－20列示了分别以距离关系和相邻关系构建空间矩阵时，专利申请总量对工业资产总值影响的效应分解。从核心解释变量专利申请总量的估计结果来看，在四种估计中，专利申请总量对工业资产总值的直接效应和间接效应均显著为正，并且估计结果在不同的模型中相差不大，较为稳健。这说明，江苏各地级市专利申请总量的增长不但能带动本市工业资产总值的积累，还对省内其他地级市具有正向的带动作用。结合前文对工业生产总值的分析，专利申请总量能够带动工业生产总值的增长，那么必然有利于工业盈余留存和再生产，在长期形成工业资产积累与再生产的良性循环。所以此处结论背后的经济逻辑是非常清晰的。

表 7-20　　专利申请总量对工业资产总值影响的效应分解

变量名称	相邻权重矩阵 W				距离权重矩阵 M			
	固定效应模型		随机效应模型		固定效应模型		随机效应模型	
	直接效应	间接效应	直接效应	间接效应	直接效应	间接效应	直接效应	间接效应
Appl_T	0.010* (0.005)	0.002* (0.001)	0.015*** (0.005)	0.002*** (0.001)	0.007 (0.005)	0.002 (0.001)	0.010** (0.005)	0.003** (0.001)
Saving	0.607*** (0.168)	0.115*** (0.034)	0.752*** (0.171)	0.117*** (0.033)	0.680*** (0.163)	0.172*** (0.047)	0.771*** (0.159)	0.211*** (0.053)
FDI	-22.938*** (8.812)	-4.331** (1.816)	-16.311* (8.510)	-2.545* (1.439)	-27.605*** (8.492)	-6.994** (2.738)	-19.669** (7.978)	-5.379** (2.587)
Trade	2.686*** (0.637)	0.507*** (0.165)	4.378*** (0.488)	0.683*** (0.193)	3.333*** (0.643)	0.844*** (0.268)	4.831*** (0.425)	1.321*** (0.344)
Fiscal	4.313*** (0.761)	0.814*** (0.224)	3.386*** (0.772)	0.528*** (0.180)	3.548*** (0.727)	0.899*** (0.252)	2.512*** (0.691)	0.687*** (0.230)
Pop	15.941*** (3.631)	3.010*** (1.092)	2.475 (2.543)	0.386 (0.438)	13.436*** (3.499)	3.404*** (1.212)	2.149 (1.830)	0.588 (0.542)
Mail	0.674 (3.278)	0.127 (0.627)	4.651 (3.315)	0.726 (0.590)	1.258 (3.353)	0.319 (0.867)	6.642** (3.212)	1.816* (1.047)

注：括号内为标准误差，*、**、*** 分别表示在 10%、5%、1% 的水平上显著。

表 7-21 列示了分别以距离关系和相邻关系构建空间矩阵时，发明申请量对工业资产总值影响的效应分解。从核心解释变量发明申请量的估计结果来看，在四种估计中，发明申请量对工业资产总值的直接效应和间接效应均显著为正，并且估计结果在不同的模型中相差不大，较为稳健。与表 7-20 中的结果进行比较不难发现，发明申请量对工业资产总值的直接效应和间接效应明显大于专利申请总量，说明相对于其他种类的专利，发明专利更加能够带动工业资产的积累。

表 7 – 21　　发明申请量对工业资产总值影响的效应分解

变量名称	相邻权重矩阵 W				距离权重矩阵 M			
	固定效应模型		随机效应模型		固定效应模型		随机效应模型	
	直接效应	间接效应	直接效应	间接效应	直接效应	间接效应	直接效应	间接效应
Appl_I	0.036*** (0.013)	0.007** (0.003)	0.049*** (0.013)	0.008*** (0.003)	0.025* (0.014)	0.006* (0.003)	0.034** (0.013)	0.009** (0.004)
Saving	0.610*** (0.164)	0.116*** (0.032)	0.771*** (0.164)	0.125*** (0.032)	0.689*** (0.161)	0.170*** (0.045)	0.785*** (0.157)	0.210*** (0.051)
FDI	-21.904*** (8.511)	-4.156** (1.779)	-14.316* (8.300)	-2.321 (1.433)	-26.908*** (8.406)	-6.643** (2.670)	-18.879*** (7.927)	-5.063** (2.519)
Trade	2.714*** (0.621)	0.515*** (0.159)	4.425*** (0.469)	0.718*** (0.189)	3.342*** (0.629)	0.825*** (0.258)	4.863*** (0.410)	1.304*** (0.333)
Fiscal	4.368*** (0.736)	0.829*** (0.219)	3.455*** (0.735)	0.560*** (0.179)	3.635*** (0.720)	0.897*** (0.244)	2.648*** (0.682)	0.710*** (0.224)
Pop	15.277*** (3.579)	2.899*** (1.038)	2.260 (2.428)	0.366 (0.429)	13.055*** (3.484)	3.223*** (1.164)	1.981 (1.802)	0.531 (0.521)
Mail	-3.292 (3.493)	-0.625 (0.633)	-1.022 (3.487)	-0.166 (0.555)	-1.860 (3.604)	-0.459 (0.862)	2.225 (3.555)	0.597 (1.006)

注：括号内为标准误差，*、**、*** 分别表示在 10%、5%、1% 的水平上显著。

（二）固定资产投资

以固定资产投资为被解释变量，分别以专利申请总量和发明申请量为核心解释变量，采用固定效应空间自回归模型和随机效应空间自回归模型对面板数据进行回归，回归结果见表 7 – 22。表 7 – 22 中各个变量的回归系数和标准误在不同模型下相差不大，说明回归结果具有很好的稳健性。年末常住人口和邮政业务总量几乎全部显著为负，可能是由于一方面邮政业务的发展让生产地和市场之间距离扩大成为可能，本地的生产性投资被外地的企业生产能力所替代；另一方面人口的增长更多地表现在市场的扩大，并且人力资本大量流向的第三产业，尤其是电子商务的兴起让固定资产投资与就业量之间的关系也较过去弱化。其他所有控制变量的回归系数几乎全部显著为正，符合理论预期。相对于不考虑空间效应的情形，控制变量回归系数的显著性获得了明显的改善。

重点考察核心解释变量的回归系数和显著性水平不难发现，发明申请量对固定资产投资的影响大于专利申请总量，以上核心变量的回归系数均显著为正，符合理论预期。进一步考察因变量空间滞后项的回归系数，均高度显著为正，说明江苏各地级市的固定资产投资存在明显的空间效应。

另外，从 AIC 和 BIC 的结果来看，基于相邻关系的空间矩阵比基于距离关系的空间矩阵更适合用于估计江苏各地级市固定资产投资的空间效应。

表 7－22　　专利申请总量对固定资产投资的影响（空间面板）

模型 矩阵 序号		专利申请总量				发明申请量			
		固定效应		随机效应		固定效应		随机效应	
		W (1)	M (2)	W (3)	M (4)	W (5)	M (6)	W (7)	M (8)
Main	Saving	0.914*** (0.0696)	0.840*** (0.0691)	0.857*** (0.0760)	0.769*** (0.0782)	0.954*** (0.0648)	0.848*** (0.0660)	0.909*** (0.0686)	0.781*** (0.0747)
	FDI	20.58*** (3.456)	21.63*** (3.676)	16.94*** (3.899)	15.11*** (4.552)	21.02*** (3.156)	21.48*** (3.532)	18.41*** (3.387)	15.48*** (4.375)
	Trade	0.937*** (0.281)	0.602** (0.284)	0.274 (0.383)	－0.213 (0.363)	0.919*** (0.258)	0.580** (0.270)	0.428 (0.319)	－0.191 (0.356)
	Fiscal	1.814*** (0.366)	1.791*** (0.341)	2.186*** (0.407)	2.313*** (0.394)	1.545*** (0.348)	1.829*** (0.328)	1.835*** (0.374)	2.334*** (0.388)
	Pop	－9.120*** (1.509)	－6.575*** (1.503)	－5.298*** (1.938)	－2.416 (1.524)	－9.998*** (1.414)	－7.082*** (1.449)	－6.937*** (1.762)	－2.852* (1.653)
	Mail	－8.549*** (1.499)	－9.343*** (1.497)	－9.973*** (1.607)	－11.25*** (1.552)	－11.17*** (1.455)	－12.20*** (1.573)	－12.10*** (1.524)	－14.07*** (1.730)
	Appl_T	0.005** (0.002)	0.005** (0.002)	0.005** (0.002)	0.005** (0.002)				
	Appl_I					0.028*** (0.006)	0.023*** (0.006)	0.026*** (0.006)	0.023*** (0.006)

续表

模型 矩阵 序号		专利申请总量				发明申请量			
		固定效应		随机效应		固定效应		随机效应	
		W (1)	M (2)	W (3)	M (4)	W (5)	M (6)	W (7)	M (8)
空间滞后	Fixed	0.108 ** (0.0488)	0.180 *** (0.0585)	0.0923 * (0.0501)	0.153 ** (0.0618)	0.117 ** (0.0477)	0.174 *** (0.0581)	0.100 ** (0.0484)	0.146 ** (0.0614)
	e. Fixed	0.774 *** (0.0517)	0.774 *** (0.0536)	0.755 *** (0.0588)	0.760 *** (0.0608)	0.794 *** (0.0475)	0.785 *** (0.0509)	0.780 *** (0.0522)	0.772 *** (0.0570)
	N	156	156	156	156	156	156	156	156
	pseudo R^2	0.523	0.652	0.715	0.845	0.480	0.635	0.621	0.834
	AIC	1951.5	1950.7	2210.1	2202.0	1933.4	1940.9	2194.9	2193.2
	BIC	1982.0	1981.2	2246.7	2238.6	1963.9	1971.4	2231.5	2229.8

注：括号内为标准误差，*、**、*** 分别表示在 10%、5%、1% 的水平上显著。

表 7－23 列示了分别以距离关系和相邻关系构建空间矩阵时，专利申请总量对固定资产投资影响的效应分解。从核心解释变量专利申请总量的估计结果来看，在四种估计中，专利申请总量对固定资产投资的直接效应和间接效应均显著为正，并且估计结果在不同的模型中相差不大，较为稳健。这说明，江苏各地级市专利申请总量的增长不但能带动本市固定资产投资的积累，还对省内其他地级市具有正向的带动作用。

表 7－23　　专利申请总量对固定资产投资影响的效应分解

变量名称	相邻权重矩阵 W				距离权重矩阵 M			
	固定效应模型		随机效应模型		固定效应模型		随机效应模型	
	直接效应	间接效应	直接效应	间接效应	直接效应	间接效应	直接效应	间接效应
Appl_T	0.003 (0.003)	0.000 (0.000)	0.003 (0.003)	0.000 (0.000)	0.003 (0.003)	0.001 (0.001)	0.002 (0.003)	0.001 (0.001)
Saving	0.992 *** (0.078)	0.143 * (0.074)	0.942 *** (0.081)	0.117 (0.072)	0.895 *** (0.076)	0.252 *** (0.108)	0.842 *** (0.080)	0.200 ** (0.100)

续表

变量名称	相邻权重矩阵 W				距离权重矩阵 M			
	固定效应模型		随机效应模型		固定效应模型		随机效应模型	
	直接效应	间接效应	直接效应	间接效应	直接效应	间接效应	直接效应	间接效应
FDI	22.322*** (3.886)	3.208* (1.814)	19.202*** (4.130)	2.381 (1.597)	23.206*** (4.042)	6.529** (3.046)	18.160*** (4.604)	4.314* (2.473)
Trade	1.398*** (0.314)	0.201* (0.113)	0.818** (0.383)	0.101 (0.078)	1.111*** (0.312)	0.313*** (0.163)	0.420 (0.400)	0.100 (0.112)
Fiscal	0.655 (0.409)	0.094 (0.073)	0.985** (0.434)	0.122 (0.089)	0.861** (0.375)	0.242*** (0.136)	1.291*** (0.413)	0.307* (0.166)
Pop	-11.585*** (1.681)	-1.665* (0.893)	-8.107*** (2.027)	-1.005 (0.663)	-9.232*** (1.647)	-2.598*** (1.184)	-5.330*** (1.988)	-1.266 (0.800)
Mail	-11.425*** (1.663)	-1.642* (0.851)	-12.713*** (1.739)	-1.577* (0.953)	-13.217*** (1.635)	-3.719 (1.580)	-14.956*** (1.731)	-3.553** (1.730)

注：括号内为标准误差，*、**、*** 分别表示在10%、5%、1%的水平上显著。

表7-24列示了分别以距离关系和相邻关系构建空间矩阵时，发明申请量对固定资产投资影响的效应分解。从核心解释变量发明申请量的估计结果来看，在四种估计中，发明申请量对固定资产投资的直接效应和间接效应均显著为正，并且估计结果在不同的模型中相差不大，较为稳健。与表7-23中的结果进行比较不难发现，发明申请量对固定资产投资的直接效应和间接效应明显大于专利申请总量，说明相对于其他种类的专利，发明专利更加有利于固定资产投资的增长。

表7-24　　发明申请量对固定资产投资影响的效应分解

变量名称	相邻权重矩阵 W				距离权重矩阵 M			
	固定效应模型		随机效应模型		固定效应模型		随机效应模型	
	直接效应	间接效应	直接效应	间接效应	直接效应	间接效应	直接效应	间接效应
Appl_I	0.020*** (0.007)	0.003* (0.002)	0.018*** (0.007)	0.002 (0.002)	0.014** (0.007)	0.004 (0.002)	0.012* (0.007)	0.003 (0.002)
Saving	1.017*** (0.075)	0.148** (0.076)	0.970*** (0.078)	0.120* (0.073)	0.898*** (0.074)	0.247** (0.107)	0.846*** (0.078)	0.195** (0.099)

续表

变量名称	相邻权重矩阵 W				距离权重矩阵 M			
	固定效应模型		随机效应模型		固定效应模型		随机效应模型	
	直接效应	间接效应	直接效应	间接效应	直接效应	间接效应	直接效应	间接效应
FDI	22.452*** (3.698)	3.262* (1.806)	19.707*** (3.886)	2.440 (1.607)	23.075*** (3.981)	6.353** (2.986)	-18.246*** (4.510)	4.210* (2.429)
Trade	1.373*** (0.300)	0.200* (0.111)	0.863** (0.355)	0.107 (0.078)	1.092*** (0.304)	0.301* (0.157)	0.424 (0.390)	0.098 (0.107)
Fiscal	0.451 (0.404)	0.065 (0.066)	0.757* (0.427)	0.094 (0.0755)	0.880** (0.370)	0.242* (0.134)	1.296*** (0.408)	0.299* (0.162)
Pop	-12.249*** (1.642)	-1.780* (0.943)	-9.060*** (1.956)	-1.122 (0.728)	-9.558*** (1.629)	-2.631* (1.207)	-5.683*** (2.014)	-1.311 (0.825)
Mail	-13.229*** (1.684)	-1.922* (0.982)	-14.196*** (1.742)	-1.757* (1.057)	-14.881*** (1.759)	-4.097* (1.737)	-16.442*** (1.877)	-3.79** (1.856)

注：括号内为标准误差，*、**、*** 分别表示在 10%、5%、1% 的水平上显著。

综上所述，江苏实体经济发展存在显著的空间效应，知识产权的发展对实体经济发展具有显著的促进作用。考虑了空间效应之后，计量模型回归结果的显著性水平获得了明显改善。具体地，相对于其他专利种类，发明对实体经济的影响明显更大。另外，是否相邻比距离远近更适合用于衡量江苏实体经济发展的空间效应，可见江苏省内相邻的地级市之间更容易产生实体经济的溢出效应。

三、从第三产业增加值角度分析知识产权对供给侧结构性改革的影响

以第三产业增加值作为被解释变量，分别以专利申请总量和发明申请量为核心解释变量，采用固定效应空间自回归模型和随机效应空间自回归模型对面板数据进行回归，回归结果见表 7－25。表 7－25 中各个变量的回归系数和标准误在不同模型下相差不大，说明回归结果具有很好的稳健性。相对于基准模型，核心解释变量和部分控制变量的显著性水平得到了明显的改善。

重点考察核心解释变量的回归系数和显著性水平不难发现，发明申请量与专利申请总量对第三产业增加值的影响均显著为正，符合理论预期。进一步考察因

变量空间滞后项的回归系数，第三产业增加值的滞后项不显著，但是误差项的滞后项显著为正，说明江苏各地级市的第三产业增加值存在明显的空间效应。

另外，以上几个模型的 R^2 统计量均高于 0.91，说明这几个模型均很好地解释了第三产业发展的影响因素。从 AIC 和 BIC 的结果来看，基于相邻关系的空间矩阵比基于距离关系的空间矩阵更适合用于估计江苏各地级市第三产业增加值的空间效应。

表 7-25　　专利申请总量对第三产业增加值的影响（空间面板）

模型		专利申请总量				发明申请量			
		固定效应		随机效应		固定效应		随机效应	
矩阵 序号		W (1)	M (2)	W (3)	M (4)	W (5)	M (6)	W (7)	M (8)
Main	Saving	0.314*** (0.0443)	0.339*** (0.0442)	0.332*** (0.0435)	0.351*** (0.0430)	0.334*** (0.0400)	0.343*** (0.0397)	0.351*** (0.0383)	0.351*** (0.0380)
	FDI	9.208*** (2.159)	10.20*** (2.331)	9.371*** (2.081)	10.41*** (2.196)	9.781*** (1.986)	10.17*** (2.081)	10.05*** (1.887)	10.50*** (1.925)
	Trade	-0.126 (0.169)	-0.184 (0.182)	0.0269 (0.117)	-0.0359 (0.121)	-0.139 (0.154)	-0.196 (0.161)	-0.00995 (0.0969)	-0.0491 (0.0970)
	Fiscal	1.436*** (0.238)	1.013*** (0.210)	1.294*** (0.229)	0.877*** (0.193)	1.265*** (0.207)	1.072*** (0.188)	1.158*** (0.190)	0.979*** (0.170)
	Pop	2.918*** (0.920)	3.058*** (0.954)	0.693 (0.575)	0.859 (0.542)	2.353*** (0.854)	2.471*** (0.863)	0.453 (0.437)	0.565 (0.413)
	Mail	11.69*** (0.974)	12.87*** (0.938)	12.50*** (0.944)	13.79*** (0.866)	9.815*** (0.897)	9.874*** (0.956)	9.948*** (0.868)	10.15*** (0.893)
	Appl_T	0.00456*** (0.00144)	0.00587*** (0.00148)	0.00639*** (0.00145)	0.00760*** (0.00144)				
	Appl_I					0.0217*** (0.00345)	0.0253*** (0.00346)	0.0265*** (0.00342)	0.0296*** (0.00338)

续表

模型 矩阵 序号		专利申请总量				发明申请量			
		固定效应		随机效应		固定效应		随机效应	
		W (1)	M (2)	W (3)	M (4)	W (5)	M (6)	W (7)	M (8)
空间滞后	AVI3	0.0134 (0.0288)	0.0456 (0.0294)	0.00325 (0.0281)	0.0409 (0.0290)	0.0195 (0.0243)	0.0343 (0.0265)	0.0105 (0.0236)	0.0322 (0.0258)
	e. AVI3	0.573 *** (0.101)	0.424 *** (0.145)	0.555 *** (0.102)	0.395 *** (0.147)	0.480 *** (0.112)	0.406 *** (0.144)	0.446 *** (0.114)	0.356 ** (0.148)
	N	156	156	156	156	156	156	156	156
	pseudo R^2	0.919	0.926	0.966	0.967	0.943	0.946	0.977	0.978
	AIC	1795.2	1805.8	2024.6	2033.9	1769.4	1775.1	1991.4	1995.5
	BIC	1825.7	1836.3	2061.2	2070.5	1799.9	1805.6	2028.0	2032.1

注：括号内为标准误差，*、**、*** 分别表示在10%、5%、1%的水平上显著。

表7-26列示了分别以距离关系和相邻关系构建空间矩阵时，专利申请总量对第三产业增加值影响的效应分解。从核心解释变量专利申请总量的估计结果来看，在四种估计中，专利申请总量对第三产业增加值的直接效应均显著为正，并且估计结果在不同的模型中相差不大，较为稳健；专利申请总量对第三产业增加值的间接效应不显著。这说明，江苏各地级市专利申请总量的增长能带动本市第三产业发展，但是对省内其他地级市没有明显的影响。

表7-26　　专利申请总量对第三产业增加值影响的效应分解

变量名称	相邻权重矩阵 W				距离权重矩阵 M			
	固定效应模型		随机效应模型		固定效应模型		随机效应模型	
	直接效应	间接效应	直接效应	间接效应	直接效应	间接效应	直接效应	间接效应
Appl_T	0.004 *** (0.001)	0.000 (0.000)	0.006 *** (0.001)	0.000 (0.000)	0.006 *** (0.001)	0.000 (0.000)	0.008 *** (0.001)	0.000 (0.000)
Saving	0.314 *** (0.044)	0.004 (0.008)	0.339 *** (0.044)	0.015 (0.010)	0.332 *** (0.043)	0.001 (0.008)	0.351 *** (0.043)	0.014 (0.010)

续表

变量名称	相邻权重矩阵 W				距离权重矩阵 M			
	固定效应模型		随机效应模型		固定效应模型		随机效应模型	
	直接效应	间接效应	直接效应	间接效应	直接效应	间接效应	直接效应	间接效应
FDI	9.209*** (2.160)	0.111 (0.247)	10.200*** (2.331)	0.459 (0.324)	9.370*** (2.081)	0.027 (0.238)	10.415*** (2.196)	0.419 (0.315)
Trade	-0.126 (0.169)	-0.002 (0.004)	-0.184 (0.182)	-0.008 (0.009)	0.027 (0.117)	0.000 (0.001)	-0.036 (0.121)	-0.001 (0.005)
Fiscal	1.436*** (0.238)	0.017 (0.038)	1.014*** (0.210)	0.046 (0.031)	1.294*** (0.229)	0.004 (0.033)	0.877*** (0.193)	0.035 (0.026)
Pop	2.918*** (0.920)	0.035 (0.079)	3.059*** (0.954)	0.138 (0.106)	0.693 (0.575)	0.002 (0.018)	0.859 (0.542)	0.035 (0.037)
Mail	11.692*** (0.974)	0.141 (0.311)	12.872*** (0.939)	0.580 (0.400)	12.497*** (0.944)	0.037 (0.317)	13.788*** (0.867)	0.555 (0.415)

注：括号内为标准误差，*、**、*** 分别表示在 10%、5%、1% 的水平上显著。

表 7-27 列示了分别以距离关系和相邻关系构建空间矩阵时，发明申请量对第三产业增加值影响的效应分解。从核心解释变量发明申请量的估计结果来看，在四种估计中，发明申请量对第三产业增加值的直接效应均显著为正，并且估计结果在不同的模型中相差不大，较为稳健；发明申请量对第三产业增加值的间接效应不显著。与表 7-26 中的结果进行比较不难发现，发明申请量对第三产业增加值的直接效应明显大于专利申请总量，说明相对于其他种类的专利，发明专利更加能够促进第三产业的发展。

表 7-27　　　　发明申请量对第三产业增加值影响的效应分解

变量名称	相邻权重矩阵 W				距离权重矩阵 M			
	固定效应模型		随机效应模型		固定效应模型		随机效应模型	
	直接效应	间接效应	直接效应	间接效应	直接效应	间接效应	直接效应	间接效应
Appl_I	0.022*** (0.003)	0.000 (0.000)	0.025*** (0.003)	0.001 (0.001)	0.027*** (0.003)	0.000 (0.001)	0.030*** (0.003)	0.001 (0.001)
Saving	0.334*** (0.040)	0.006 (0.007)	0.343*** (0.040)	0.012 (0.009)	0.351*** (0.038)	0.003 (0.007)	0.351*** (0.038)	0.011 (0.009)

续表

变量名称	相邻权重矩阵 W				距离权重矩阵 M			
	固定效应模型		随机效应模型		固定效应模型		随机效应模型	
	直接效应	间接效应	直接效应	间接效应	直接效应	间接效应	直接效应	间接效应
FDI	9.782*** (1.986)	0.173* (0.225)	10.173*** (2.081)	0.342 (0.279)	10.047*** (1.887)	0.095 (0.218)	10.496*** (1.925)	0.330 (0.275)
Trade	-0.139 (0.154)	-0.002 (0.004)	-0.196 (0.161)	-0.007 (0.007)	-0.001 (0.097)	-0.000 (0.001)	-0.049 (0.097)	-0.002 (0.003)
Fiscal	1.265*** (0.207)	0.022 (0.028)	1.072*** (0.188)	0.036 (0.028)	1.158*** (0.190)	0.011 (0.025)	0.979*** (0.170)	0.031 (0.025)
Pop	2.354*** (0.854)	0.042 (0.057)	2.471*** (0.863)	0.083 (0.074)	0.453 (0.437)	0.004 (0.012)	0.565 (0.414)	0.018 (0.022)
Mail	9.815*** (0.898)	0.174 (0.225)	9.875*** (0.957)	0.332 (0.276)	9.948*** (0.869)	0.095 (0.216)	10.146*** (0.894)	0.319 (0.273)

注：括号内为标准误差，*、**、*** 分别表示在10%、5%、1%的水平上显著。

本章附录

在本章的空间计量分析部分，为了进一步检验实证结果的稳健性，我们还分别以专利授权总量和发明授权量作为核心解释变量进行了回归，回归结果与以专利申请总量和发明申请量作为核心解释变量的结果保持了较高的一致性，说明实证结果具有较好的稳健性。具体回归结果参见附表7-1~附表7-18。

附表7-1　专利授权量对地区生产总值的影响（空间面板）

模型 矩阵 序号		专利申请总量				发明申请量			
		固定效应		随机效应		固定效应		随机效应	
		W (1)	M (2)	W (3)	M (4)	W (5)	M (6)	W (7)	M (8)
Main	Saving	0.595*** (0.062)	0.602*** (0.059)	0.612*** (0.058)	0.609*** (0.056)	0.633*** (0.065)	0.614*** (0.063)	0.651*** (0.062)	0.626*** (0.061)

续表

模型 矩阵 序号		专利申请总量				发明申请量			
		固定效应		随机效应		固定效应		随机效应	
		W (1)	M (2)	W (3)	M (4)	W (5)	M (6)	W (7)	M (8)
Main	FDI	13.51 *** (3.266)	15.06 *** (3.239)	13.89 *** (3.029)	15.22 *** (2.878)	15.75 *** (3.393)	15.99 *** (3.383)	15.18 *** (3.166)	14.61 *** (3.177)
	Trade	0.468 * (0.242)	0.510 ** (0.253)	0.533 *** (0.159)	0.521 *** (0.153)	0.935 *** (0.269)	1.019 *** (0.267)	0.987 *** (0.171)	0.988 *** (0.165)
	Fiscal	2.929 *** (0.318)	2.434 *** (0.290)	2.842 *** (0.292)	2.364 *** (0.251)	2.957 *** (0.335)	2.548 *** (0.301)	2.933 *** (0.307)	2.532 *** (0.271)
	Pop	2.169 (1.327)	2.125 (1.345)	0.793 (0.641)	1.164 ** (0.580)	2.483 (1.510)	2.549 * (1.468)	0.891 (0.787)	1.289 * (0.690)
	Mail	13.26 *** (1.460)	14.60 *** (1.354)	13.82 *** (1.353)	15.13 *** (1.179)	9.301 *** (1.688)	9.692 *** (1.829)	8.895 *** (1.690)	9.108 *** (1.795)
	Auth_T	0.014 *** (0.003)	0.014 *** (0.003)	0.016 *** (0.003)	0.016 *** (0.002)				
	Auth_I					0.056 * (0.029)	0.067 ** (0.028)	0.071 *** (0.027)	0.085 *** (0.026)
空间 滞后	GDP	0.0630 *** (0.0216)	0.105 *** (0.0206)	0.0570 *** (0.0208)	0.106 *** (0.0201)	0.0752 *** (0.0230)	0.122 *** (0.0213)	0.0705 *** (0.0228)	0.125 *** (0.0214)
	e.GDP	0.491 *** (0.112)	0.296 * (0.161)	0.494 *** (0.110)	0.290 * (0.153)	0.489 *** (0.110)	0.284 * (0.164)	0.509 *** (0.105)	0.315 ** (0.152)
	N	156	156	156	156	156	156	156	156
	pseudo R^2	0.977	0.984	0.983	0.987	0.971	0.979	0.980	0.984
	AIC	1894.0	1893.5	2122.7	2118.9	1911.2	1910.4	2147.7	2143.9
	BIC	1924.5	1924.0	2159.3	2155.5	1941.7	1940.9	2184.3	2180.5

注：括号内为标准误差，*、**、*** 分别表示在 10%、5%、1% 的水平上显著。

附表 7－2　　专利授权总量对地区生产总值影响的效应分解

变量名称	相邻权重矩阵 W				距离权重矩阵 M			
	固定效应模型		随机效应模型		固定效应模型		随机效应模型	
	直接效应	间接效应	直接效应	间接效应	直接效应	间接效应	直接效应	间接效应
Auth_T	0.014 *** (0.003)	0.001 ** (0.000)	0.015 *** (0.003)	0.001 ** (0.000)	0.014 *** (0.002)	0.002 *** (0.000)	0.016 *** (0.002)	0.002 *** (0.000)
Saving	0.595 *** (0.061)	0.035 *** (0.012)	0.612 *** (0.058)	0.033 *** (0.012)	0.603 *** (0.059)	0.066 *** (0.014)	0.609 *** (0.056)	0.068 *** (0.013)
FDI	13.521 *** (3.271)	0.801 ** (0.377)	13.900 *** (3.032)	0.742 ** (0.350)	15.081 *** (3.243)	1.649 *** (0.511)	15.242 *** (2.881)	1.694 *** (0.467)
Trade	0.468 * (0.243)	0.028 (0.017)	0.533 *** (0.159)	0.028 ** (0.013)	0.511 ** (0.254)	0.56 * (0.036)	0.521 *** (0.153)	0.058 *** (0.023)
Fiscal	2.932 *** (0.318)	0.174 *** (0.063)	2.844 *** (0.292)	0.152 *** (0.058)	2.437 *** (0.290)	0.266 *** (0.060)	2.367 *** (0.252)	0.263 *** (0.057)
Pop	2.170 (1.329)	0.129 (0.097)	0.794 (0.641)	0.042 (0.041)	2.127 (1.347)	0.233 (0.158)	1.165 ** (0.581)	0.130 * (0.076)
Mail	13.267 *** (1.464)	0.786 ** (0.320)	13.834 *** (1.356)	0.739 ** (0.311)	14.614 *** (1.357)	1.598 *** (0.404)	15.146 *** (1.301)	1.684 *** (0.395)

注：括号内为标准误差，*、**、*** 分别表示在 10%、5%、1% 的水平上显著。

附表 7－3　　发明授权量对地区生产总值影响的效应分解

变量名称	相邻权重矩阵 W				距离权重矩阵 M			
	固定效应模型		随机效应模型		固定效应模型		随机效应模型	
	直接效应	间接效应	直接效应	间接效应	直接效应	间接效应	直接效应	间接效应
Auth_I	0.063 ** (0.030)	0.005 (0.003)	0.080 *** (0.027)	0.005 * (0.003)	0.075 *** (0.029)	0.010 ** (0.004)	0.094 *** (0.027)	0.012 *** (0.004)
Saving	0.635 *** (0.065)	0.046 *** (0.014)	0.651 *** (0.062)	0.044 *** (0.014)	0.615 *** (0.063)	0.079 *** (0.015)	0.625 *** (0.060)	0.083 *** (0.015)
FDI	16.155 *** (3.411)	1.163 ** (0.479)	15.533 *** (3.164)	1.046 ** (0.438)	16.397 *** (3.381)	2.117 *** (0.599)	14.961 *** (3.154)	1.983 *** (0.551)

续表

变量名称	相邻权重矩阵 W				距离权重矩阵 M			
	固定效应模型		随机效应模型		固定效应模型		随机效应模型	
	直接效应	间接效应	直接效应	间接效应	直接效应	间接效应	直接效应	间接效应
Trade	0.954*** (0.269)	0.069** (0.030)	0.983*** (0.170)	0.066*** (0.025)	1.034*** (0.266)	0.133*** (0.046)	0.980*** (0.164)	0.130*** (0.551)
Fiscal	2.935*** (0.334)	0.211*** (0.069)	2.920*** (0.306)	0.197*** (0.067)	2.541*** (0.301)	0.328*** (0.068)	2.538*** (0.271)	0.336*** (0.069)
Pop	2.286 (1.526)	0.165 (0.125)	0.824 (0.773)	0.055 (0.059)	2.367 (1.480)	0.306 (0.203)	1.232** (0.678)	0.163 (0.102)
Mail	9.071*** (1.707)	0.653*** (0.255)	8.566*** (1.707)	0.577** (0.235)	9.443*** (1.856)	1.219*** (0.372)	8.754*** (1.822)	1.160*** (0.355)

注：括号内为标准误差，*、**、*** 分别表示在10%、5%、1%的水平上显著。

附表7-4　　专利授权量对第二产业生产总值的影响（空间面板）

模型 矩阵 序号		专利申请总量				发明申请量			
		固定效应		随机效应		固定效应		随机效应	
		W (1)	M (2)	W (3)	M (4)	W (5)	M (6)	W (7)	M (8)
Main	Saving	0.274*** (0.0304)	0.260*** (0.0259)	0.274*** (0.0300)	0.259*** (0.0255)	0.294*** (0.0336)	0.273*** (0.0289)	0.308*** (0.0322)	0.280*** (0.0278)
	FDI	4.702** (1.870)	3.246** (1.466)	5.303*** (1.812)	3.597*** (1.387)	5.254*** (2.016)	4.081** (1.714)	5.641*** (1.850)	4.562*** (1.542)
	Trade	0.613*** (0.117)	0.637*** (0.110)	0.598*** (0.0884)	0.633*** (0.0834)	0.702*** (0.135)	0.769*** (0.125)	0.766*** (0.0854)	0.802*** (0.0749)
	Fiscal	1.004*** (0.142)	0.925*** (0.124)	1.016*** (0.131)	0.948*** (0.116)	1.173*** (0.160)	1.029*** (0.139)	1.117*** (0.145)	0.974*** (0.124)
	Pop	-0.626 (0.653)	-0.503 (0.581)	0.00569 (0.406)	0.174 (0.381)	0.865 (0.766)	0.799 (0.677)	0.343 (0.400)	0.607* (0.335)

续表

模型 矩阵 序号		专利申请总量				发明申请量			
		固定效应		随机效应		固定效应		随机效应	
		W (1)	M (2)	W (3)	M (4)	W (5)	M (6)	W (7)	M (8)
Main	Mail	2.695 *** (0.709)	2.524 *** (0.580)	2.496 *** (0.684)	2.188 *** (0.539)	2.167 ** (0.878)	2.231 *** (0.817)	2.112 ** (0.864)	2.328 *** (0.803)
	Auth_T	0.008 *** (0.001)	0.008 *** (0.001)	0.007 *** (0.001)	0.006 *** (0.001)				
	Auth_I					−0.019 (0.014)	−0.018 (0.013)	−0.015 (0.013)	−0.017 (0.012)
空间滞后	GDP2	0.125 *** (0.0242)	0.173 *** (0.0231)	0.127 *** (0.0235)	0.178 *** (0.0227)	0.132 *** (0.0273)	0.197 *** (0.0233)	0.126 *** (0.0260)	0.202 *** (0.0227)
	e. GDP2	0.305 ** (0.145)	0.429 *** (0.129)	0.260 * (0.150)	0.397 *** (0.133)	0.275 * (0.157)	0.236 (0.184)	0.294 ** (0.147)	0.205 (0.183)
	N	156	156	156	156	156	156	156	156
	pseudo R^2	0.969	0.970	0.974	0.980	0.967	0.981	0.973	0.981
	AIC	1687.0	1656.8	1906.9	1876.3	1716.4	1689.2	1932.8	1900.9
	BIC	1717.5	1687.3	1943.5	1912.9	1746.8	1719.7	1969.4	1937.5

注：括号内为标准误差，*、**、*** 分别表示在10%、5%、1%的水平上显著。

附表7-5　　专利授权总量对第二产业生产总值影响的效应分解

变量名称	相邻权重矩阵W				距离权重矩阵M			
	固定效应模型		随机效应模型		固定效应模型		随机效应模型	
	直接效应	间接效应	直接效应	间接效应	直接效应	间接效应	直接效应	间接效应
Auth_T	0.008 *** (0.001)	0.001 *** (0.000)	0.007 *** (0.001)	0.001 ** (0.000)	0.008 *** (0.001)	0.001 *** (0.000)	0.006 *** (0.001)	0.001 *** (0.000)
Saving	0.274 *** (0.030)	0.034 *** (0.007)	0.275 *** (0.030)	0.035 *** (0.007)	0.261 *** (0.026)	0.051 *** (0.008)	0.260 *** (0.026)	0.052 *** (0.008)
FDI	4.718 ** (1.879)	0.583 ** (0.296)	5.321 *** (1.820)	0.671 ** (0.303)	3.258 ** (1.471)	0.630 ** (0.304)	3.610 *** (1.392)	0.723 ** (0.298)

续表

变量名称	相邻权重矩阵 W				距离权重矩阵 M			
	固定效应模型		随机效应模型		固定效应模型		随机效应模型	
	直接效应	间接效应	直接效应	间接效应	直接效应	间接效应	直接效应	间接效应
Trade	0.615 *** (0.117)	0.076 *** (0.022)	0.600 *** (0.089)	0.076 *** (0.019)	0.639 *** (0.110)	0.124 *** (0.031)	0.635 *** (0.084)	0.127 *** (0.027)
Fiscal	1.008 *** (0.142)	0.125 *** (0.030)	1.020 *** (0.131)	0.129 *** (0.029)	0.928 *** (0.125)	0.180 *** (0.034)	0.952 *** (0.116)	0.190 *** (0.034)
Pop	-0.628 (0.656)	-0.078 (0.079)	0.006 (0.407)	0.001 (0.051)	-0.505 (0.583)	-0.098 (0.113)	0.175 (0.382)	0.035 (0.078)
Mail	2.705 *** (0.713)	0.334 ** (0.132)	2.505 *** (0.688)	0.316 ** (0.128)	2.533 *** (0.582)	0.490 *** (0.147)	2.196 *** (0.542)	0.440 *** (0.135)

注：括号内为标准误差，*、**、*** 分别表示在 10%、5%、1% 的水平上显著。

附表 7-6　　发明授权量对第二产业生产总值影响的效应分解

变量名称	相邻权重矩阵 W				距离权重矩阵 M			
	固定效应模型		随机效应模型		固定效应模型		随机效应模型	
	直接效应	间接效应	直接效应	间接效应	直接效应	间接效应	直接效应	间接效应
Auth_I	-0.019 (0.014)	-0.002 (0.002)	-0.014 (0.013)	-0.002 (0.002)	-0.018 (0.013)	-0.004 (0.003)	-0.017 (0.012)	-0.004 (0.003)
Saving	0.295 *** (0.034)	0.039 *** (0.008)	0.309 *** (0.032)	0.039 *** (0.008)	0.274 *** (0.029)	0.062 *** (0.009)	0.281 *** (0.028)	0.066 *** (0.009)
FDI	5.196 ** (2.034)	0.688 * (0.353)	5.600 *** (1.860)	0.700 ** (0.317)	3.989 ** (1.717)	0.906 ** (0.413)	4.481 *** (1.539)	1.050 *** (0.383)
Trade	0.707 *** (0.135)	0.094 *** (0.028)	0.771 *** (0.085)	0.096 *** (0.024)	0.774 *** (0.126)	0.176 *** (0.041)	0.808 *** (0.075)	0.189 *** (0.033)
Fiscal	1.178 *** (0.160)	0.156 *** (0.037)	1.121 *** (0.145)	0.140 *** (0.034)	1.036 *** (0.139)	0.235 *** (0.041)	0.980 *** (0.124)	0.230 *** (0.038)
Pop	0.875 (0.777)	0.116 (0.110)	0.344 (0.402)	0.043 (0.054)	0.814 (0.688)	0.185 (0.159)	0.612 * (0.337)	0.143 * (0.086)
Mail	2.160 ** (0.887)	0.286 * (0.148)	2.087 ** (0.872)	0.261 * (0.135)	2.218 *** (0.822)	0.504 ** (0.212)	2.307 *** (0.808)	0.541 ** (0.214)

注：括号内为标准误差，*、**、*** 分别表示在 10%、5%、1% 的水平上显著。

附表 7－7　　专利授权量对工业生产总值的影响（空间面板）

模型 矩阵 序号		专利申请总量				发明申请量			
		固定效应		随机效应		固定效应		随机效应	
		W (1)	M (2)	W (3)	M (4)	W (5)	M (6)	W (7)	M (8)
Main	Saving	0.197 *** (0.0296)	0.192 *** (0.0251)	0.199 *** (0.0291)	0.193 *** (0.0247)	0.215 *** (0.0331)	0.205 *** (0.0279)	0.232 *** (0.0318)	0.213 *** (0.0269)
	FDI	5.391 *** (2.079)	2.902 ** (1.469)	6.236 *** (1.959)	3.489 ** (1.397)	5.736 *** (2.090)	3.742 ** (1.702)	6.106 *** (1.926)	4.456 *** (1.553)
	Trade	0.593 *** (0.112)	0.647 *** (0.106)	0.616 *** (0.0881)	0.678 *** (0.0833)	0.694 *** (0.130)	0.781 *** (0.118)	0.800 *** (0.0883)	0.851 *** (0.0749)
	Fiscal	0.823 *** (0.141)	0.750 *** (0.122)	0.806 *** (0.128)	0.745 *** (0.113)	0.970 *** (0.154)	0.833 *** (0.136)	0.912 *** (0.143)	0.761 *** (0.122)
	Pop	−0.126 (0.643)	−0.133 (0.566)	0.139 (0.409)	0.245 (0.371)	1.227 (0.751)	1.028 (0.649)	0.435 (0.433)	0.628 * (0.346)
	Mail	3.336 *** (0.767)	2.842 *** (0.571)	3.345 *** (0.738)	2.690 *** (0.531)	2.506 *** (0.908)	2.395 *** (0.806)	2.379 *** (0.883)	2.536 *** (0.793)
	Auth_T	0.008 *** (0.001)	0.007 *** (0.001)	0.007 *** (0.001)	0.006 *** (0.001)				
	Auth_I					−0.011 (0.013)	−0.012 (0.012)	−0.006 (0.012)	−0.010 (0.011)
空间滞后	GDPI	0.158 *** (0.0288)	0.206 *** (0.0243)	0.160 *** (0.0274)	0.212 *** (0.0237)	0.168 *** (0.0318)	0.233 *** (0.0250)	0.157 *** (0.0298)	0.239 *** (0.0244)
	e. GDPI	0.122 (0.195)	0.332 ** (0.154)	0.0640 (0.194)	0.276 * (0.162)	0.112 (0.195)	0.135 (0.213)	0.159 (0.176)	0.0807 (0.217)
	N	156	156	156	156	156	156	156	156
	pseudo R^2	0.966	0.970	0.966	0.975	0.950	0.974	0.964	0.976
	AIC	1680.7	1647.9	1901.0	1867.3	1710.6	1679.7	1929.6	1893.2
	BIC	1711.2	1678.4	1937.6	1903.9	1741.1	1710.2	1966.2	1929.8

注：括号内为标准误差，*、**、*** 分别表示在 10%、5%、1% 的水平上显著。

附表 7－8　　　　专利授权总量对工业生产总值影响的效应分解

变量名称	相邻权重矩阵 W				距离权重矩阵 M			
	固定效应模型		随机效应模型		固定效应模型		随机效应模型	
	直接效应	间接效应	直接效应	间接效应	直接效应	间接效应	直接效应	间接效应
Auth_T	0.008 *** (0.001)	0.001 *** (0.000)	0.007 *** (0.001)	0.001 ** (0.000)	0.007 *** (0.001)	0.002 *** (0.000)	0.006 *** (0.001)	0.002 *** (0.000)
Saving	0.198 *** (0.030)	0.032 *** (0.006)	0.200 *** (0.029)	0.033 *** (0.006)	0.193 *** (0.025)	0.046 *** (0.008)	0.194 *** (0.025)	0.048 *** (0.008)
FDI	5.421 *** (2.096)	0.872 * (0.450)	6.272 *** (1.976)	1.028 ** (0.449)	2.917 ** (1.477)	0.699 * (0.371)	3.509 ** (1.405)	0.871 ** (0.369)
Trade	0.596 *** (0.113)	0.096 *** (0.026)	0.619 *** (0.088)	0.102 *** (0.024)	0.650 *** (0.107)	0.156 *** (0.037)	0.682 *** (0.084)	0.169 *** (0.034)
Fiscal	0.828 *** (0.141)	0.133 *** (0.031)	0.811 *** (0.128)	0.133 *** (0.028)	0.754 *** (0.123)	0.181 *** (0.035)	0.750 *** (0.114)	0.186 *** (0.034)
Pop	−0.126 (0.647)	−0.020 (0.103)	0.140 (0.412)	0.023 (0.069)	−0.134 (0.569)	−0.032 (0.136)	0.247 (0.374)	0.061 (0.095)
Mail	3.355 *** (0.775)	0.540 *** (0.206)	3.364 *** (0.746)	0.551 ** (0.202)	2.857 *** (0.575)	0.685 *** (0.184)	2.705 *** (0.535)	0.672 *** (0.175)

注：括号内为标准误差，*、**、*** 分别表示在 10%、5%、1% 的水平上显著。

附表 7－9　　　　发明授权量对工业生产总值影响的效应分解

变量名称	相邻权重矩阵 W				距离权重矩阵 M			
	固定效应模型		随机效应模型		固定效应模型		随机效应模型	
	直接效应	间接效应	直接效应	间接效应	直接效应	间接效应	直接效应	间接效应
Auth_I	−0.011 (0.014)	−0.002 (0.002)	−0.005 (0.013)	−0.001 (0.002)	−0.012 (0.013)	−0.003 (0.004)	−0.009 (0.012)	−0.003 (0.003)
Saving	0.217 *** (0.033)	0.038 *** (0.008)	0.233 *** (0.032)	0.037 *** (0.008)	0.207 *** (0.028)	0.057 *** (0.009)	0.214 *** (0.027)	0.061 *** (0.009)
FDI	5.729 *** (2.107)	0.997 ** (0.494)	6.120 *** (1.937)	0.985 ** (0.434)	3.684 ** (1.705)	1.025 ** (0.497)	4.410 *** (1.550)	1.268 *** (0.471)

续表

变量名称	相邻权重矩阵 W				距离权重矩阵 M			
	固定效应模型		随机效应模型		固定效应模型		随机效应模型	
	直接效应	间接效应	直接效应	间接效应	直接效应	间接效应	直接效应	间接效应
Trade	0. 701 *** (0. 130)	0. 122 *** (0. 033)	0. 806 *** (0. 088)	0. 130 *** (0. 030)	0. 788 *** (0. 119)	0. 219 *** (0. 048)	0. 858 *** (0. 076)	0. 247 *** (0. 041)
Fiscal	0. 976 *** (0. 155)	0. 170 *** (0. 039)	0. 917 *** (0. 143)	0. 148 *** (0. 034)	0. 841 *** (0. 137)	0. 234 *** (0. 043)	0. 768 *** (0. 123)	0. 221 *** (0. 040)
Pop	1. 229 (0. 764)	0. 214 (0. 151)	0. 432 (0. 436)	0. 070 (0. 076)	1. 036 (0. 660)	0. 288 (0. 190)	0. 630 * (0. 350)	0. 181 * (0. 108)
Mail	2. 496 *** (0. 920)	0. 434 ** (0. 214)	2. 346 *** (0. 893)	0. 378 ** (0. 186)	2. 376 *** (0. 812)	0. 661 ** (0. 259)	2. 506 *** (0. 799)	0. 720 *** (0. 263)

注：括号内为标准误差，*、**、*** 分别表示在 10%、5%、1% 的水平上显著。

附表 7－10　　专利授权量对工业资产总值的影响（空间面板）

模型 矩阵 序号		专利申请总量				发明申请量			
		固定效应		随机效应		固定效应		随机效应	
		W (1)	M (2)	W (3)	M (4)	W (5)	M (6)	W (7)	M (8)
Main	Saving	0. 598 *** (0. 167)	0. 678 *** (0. 161)	0. 731 *** (0. 169)	0. 765 *** (0. 156)	0. 642 *** (0. 167)	0. 702 *** (0. 163)	0. 785 *** (0. 169)	0. 784 *** (0. 160)
	FDI	－21. 51 ** (8. 663)	－26. 35 *** (8. 366)	－13. 77 (8. 418)	－17. 74 ** (7. 833)	－18. 57 ** (8. 588)	－25. 90 *** (8. 468)	－11. 94 (8. 338)	－18. 91 ** (7. 934)
	Trade	2. 585 *** (0. 630)	3. 251 *** (0. 632)	4. 155 *** (0. 477)	4. 621 *** (0. 418)	3. 007 *** (0. 660)	3. 531 *** (0. 660)	4. 880 *** (0. 459)	5. 169 *** (0. 387)
	Fiscal	4. 196 *** (0. 777)	3. 391 *** (0. 730)	3. 293 *** (0. 776)	2. 375 *** (0. 680)	4. 288 *** (0. 760)	3. 592 *** (0. 735)	3. 459 *** (0. 752)	2. 598 *** (0. 687)
	Pop	14. 43 *** (3. 648)	12. 16 *** (3. 539)	2. 085 (2. 258)	1. 879 (1. 704)	16. 54 *** (3. 798)	14. 11 *** (3. 715)	2. 441 (2. 578)	2. 074 (1. 798)

续表

模型矩阵序号		专利申请总量				发明申请量			
		固定效应		随机效应		固定效应		随机效应	
		W (1)	M (2)	W (3)	M (4)	W (5)	M (6)	W (7)	M (8)
Main	Mail	2. 789 (3. 429)	3. 219 (3. 505)	7. 381 ** (3. 391)	8. 609 *** (3. 200)	-1. 276 (4. 079)	0. 773 (4. 330)	-2. 313 (4. 319)	1. 816 (4. 493)
	Auth_T	0. 019 ** (0. 008)	0. 014 * (0. 007)	0. 027 *** (0. 007)	0. 020 *** (0. 007)				
	Auth_I					0. 041 (0. 066)	0. 003 (0. 067)	0. 148 ** (0. 067)	0. 094 (0. 065)
空间滞后	Asset	0. 186 *** (0. 0340)	0. 220 *** (0. 0372)	0. 165 *** (0. 0341)	0. 234 *** (0. 0394)	0. 200 *** (0. 0339)	0. 231 *** (0. 0371)	0. 185 *** (0. 0349)	0. 254 *** (0. 0398)
	e. Asset	0. 188 (0. 152)	0. 219 (0. 183)	0. 283 ** (0. 135)	0. 302 * (0. 155)	0. 0930 (0. 149)	0. 197 (0. 192)	0. 226 * (0. 135)	0. 316 ** (0. 157)
	N	156	156	156	156	156	156	156	156
	pseudo R^2	0. 834	0. 905	0. 959	0. 971	0. 820	0. 894	0. 958	0. 970
	AIC	2172. 0	2172. 0	2437. 6	2430. 2	2177. 4	2175. 5	2447. 0	2436. 7
	BIC	2202. 5	2202. 5	2474. 2	2466. 8	2207. 9	2206. 0	2483. 6	2473. 3

注：括号内为标准误差，*、**、*** 分别表示在 10%、5%、1% 的水平上显著。

附表 7-11　专利授权总量对工业资产总值影响的效应分解

变量名称	相邻权重矩阵 W				距离权重矩阵 M			
	固定效应模型		随机效应模型		固定效应模型		随机效应模型	
	直接效应	间接效应	直接效应	间接效应	直接效应	间接效应	直接效应	间接效应
Auth_T	0. 019 ** (0. 008)	0. 004 ** (0. 002)	0. 027 *** (0. 007)	0. 005 *** (0. 002)	0. 014 * (0. 007)	0. 004 *** (0. 002)	0. 020 *** (0. 007)	0. 006 *** (0. 002)
Saving	0. 603 *** (0. 168)	0. 117 *** (0. 034)	0. 735 *** (0. 169)	0. 125 *** (0. 034)	0. 682 *** (0. 162)	0. 177 *** (0. 046)	0. 770 *** (0. 157)	0. 215 *** (0. 051)
FDI	-21. 683 ** (8. 724)	-4. 224 ** (1. 841)	-13. 851 (8. 467)	-2. 345 (1. 507)	-26. 507 *** (8. 423)	-6. 886 * (2. 763)	-17. 860 ** (7. 891)	-4. 997 * (2. 564)

续表

变量名称	相邻权重矩阵 W				距离权重矩阵 M			
	固定效应模型		随机效应模型		固定效应模型		随机效应模型	
	直接效应	间接效应	直接效应	间接效应	直接效应	间接效应	直接效应	间接效应
Trade	2.605*** (0.635)	0.507*** (0.163)	4.180*** (0.479)	0.708*** (0.185)	3.270*** (0.637)	0.850*** (0.260)	4.653*** (0.423)	1.302*** (0.323)
Fiscal	4.229*** (0.782)	0.824*** (0.222)	3.313*** (0.780)	0.561*** (0.182)	3.411*** (0.734)	0.886*** (0.249)	2.392*** (0.684)	0.669*** (0.225)
Pop	14.542*** (3.688)	2.833*** (1.054)	2.097 (2.273)	0.355 (0.417)	12.233*** (3.563)	3.178 (1.191)	1.892 (1.716)	0.529 (0.517)
Mail	2.811 (3.458)	0.548 (0.709)	7.426** (3.416)	1.257* (0.709)	3.238 (3.527)	0.841*** (0.962)	8.667*** (3.226)	2.425** (1.119)

注：括号内为标准误差，*、**、*** 分别表示在 10%、5%、1% 的水平上显著。

附表 7-12　　发明授权量对工业资产总值影响的效应分解

变量名称	相邻权重矩阵 W				距离权重矩阵 M			
	固定效应模型		随机效应模型		固定效应模型		随机效应模型	
	直接效应	间接效应	直接效应	间接效应	直接效应	间接效应	直接效应	间接效应
Auth_I	0.077 (0.069)	0.016 (0.015)	0.191*** (0.069)	0.037** (0.017)	0.039 (0.070)	0.011 (0.019)	0.133** (0.067)	0.041* (0.022)
Saving	0.642*** (0.167)	0.137*** (0.035)	0.778*** (0.168)	0.152*** (0.037)	0.703*** (0.163)	0.194*** (0.048)	0.780*** (0.159)	0.241*** (0.055)
FDI	-18.126** (8.630)	-3.876** (1.946)	-11.301 (8.309)	-2.209 (1.663)	-25.577*** (8.540)	-7.043** (2.896)	-18.651** (7.948)	-5.776** (2.854)
Trade	3.144*** (0.666)	0.672*** (0.193)	4.942*** (0.443)	0.966*** (0.226)	3.665*** (0.664)	1.009*** (0.289)	5.222*** (0.386)	1.617*** (0.363)
Fiscal	4.271*** (0.759)	0.913*** (0.232)	3.453*** (0.744)	0.675*** (0.199)	3.564*** (0.738)	0.981*** (0.261)	2.616*** (0.686)	0.810*** (0.249)
Pop	15.582*** (3.884)	3.390*** (1.165)	2.094 (2.404)	0.409 (0.501)	13.421*** (3.778)	3.696 (1.302)	1.908 (1.757)	0.591 (0.579)
Mail	-2.577 (4.146)	-0.551 (0.875)	-4.041 (4.368)	-0.790 (0.849)	-0.647 (4.335)	-0.178** (1.188)	0.048 (4.503)	0.015 (1.395)

注：括号内为标准误差，*、**、*** 分别表示在 10%、5%、1% 的水平上显著。

附表 7-13　专利授权量对固定资产投资的影响（空间面板）

模型 矩阵 序号		专利申请总量				发明申请量			
		固定效应		随机效应		固定效应		随机效应	
		W (1)	M (2)	W (3)	M (4)	W (5)	M (6)	W (7)	M (8)
Main	Saving	0.912 *** (0.0702)	0.850 *** (0.0688)	0.854 *** (0.0773)	0.776 *** (0.0793)	0.938 *** (0.0709)	0.862 *** (0.0697)	0.861 *** (0.0782)	0.807 *** (0.0734)
	FDI	21.23 *** (3.436)	22.13 *** (3.672)	17.44 *** (3.925)	15.40 *** (4.626)	22.40 *** (3.533)	22.31 *** (3.752)	17.11 *** (4.126)	15.99 *** (4.272)
	Trade	0.922 *** (0.286)	0.599 ** (0.286)	0.237 (0.401)	-0.247 (0.379)	1.123 *** (0.307)	0.711 ** (0.307)	0.230 (0.402)	-0.0954 (0.308)
	Fiscal	1.858 *** (0.366)	1.764 *** (0.344)	2.240 *** (0.410)	2.312 *** (0.403)	1.870 *** (0.399)	1.864 *** (0.351)	2.504 *** (0.465)	2.363 *** (0.374)
	Pop	-9.185 *** (1.527)	-6.720 *** (1.530)	-5.211 *** (2.001)	-2.350 (1.565)	-8.919 *** (1.706)	-5.758 *** (1.667)	-4.035 ** (1.940)	-1.864 (1.293)
	Mail	-8.006 *** (1.567)	-8.728 *** (1.566)	-9.521 *** (1.664)	-10.71 *** (1.580)	-9.408 *** (1.861)	-9.392 *** (2.016)	-9.236 *** (1.934)	-9.408 *** (2.079)
	Auth_T	0.007 ** (0.003)	0.007 ** (0.003)	0.006 * (0.003)	0.007 ** (0.003)				
	Auth_I					0.015 (0.033)	-0.007 (0.032)	-0.033 (0.036)	-0.041 (0.032)
空间滞后	Fixed	0.114 ** (0.0486)	0.188 *** (0.0574)	0.0977 * (0.0503)	0.161 *** (0.0612)	0.118 ** (0.0501)	0.197 *** (0.0570)	0.0927 * (0.0514)	0.176 *** (0.0575)
	e. Fixed	0.769 *** (0.0529)	0.769 *** (0.0549)	0.751 *** (0.0603)	0.754 *** (0.0625)	0.772 *** (0.0527)	0.763 *** (0.0566)	0.745 *** (0.0625)	0.740 *** (0.0661)
	N	156	156	156	156	156	156	156	156
	pseudo R^2	0.520	0.646	0.721	0.849	0.535	0.684	0.776	0.852
	AIC	1952.4	1951.2	2210.8	2202.6	1956.0	1955.2	2213.4	2205.4
	BIC	1982.9	1981.7	2247.4	2239.2	1986.5	1985.7	2250.0	2242.0

注：括号内为标准误差，*、**、*** 分别表示在 10%、5%、1% 的水平上显著。

附表 7－14　　专利授权总量对固定资产投资影响的效应分解

变量名称	相邻权重矩阵 W				距离权重矩阵 M			
	固定效应模型		随机效应模型		固定效应模型		随机效应模型	
	直接效应	间接效应	直接效应	间接效应	直接效应	间接效应	直接效应	间接效应
Auth_T	0.004 (0.004)	0.001 (0.001)	0.004 (0.004)	0.000 (0.001)	0.004 (0.004)	0.001 (0.001)	0.003 (0.004)	0.001 (0.001)
Saving	0.990*** (0.078)	0.148** (0.074)	0.941*** (0.082)	0.122* (0.072)	0.900*** (0.075)	0.259** (0.108)	0.846*** (0.080)	0.206** (0.101)
FDI	22.692*** (3.849)	3.393* (1.845)	19.516*** (4.101)	2.522 (1.627)	23.462*** (4.024)	6.755** (3.065)	18.405*** (4.592)	4.490* (2.503)
Trade	1.382*** (0.318)	0.207* (0.113)	0.802** (0.389)	0.104 (0.078)	1.099*** (0.314)	0.317* (0.162)	0.412 (0.404)	0.101 (0.114)
Fiscal	0.675* (0.407)	0.101 (0.075)	1.006** (0.433)	0.130 (0.090)	0.840** (0.377)	0.242* (0.136)	1.277*** (0.415)	0.312* (0.166)
Pop	－11.662*** (1.698)	－1.743* (0.906)	－8.129*** (2.047)	－1.051 (0.673)	－9.378*** (1.671)	－2.700** (1.207)	－5.394*** (2.019)	－1.316 (0.820)
Mail	－11.057*** (1.734)	－1.653** (0.828)	－12.423*** (1.802)	－1.606* (0.936)	－12.813*** (1.707)	－3.689** (1.542)	－14.650*** (1.784)	－3.574** (1.703)

注：括号内为标准误差，*、**、*** 分别表示在10%、5%、1%的水平上显著。

附表 7－15　　发明授权量对固定资产投资影响的效应分解

变量名称	相邻权重矩阵 W				距离权重矩阵 M			
	固定效应模型		随机效应模型		固定效应模型		随机效应模型	
	直接效应	间接效应	直接效应	间接效应	直接效应	间接效应	直接效应	间接效应
Auth_I	－0.045 (0.038)	－0.006 (0.006)	－0.105** (0.042)	－0.011 (0.008)	－0.080** (0.036)	－0.023* (0.014)	－0.123*** (0.036)	－0.030* (0.016)
Saving	0.989*** (0.078)	0.139* (0.073)	0.899*** (0.087)	0.099 (0.067)	0.912*** (0.074)	0.262** (0.106)	0.853*** (0.078)	0.207** (0.096)
FDI	22.011*** (3.960)	3.089* (1.787)	15.723*** (4.722)	1.723 (1.323)	22.241*** (4.034)	6.379** (2.845)	15.406*** (4.620)	3.733* (2.063)

续表

变量名称	相邻权重矩阵 W				距离权重矩阵 M			
	固定效应模型		随机效应模型		固定效应模型		随机效应模型	
	直接效应	间接效应	直接效应	间接效应	直接效应	间接效应	直接效应	间接效应
Trade	1.308*** (0.339)	0.184* (0.109)	0.293 (0.469)	0.032 (0.056)	0.898*** (0.329)	0.258* (0.143)	0.014 (0.355)	0.003 (0.086)
Fiscal	0.940** (0.442)	0.132 (0.086)	1.685*** (0.528)	0.185 (0.128)	1.049*** (0.377)	0.301** (0.147)	1.595*** (0.406)	0.387** (0.188)
Pop	-10.174*** (1.902)	-1.428* (0.810)	-4.509** (2.301)	-0.494 (0.420)	-7.048*** (1.802)	-2.022** (0.971)	-2.544 (1.570)	-0.616 (0.468)
Mail	-10.180*** (2.078)	-1.428* (0.791)	-9.818*** (2.162)	-1.076 (0.738)	-10.174*** (2.181)	-2.918** (1.277)	-10.027*** (2.245)	-2.430** (1.182)

注：括号内为标准误差，*、**、***分别表示在10%、5%、1%的水平上显著。

附表 7-16　　专利授权量对第三产业增加值的影响（空间面板）

模型 矩阵 序号		专利申请总量				发明申请量			
		固定效应		随机效应		固定效应		随机效应	
		W (1)	M (2)	W (3)	M (4)	W (5)	M (6)	W (7)	M (8)
Main	Saving	0.00463** (0.00207)	0.00600*** (0.00211)	0.00772*** (0.00204)	0.00907*** (0.00198)				
	FDI	0.315*** (0.0453)	0.354*** (0.0451)	0.331*** (0.0446)	0.366*** (0.0436)	0.340*** (0.0410)	0.349*** (0.0406)	0.343*** (0.0398)	0.350*** (0.0397)
	Trade	9.922*** (2.175)	11.23*** (2.370)	10.28*** (2.097)	11.50*** (2.221)	12.93*** (2.052)	13.08*** (2.159)	12.27*** (1.961)	11.88*** (2.101)
	Fiscal	-0.108 (0.173)	-0.126 (0.188)	0.0229 (0.120)	-0.0268 (0.125)	0.345** (0.168)	0.379** (0.171)	0.322*** (0.116)	0.324*** (0.119)
	Pop	1.504*** (0.245)	0.976*** (0.219)	1.362*** (0.238)	0.834*** (0.198)	1.159*** (0.216)	0.916*** (0.195)	1.184*** (0.202)	0.935*** (0.181)

续表

模型 矩阵 序号		专利申请总量				发明申请量			
		固定效应		随机效应		固定效应		随机效应	
		W (1)	M (2)	W (3)	M (4)	W (5)	M (6)	W (7)	M (8)
Main	Mail	2.971 *** (0.941)	3.006 *** (1.005)	0.657 (0.568)	0.809 (0.525)	1.101 (0.954)	1.146 (0.955)	0.385 (0.539)	0.519 (0.514)
	Auth_T	11.93 *** (1.038)	13.44 *** (1.008)	13.03 *** (1.009)	14.60 *** (0.909)	7.901 *** (1.066)	7.539 *** (1.205)	7.580 *** (1.075)	7.231 *** (1.201)
	Auth_I					0.105 *** (0.0187)	0.121 *** (0.0190)	0.114 *** (0.0175)	0.131 *** (0.0180)
空间滞后	AVI3	0.0208 (0.0301)	0.0653 ** (0.0284)	0.0139 (0.0293)	0.0628 ** (0.0280)	0.0505 * (0.0260)	0.0776 *** (0.0269)	0.0473 * (0.0260)	0.0799 *** (0.0267)
	e. AVI3	0.593 *** (0.0999)	0.363 ** (0.158)	0.576 *** (0.102)	0.328 ** (0.159)	0.520 *** (0.101)	0.434 *** (0.137)	0.526 *** (0.100)	0.418 *** (0.137)
	N	156	156	156	156	156	156	156	156
	pseudo R^2	0.916	0.929	0.965	0.967	0.956	0.960	0.967	0.971
	AIC	1800.0	1813.0	2029.5	2040.6	1777.0	1783.7	2005.3	2011.3
	BIC	1830.5	1843.5	2066.1	2077.2	1807.5	1814.2	2041.9	2047.9

注：括号内为标准误差，*、**、*** 分别表示在 10%、5%、1% 的水平上显著。

附表 7－17　　专利授权总量对第三产业增加值影响的效应分解

变量名称	相邻权重矩阵 W				距离权重矩阵 M			
	固定效应模型		随机效应模型		固定效应模型		随机效应模型	
	直接效应	间接效应	直接效应	间接效应	直接效应	间接效应	直接效应	间接效应
Auth_T	0.005 ** (0.002)	0.000 (0.000)	0.006 *** (0.002)	0.000 * (0.000)	0.008 *** (0.002)	0.000 (0.000)	0.008 *** (0.001)	0.001 ** (0.000)
Saving	0.315 *** (0.045)	0.006 (0.009)	0.354 *** (0.045)	0.023 ** (0.010)	0.331 *** (0.045)	0.004 (0.009)	0.351 *** (0.043)	0.023 ** (0.010)
FDI	9.923 *** (2.175)	0.188 (0.284)	11.233 *** (2.370)	0.739 ** (0.369)	10.285 *** (2.097)	0.129 (0.279)	10.415 *** (2.196)	0.726 ** (0.361)

续表

变量名称	相邻权重矩阵 W				距离权重矩阵 M			
	固定效应模型		随机效应模型		固定效应模型		随机效应模型	
	直接效应	间接效应	直接效应	间接效应	直接效应	间接效应	直接效应	间接效应
Trade	-0.108 (0.173)	-0.002 (0.004)	-0.127 (0.188)	-0.008 (0.012)	0.023 (0.120)	0.000 (0.001)	-0.036 (0.121)	-0.002 (0.008)
Fiscal	1.504*** (0.245)	0.028 (0.042)	0.976*** (0.219)	0.064** (0.031)	1.362*** (0.238)	0.017 (0.036)	0.877*** (0.193)	0.053** (0.026)
Pop	2.971*** (0.942)	0.056 (0.087)	3.001*** (1.005)	0.198* (0.116)	0.657 (0.568)	0.008 (0.020)	0.859 (0.542)	0.051 (0.045)
Mail	11.927*** (1.039)	0.225 (0.337)	13.446*** (1.009)	0.884** (0.423)	13.029*** (1.010)	0.163 (0.352)	13.788*** (0.867)	0.921** (0.445)

注：括号内为标准误差，*、**、*** 分别表示在 10%、5%、1% 的水平上显著。

附表 7-18　　发明授权量对第三产业增加值影响的效应分解

变量名称	相邻权重矩阵 W				距离权重矩阵 M			
	固定效应模型		随机效应模型		固定效应模型		随机效应模型	
	直接效应	间接效应	直接效应	间接效应	直接效应	间接效应	直接效应	间接效应
Auth_I	0.105*** (0.019)	0.005* (0.003)	0.121*** (0.190)	0.010** (0.004)	0.115*** (0.018)	0.005 (0.003)	0.131*** (0.018)	0.011*** (0.004)
Saving	0.340*** (0.041)	0.016* (0.008)	0.349*** (0.041)	0.028*** (0.010)	0.343*** (0.040)	0.015* (0.008)	0.350*** (0.040)	0.029*** (0.010)
FDI	12.934*** (2.054)	0.609* (0.349)	13.084*** (2.160)	1.034** (0.410)	12.274*** (1.962)	0.539* (0.327)	11.884*** (2.102)	0.968*** (0.375)
Trade	0.345** (0.168)	0.016 (0.012)	0.379** (0.172)	0.030 (0.018)	0.322*** (0.116)	0.014 (0.010)	0.324*** (0.119)	0.026* (0.014)
Fiscal	1.160*** (0.216)	0.055* (0.030)	0.916*** (0.195)	0.072** (0.029)	1.184*** (0.202)	0.052* (0.030)	0.936*** (0.181)	0.076*** (0.029)
Pop	1.101 (0.954)	0.052 (0.054)	1.147 (0.956)	0.091 (0.084)	0.385 (0.539)	0.017 (0.027)	0.520 (0.514)	0.042 (0.047)
Mail	7.905*** (1.066)	0.372* (0.209)	7.544*** (1.207)	0.596** (0.260)	7.583*** (1.075)	0.033* (0.199)	7.236*** (1.202)	0.590** (0.250)

注：括号内为标准误差，*、**、*** 分别表示在 10%、5%、1% 的水平上显著。

知识产权支撑外贸供给侧结构性改革

第一节 知识产权数量对外贸供给侧结构性改革影响的模型设定

外贸是供给侧结构性改革的重要方面，讨论知识产权支撑供给侧结构性改革，有必要充分重视知识产权对外贸供给侧结构性改革的影响效应。本章首先沿用本书第六章的分析方法，利用空间计量模型具体探讨知识产权数量和知识产权保护是如何影响外贸供给侧结构性改革的，并进一步从知识产权贸易的角度，讨论知识产权对外贸供给侧结构性改革的支撑作用。

首先考虑知识产权数量对外贸供给侧结构性改革的影响。为了较为准确地刻画知识产权数量与我国各省份对外贸易的关系，本节分别选取了进出口总额和出口技术复杂度作为被解释变量以衡量外贸供给侧结构性改革水平，并且继续选取专利申请总量、专利授权总量、发明申请量和发明授权量作为衡量知识产权数量的代理变量，分别带入模型进行回归，以期检验回归结果的稳健性。

一、基准模型设定

在构建空间计量模型前，先构建不考虑空间溢出效应的面板数据模型：

$$\ln Y_{it} = \alpha + \beta \ln IP_{it} + \sum_{j=1}^{N} \delta_j x_{it} + \varepsilon_{it} \tag{8.1}$$

其中，Y_{it}为被解释变量进出口总额$Trade_{it}$或者出口技术复杂度ETS_{it}，IP_{it}为核心解释变量知识产权数量，分别以专利申请总量（$Appl\_t_{it}$）、发明申请量（$Appl\_i_{it}$）、专利授权总量（$Auth\_t_{it}$）和发明授权量（$Appl\_i_{it}$）来表示，x_{it}为控制变量①，具体包括地区生产总值（GDP_{it}），外商直接投资（FDI_{it}），交通基础设施（$Infras_{it}$），金融发展程度（$Finance_{it}$），研发资金投入（RD_{it}）；另外，i 为地区，t 为时间，α 为常数项，β 为核心解释变量的系数，δ_j 为控制变量的系数，ε_{it}为随机扰动项。在基准模型中，假设$\ln Y_{it}$与$\ln IP_{it}$呈线性关系，β 是Y_{it}对IP_{it}的弹性。

二、空间计量模型的设定

（一）空间相关性的检验

本章在省际面板数据下研究知识产权数量对外贸供给侧结构性改革的影响，所涉及的相关变量在相邻省份之间可能由于人口流动、技术溢出、产业关联等因素的影响，而存在空间相关性。因此，有必要采用莫兰指数 I（Moran's I）对样本进行空间相关性的检验，以判断是否有必要在基准模型的基础上引入空间滞后项，构建空间计量模型进行进一步的估计。

首先分别通过相邻关系和距离关系定义空间权重矩阵 W：

（1）根据相邻关系定义相邻权重矩阵，该矩阵的（i，j）元素表示地区 i 和地区 j 的相邻关系，相邻取值为 1，反之取值为 0。

（2）根据距离关系定义距离权重矩阵，当 $i \neq j$ 时，该矩阵的（i，j）元素取值为地区 i 和地区 j 之间距离的倒数；当 $i = j$ 时，该矩阵的（i，j）元素取值为 0。

从表 8-1 可以看出，基于相邻权重矩阵计算的$\ln Trade_{it}$和$\ln ETS_{it}$的莫兰指数 I 在 2004~2017 年间全部在 1% 的水平上高度显著，基于距离权重矩阵计算的$\ln Trade_{it}$和$\ln ETS_{it}$的莫兰指数 I 在大部分年度表现出显著性。说明进出口总额在相邻省份之间存在明显的空间自相关性，有必要在实证分析中考虑空间溢出效应，将空间滞后项引入计量模型。

---

① 所有控制变量取对数后代入模型，其中，由于人力资源禀赋小于 1，为保证其取对数后系数符号方向不变，将其数值加 1 后取对数。

表 8-1　进出口总额和出口技术复杂度的莫兰指数 I

$lnTrade_{it}$	2004 年	2005 年	2006 年	2007 年	2008 年	2009 年	2010 年
距离权重矩阵	3.21*	3.08*	3.16*	3.26*	3.38*	3.38*	3.49*
相邻权重矩阵	9.04***	7.60***	8.38***	8.28***	8.29***	8.50***	8.77***
$lnTrade_{it}$	2011 年	2012 年	2013 年	2014 年	2015 年	2016 年	2017 年
距离权重矩阵	3.19*	2.65	2.50	2.35	2.72*	2.59	2.33
相邻权重矩阵	8.04***	7.23***	6.97***	6.71***	8.66***	7.84***	6.93***
$lnETS_{it}$	2004 年	2005 年	2006 年	2007 年	2008 年	2009 年	2010 年
距离权重矩阵	2.56	3.19*	3.32*	3.71*	3.74*	3.69*	3.49*
相邻权重矩阵	7.69**	8.57**	9.07***	9.81***	10.22***	11.48***	10.08***
$lnETS_{it}$	2011 年	2012 年	2013 年	2014 年	2015 年	2016 年	2017 年
距离权重矩阵	3.23*	3.08*	2.69	3.15*	3.21*	2.67	1.93
相邻权重矩阵	10.36***	10.48***	9.41***	12.11***	14.18***	11.29***	7.66***

注：*、**、*** 分别表示在 10%、5%、1% 的水平上显著。限于篇幅，仅显示 $lnTrade_{it}$ 和 $lnETS_{it}$ 基于距离权重和相邻权重计算的莫兰指数 I 的值。

（二）通用嵌套空间模型

由于基准模型未考虑被解释变量、解释变量和随机扰动项的空间溢出效应，导致估计结果存在非精准性缺陷。为弥补这一缺陷，我们在基准模型的基础上，引入被解释变量、解释变量和随机扰动项的空间滞后项，充分考虑空间溢出效应的影响，构建了通用嵌套空间模型：

$$lnY_{it} = \alpha + \rho\sum_{j=1}^{N} W_{ij}lnY_{jt} + X_{it}\beta + \theta\sum_{j=1}^{N} W_{ij}X_{jt} + \mu_{it} \tag{8.2}$$

$$\mu_{it} = \varphi\sum_{j=1}^{N} W_{ij}\mu_{jt} + \varepsilon_{it}, \quad \varepsilon \sim N(0, \sigma^2 I_n) \tag{8.3}$$

其中，Y_{it}为 i 在 t 时期的进出口总额（$Trade_{it}$）或者出口技术复杂度（ETS_{it}），$\sum_{j=1}^{N} W_{ij}lnY_{jt}$为 lnY_{it}的空间滞后项；ρ 为该空间滞后项的系数；X_{it}为对数形式的自变量集合，包括核心解释变量和控制变量；β 为 X_{it}的系数；$\sum_{j=1}^{N} W_{ij}X_{jt}$为 X_{it}的空间滞后项；θ 为该空间滞后项的系数；μ_{it}、ε_{it}为随机扰动项；$\sum_{j=1}^{N} W_{ij}\mu_{jt}$是 μ_{it}的空间滞后项；φ 是该空间滞后项的系数；ε 服从零均值、同方差的多元正态分布；α 为模型的常数项；i 为地区；t 为时间。

（三）变量与数据说明

（1）被解释变量为进出口总额或者出口技术复杂度，其中出口技术复杂度的计算方法参见本书第六章内容，核心解释变量为专利申请总量、专利授权总量、发明申请量、发明授权量，数据来源于国家知识产权局网站《知识产权统计年报》。

（2）控制变量。参考现有文献的研究成果，为减少模型估计的遗漏偏差，我们选取了地区生产总值、外商直接投资、交通基础设施、金融发展程度、研发资金投入作为控制变量加入计量模型。

另外，地区生产总值为各省份的地区生产总值，数据来源于历年《中国统计年鉴》；外商直接投资以各省份外商投资企业年底投资总额衡量，数据来源于历年《中国统计年鉴》；交通基础设施以标准公路里程数衡量，参考姚树洁和韦开蕾（2008）的方法，数据来源于历年《中国统计年鉴》；金融发展程度，以各省份金融机构人民币各项存贷款余额之和与 GDP 占比来衡量，数据来源于历年《中国金融年鉴》；研发资金投入为各省份研究与试验发展经费内部支出，数据来源于历年《中国科技统计年鉴》。

受数据可获得性的限制，我们采用了中国 30 个省级行政区 2004～2017 年的面板数据，未包含西藏自治区、香港特别行政区、澳门特别行政区和中国台湾地区，个别变量在个别年份的数据缺失采用插值法补齐。

第二节　知识产权数量对外贸供给侧结构性改革影响的计量结果

一、专利申请总量对外贸供给侧结构性改革影响的计量结果

（一）进出口总额

1. 基准模型的估计结果

估计不考虑空间溢出效应的基准模型，其中固定效应模型的估计结果如表 8－2 的（1）列所示，随机效应模型的估计结果如表 8－2 的（2）列所示。不难看出，基准模型的两列估计结果的符号方向是一致的，并且系数大小相差不

大，这说明回归结果具有很好的稳健性。但是核心解释变量专利申请总量的回归系数在基准模型下并不显著，结合下文对空间计量模型回归结果的进一步分析将会发现，导致专利申请总量回归系数不显著的原因可能是遗漏了空间滞后项，未考虑空间自相关性的影响。

表 8-2　　进出口总额计量模型的估计结果（专利申请总量）

变量名称		基准模型		距离权重矩阵		相邻权重矩阵	
		(1) 固定效应	(2) 随机效应	(3) 固定效应	(4) 随机效应	(5) 固定效应	(6) 随机效应
Main	lnappl_t	0.0977 (0.0739)	0.0801 (0.0734)	0.0824* (0.0485)	0.0886* (0.0496)	0.0309 (0.0490)	0.0528 (0.0497)
	lnGDP	0.0393 (0.244)	0.0838 (0.247)	-0.0735 (0.143)	-0.0313 (0.141)	0.00546 (0.136)	-0.0384 (0.137)
	lnFDI	0.178** (0.0773)	0.300*** (0.0769)	0.207*** (0.0468)	0.256*** (0.0475)	0.172*** (0.0437)	0.185*** (0.0451)
	lninfras	0.0257 (0.128)	-0.275*** (0.102)	-0.0896 (0.124)	-0.225** (0.106)	-0.143 (0.124)	-0.199* (0.109)
	lnfinance	-1.180*** (0.319)	-1.207*** (0.283)	-0.850*** (0.156)	-0.809*** (0.148)	-0.671*** (0.159)	-0.701*** (0.161)
	lnRD	0.561*** (0.188)	0.577*** (0.170)	0.479*** (0.0835)	0.511*** (0.0815)	0.518*** (0.0811)	0.544*** (0.0782)
W	lnappl_t			-0.216 (0.290)	-0.488 (0.334)	-0.111 (0.136)	-0.140 (0.129)
	lnGDP			2.086** (0.968)	1.067 (0.910)	0.758** (0.381)	0.498 (0.327)
	lnFDI			0.133 (0.313)	0.442 (0.423)	0.635*** (0.156)	0.584*** (0.139)
	lninfras			-0.453 (0.343)	-0.462* (0.271)	-0.301 (0.220)	-0.228* (0.124)

续表

变量名称		基准模型		距离权重矩阵		相邻权重矩阵	
		(1) 固定效应	(2) 随机效应	(3) 固定效应	(4) 随机效应	(5) 固定效应	(6) 随机效应
W	lnfinance			-1.941** (0.944)	-2.135** (1.085)	-2.532*** (0.440)	-1.870*** (0.392)
	lnRD			-0.405 (0.718)	0.277 (0.784)	0.239 (0.239)	0.136 (0.241)
	lntrade			-0.531** (0.266)	-0.307 (0.261)	-0.709*** (0.176)	-0.339* (0.196)
	e. lntrade			0.518*** (0.159)	0.516** (0.236)	0.568*** (0.124)	0.309* (0.186)
	N	420	420	420	420	420	420
	pseudo R^2			0.726	0.839	0.527	0.798
	AIC	-11.99		-7.100	147.3	-27.32	125.2
	BIC	12.25		53.50	216.0	33.29	193.8
	Hausman	69.66***		-36.95		-7.21	

注：括号内为标准误差，*、**、*** 分别表示在10%、5%、1%的水平上显著。

控制变量在固定效应模型和随机效应模型中的系数方向、大小和显著性水平基本一致，表现出很好的稳健性。在固定效应模型和随机效应模型中，金融发展程度在1%的水平上高度显著为负；研发资金投入在1%的水平上高度显著为正。研发资金投入对进出口贸易产生正向影响不难理解，增加研发资金投入其实就是为企业的创新活动提供资金基础，有利于创新能力向产能转化，实现产品的质量升级和种类拓展，对深入参与国际贸易，实现全球价值链的攀升具有重要意义。但是金融发展程度对进出口总额的影响显著为负似乎有悖常理。理论上，较高的金融发展程度能够提高市场上资本的有效配置，让需要资金的优质产能及时获得资金，让资本主动抛弃落后产能，这不但有利于整体经济的健康发展，同样对进出口贸易的资金供给效率和产能供给质量具有积极作用。但是当前中国的金融市场并不能够真正实现资金的有效、合理配置，这可能是金融发展程度的回归系数出现异常的重要原因。此外，外商直接投资在固定效应模型和随机效应模型中均显著为正，与预期相符。地区生产总值在固定效应模型和随机效应模型中均不显著，结合下文对空间计量模型回归结果的进一步分析将会发现，导致专利申请总量回归系数不显著的原因可能是遗漏了空间滞后项，未考虑空间自相关性的影响。基础设施建设在固定效应模型中不显著，在随机效应模型中显著为负。回归结果显示基础设施建设对进出口贸易会产生显著的负向影响的一个可能原因是，基础设施建设投入的增加改善了国内贸易的环境，扩大了产品的国内市场需求，甚至使一部分国际贸易被国内贸易所替代。

为了考察固定效应模型和随机效应模型哪一个更适用于此处面板数据的基准模型分析，我们进一步进行豪斯曼检验，检验结果显示拒绝随机效应原假设。鉴于此，后续在估计结果的分析中将重点关注固定效应模型。

2. 空间计量模型的估计结果

从空间计量模型的估计结果来看，考虑了空间溢出效应之后，引入距离权重矩阵使得在基准模型中不显著的核心解释变量的回归系数变为在10%的水平上显著为正，显著性水平得到了有效提高。另外，不管是引入距离权重矩阵还是相邻权重矩阵，进出口总额的空间滞后项在固定效应模型中均在5%的水平上显著为正，相对于基准模型，显著性水平获得了有效提高。

被解释变量进出口贸易额的空间滞后项仅在引入了距离权重矩阵的随机效应模型下不显著，在其他空间计量模型下均显著为负；误差项的空间滞后项均显著为正。说明各省份的进出口贸易额普遍存在空间自相关性，空间计量模型比非空间计量模型更适合用于分析此处的面板数据样本，有必要引入空间滞后项，这与前文的莫兰指数I的检验结果是一致的。

为检验固定效应模型和随机效应模型哪一个更适合用来估计此处的空间面板数据，我们对两种不同空间权重矩阵的空间计量模型进行豪斯曼检验，检验结果显示，豪斯曼统计量均为负数，故可以接受随机效应的原假设。此外，从AIC和BIC的汇报结果来看，均显示以相邻关系构建空间权重矩阵的固定效应模型能够更好地拟合此处的空间面板数据。因此，在下文直接效应和间接效应的分析中，将汇报固定效应模型和随机效应模型的全部结论，并进行全面的分析和比较。

3. 空间计量模型的直接效应和间接效应

在空间计量模型中所估计的变量系数并不能够直接解释该变量对被解释变量的影响，需要通过将总效应分解为直接效应和间接效应来进一步分析。基于空间计量模型的估计结果，表8－3列示了解释变量分别以距离关系和相邻关系构建空间矩阵的固定效应模型和随机效应模型的直接效应和间接效应。从核心解释变量专利申请总量的估计结果来看，引入距离权重矩阵后，在固定效应模型下，专利申请总量对进出口贸易额的直接效应显著为正，间接效应为负但不显著，在随机效应模型下，专利申请总量对进出口贸易额的直接效应显著为正，间接效应显著为负。说明一省专利申请总量的增长能够带动进出口贸易额的增长，但是对周围省份的进出口贸易额可能会产生负向的影响。以相邻关系引入空间矩阵后，专利申请总量对进出口总额的直接效应和间接效应均不显著。

表 8 - 3 专利申请总量对进出口总额的直接效应和间接效应估计

变量名称	距离权重矩阵				相邻权重矩阵			
	固定效应模型		随机效应模型		固定效应模型		随机效应模型	
	直接效应	间接效应	直接效应	间接效应	直接效应	间接效应	直接效应	间接效应
lnappl_t	0.088 * (0.049)	-0.160 (0.180)	0.096 ** (0.049)	-0.364 * (0.218)	0.044 (0.050)	0.077 (0.077)	0.060 (0.050)	-0.104 (0.084)
lnGDP	-0.121 (0.146)	1.310 ** (0.644)	-0.046 (0.143)	0.762 (0.682)	0.071 (0.145)	0.436 ** (0.220)	-0.063 (0.142)	0.336 (0.222)
lnFDI	0.207 *** (0.048)	0.014 (0.186)	0.251 *** (0.047)	0.257 (0.258)	0.120 ** (0.048)	0.297 *** (0.094)	0.160 *** (0.047)	0.343 *** (0.088)
lninfras	-0.081 (0.126)	-0.250 (0.220)	-0.220 ** (0.105)	-0.278 (0.191)	-0.122 (0.142)	-0.115 (0.152)	-0.192 * (0.113)	-0.105 (0.120)
lnfinance	-0.817 *** (0.160)	-0.918 * (0.475)	-0.783 *** (0.151)	-1.33 ** (0.576)	-0.462 ** (0.183)	-1.189 *** (0.249)	-0.622 *** (0.175)	-1.074 *** (0.225)
lnRD	0.494 *** (0.085)	-0.407 (0.438)	0.509 *** (0.083)	-0.085 (0.494)	0.531 *** (0.082)	-0.074 (0.120)	0.547 *** (0.079)	-0.032 (0.129)

注：括号内为标准误差，*、**、*** 分别表示在 10%、5%、1% 的水平上显著。

在前两章的分析中，我们得到的基本结论显示不管是用专利指标还是用发明指标来衡量知识产权数量，知识产权数量的增长都对地区生产总值具有显著的促进作用。为什么在贸易领域，知识产权数量效应的显著性不但大打折扣，甚至出现负向影响？结合中国在国际贸易中的比较优势进行分析就会发现，这一回归结果是中国之前几十年外贸状况的真实体现，其背后有合理的经济逻辑支撑。改革开放之后，中国凭借丰富的低廉劳动力资源，主要承接了国际贸易中劳动力资源密集型的生产环节。劳动密集产业对创新的依赖，或者说对专利的需求，远不及资本密集产业和技术密集产业。一方面，专利数量的增长对劳动密集产业的规模扩张刺激不明显，自然对外贸部门的影响也会打折扣。另一方面，就不同产业来说，专利数量增长主要发生在研发投入更多的资本和技术密集的产业，而科研院所的专利成果向生产力转化也主要是面向资本和技术密集的产业，最终流向以劳动密集产业为主的外贸部门的专利数量只是小部分，对进出口贸易影响效应有限也就不难理解了。

（二）出口技术复杂度

1. 基准模型的估计结果

估计不考虑空间溢出效应的基准模型，其中固定效应模型的估计结果如表8－4的（1）列所示，随机效应模型的估计结果如表8－4的（2）列所示。不难看出，基准模型的两列估计结果的符号方向是一致的，并且系数大小相差不大，这说明回归结果具有很好的稳健性。但是核心解释变量专利申请总量的回归系数在基准模型下并不显著，结合下文对空间计量模型回归结果的进一步分析将会发现，导致专利申请总量回归系数不显著的原因可能是遗漏了空间滞后项，未考虑空间自相关性的影响。大部分控制变量在固定效应模型和随机效应模型中的系数方向、大小和显著性水平基本一致，表现出很好的稳健性。

为了考察固定效应模型和随机效应模型哪一个更适用于此处面板数据的基准模型分析，我们进一步进行豪斯曼检验，检验结果显示拒绝随机效应原假设。鉴于此，后续在估计结果的分析中将重点关注固定效应模型。

表8－4　　出口技术复杂度计量模型的估计结果（专利申请总量）

变量名称		基准模型		距离权重矩阵		相邻权重矩阵	
		（1） 固定效应	（2） 随机效应	（3） 固定效应	（4） 随机效应	（5） 固定效应	（6） 随机效应
Main	lnapplt	0.176 （0.106）	0.179 （0.111）	0.160* （0.0885）	0.236*** （0.0816）	0.0668 （0.0911）	0.129 （0.0873）
	lnGDP	0.299 （0.403）	0.286 （0.363）	0.144 （0.260）	0.256 （0.237）	0.292 （0.249）	0.187 （0.236）
	lnFDI	0.134 （0.141）	0.409*** （0.112）	0.200** （0.0820）	0.299*** （0.0771）	0.114 （0.0785）	0.220*** （0.0770）
	lninfras	0.272 （0.280）	－0.326* （0.171）	－0.319 （0.222）	－0.234 （0.143）	0.0159 （0.231）	－0.247 （0.173）

续表

变量名称		基准模型		距离权重矩阵		相邻权重矩阵	
		(1) 固定效应	(2) 随机效应	(3) 固定效应	(4) 随机效应	(5) 固定效应	(6) 随机效应
Main	lnfinance	-1.357*** (0.387)	-1.328*** (0.349)	-0.915*** (0.272)	-0.917*** (0.246)	-0.406 (0.279)	-0.430 (0.264)
	lnRD	0.691** (0.296)	0.700*** (0.197)	0.336** (0.144)	0.409*** (0.136)	0.580*** (0.156)	0.643*** (0.140)
W	lnapplt			0.0182 (0.817)	0.279 (0.669)	-0.232 (0.274)	-0.167 (0.240)
	lnGDP			2.989 (2.554)	1.109 (1.647)	0.507 (0.807)	-0.115 (0.712)
	lnFDI			1.496* (0.806)	1.252** (0.579)	0.771** (0.322)	0.945*** (0.260)
	lninfras			-1.607 (1.064)	-0.964** (0.482)	0.136 (0.643)	-0.256 (0.253)
	lnfinance			-7.539*** (2.256)	-6.655*** (1.717)	-5.227*** (0.875)	-4.013*** (0.742)
	lnRD			0.615 (1.377)	0.235 (0.889)	0.852* (0.465)	1.000** (0.409)
	lntrade			-0.452* (0.252)	-0.345 (0.218)	-0.852*** (0.151)	-0.599*** (0.148)
	e. lntrade			0.924*** (0.0360)	0.832*** (0.0551)	0.851*** (0.0693)	0.729*** (0.0804)
	N	420	420	420	420	420	420
	pseudo R^2			0.549	0.853	0.503	0.848
	AIC	518.8		438.0	590.1	445.4	604.6
	BIC	543.0		498.6	658.8	506.0	673.3
	Hausman	49.18***		-24.23		23.05***	

注：括号内为标准误差，*、**、***分别表示在10%、5%、1%的水平上显著。

2. 空间计量模型的估计结果

从空间计量模型的估计结果来看，考虑了空间溢出效应之后，引入距离权重矩阵使得在基准模型中不显著的核心解释变量专利申请总量的回归系数显著为正，显著性水平得到了有效提高。核心解释变量专利申请总量的滞后项的回归系数不显著，部分控制变量以及被解释变量出口技术复杂度和误差项的空间滞后项显著，说明各省份的出口技术复杂度普遍存在空间自相关性，空间计量模型比非空间计量模型更适合用于分析此处的面板数据样本，有必要引入空间滞后项，这与前文的莫兰指数 I 的检验结果是一致的。具体分析专利申请总量对出口技术复杂度的影响效应还需要进行直接效应和间接效应的分解。

为检验固定效应模型和随机效应模型哪一个更适合用来估计此处的空间面板数据，我们对两种不同空间权重矩阵的空间计量模型进行了豪斯曼检验。引入了距离权重矩阵的空间计量模型的豪斯曼统计量为负数，故可以接受随机效应的原假设；引入了相邻权重矩阵的空间计量模型的豪斯曼检验显示拒绝随机效应的原假设。此外，从 AIC 和 BIC 的汇报结果来看，均显示以相邻关系构建空间权重矩阵的随机效应模型能够更好地拟合此处的空间面板数据。因此，在下文直接效应和间接效应的分析中，将汇报固定效应模型和随机效应模型的全部结论，并进行全面的分析和比较。

3. 空间计量模型的直接效应和间接效应

在空间计量模型中所估计的变量系数并不能够直接解释该变量对被解释变量的影响，需要通过将总效应分解为直接效应和间接效应来进一步分析。基于空间计量模型的估计结果，表 8 - 5 列示了解释变量分别以距离关系和相邻关系构建空间矩阵的固定效应模型和随机效应模型的直接效应和间接效应。从核心解释变量专利申请总量的估计结果来看，引入距离权重矩阵后，专利申请总量对出口技术复杂度的直接效应显著为正，间接效应不显著。以相邻关系引入空间矩阵后，在固定效应模型下，专利申请总量对出口技术复杂度的直接效应和间接效应均不显著；随机效应模型下，专利申请总量对出口技术复杂度的直接效应显著为正，间接效应不显著。说明一省专利申请总量的增长能够带动本省出口技术复杂度的提升，有利于推动本省的外贸供给侧结构性改革，但是对周边省份的出口技术复杂度的影响并不明显。

表 8－5　　专利申请总量对出口技术复杂度的直接效应和间接效应估计

<table>
<tr><th rowspan="3">变量名称</th><th colspan="4">距离权重矩阵</th><th colspan="4">相邻权重矩阵</th></tr>
<tr><th colspan="2">固定效应模型</th><th colspan="2">随机效应模型</th><th colspan="2">固定效应模型</th><th colspan="2">随机效应模型</th></tr>
<tr><th>直接效应</th><th>间接效应</th><th>直接效应</th><th>间接效应</th><th>直接效应</th><th>间接效应</th><th>直接效应</th><th>间接效应</th></tr>
<tr><td>lnapplt</td><td>0. 161 ***
(0. 085)</td><td>－0. 035
(0. 521)</td><td>0. 233 ***
(0. 081)</td><td>0. 136
(0. 446)</td><td>0. 103
(0. 088)</td><td>－0. 163
(0. 140)</td><td>0. 150 *
(0. 087)</td><td>－0. 146
(0. 137)</td></tr>
<tr><td>lnGDP</td><td>0. 087
(0. 281)</td><td>1. 887 *
(1. 641)</td><td>0. 240
(0. 239)</td><td>0. 704
(1. 156)</td><td>0. 260
(0. 256)</td><td>0. 145
(0. 425)</td><td>0. 206
(0. 245)</td><td>－0. 135
(0. 419)</td></tr>
<tr><td>lnFDI</td><td>0. 172 ***
(0. 080)</td><td>0. 907
(0. 539)</td><td>0. 282 ***
(0. 078)</td><td>0. 792 *
(0. 429)</td><td>0. 030
(0. 084)</td><td>0. 380 **
(0. 177)</td><td>0. 151 *
(0. 083)</td><td>0. 484 ***
(0. 149)</td></tr>
<tr><td>lninfras</td><td>－0. 291
(0. 224)</td><td>－0. 944
(0. 742)</td><td>－0. 221
(0. 143)</td><td>－0. 609 *
(0. 356)</td><td>0. 001
(0. 246)</td><td>0. 069
(0. 349)</td><td>－0. 238
(0. 188)</td><td>－0. 064
(0. 185)</td></tr>
<tr><td>lnfinance</td><td>－0. 776 ***
(0. 273)</td><td>－4. 598 **
(1. 805)</td><td>－0. 819 ***
(0. 246)</td><td>－4. 371 ***
(1. 215)</td><td>0. 203
(0. 328)</td><td>－2. 751 ***
(0. 504)</td><td>－0. 110
(0. 293)</td><td>－2. 236 ***
(0. 434)</td></tr>
<tr><td>lnRD</td><td>0. 327 ***
(0. 143)</td><td>0. 299
(0. 869)</td><td>0. 408 ***
(0. 136)</td><td>0. 065
(0. 592)</td><td>0. 535 ***
(0. 147)</td><td>0. 201
(0. 233)</td><td>0. 591 ***
(0. 135)</td><td>－0. 366 *
(0. 213)</td></tr>
</table>

注：括号内为标准误差，*、**、*** 分别表示在 10%、5%、1% 的水平上显著。

二、发明申请量对外贸供给侧结构性改革影响的计量结果

由于不同种类的专利对企业生产和贸易的影响不尽相同，笼统地使用专利申请总量来代表知识产权数量，可能并不能完整地反映出知识产权支撑外贸供给侧结构性改革的实际效果。鉴于此，我们沿用此前分析地区生产总值和第三产业值增加值占比时的方法，从对企业创新行为影响最突出的发明专利着手，进一步考察发明申请量对进出口贸易额和出口技术附加值的影响效应，以便获得更有针对性的实证结论，并检验实证模型的稳健性。

（一）进出口总额

1. 基准模型的估计结果

估计不考虑空间溢出效应的基准模型，其中固定效应模型的估计结果如表 8－6 的（1）列所示，随机效应模型的估计结果如表 8－6 的（2）列所示。不难看出，基准模型的两列估计结果的符号方向基本是一致的，并且系数大小和

显著性水平相差不大，这说明回归结果具有很好的稳健性。核心解释变量发明申请量的回归系数在基准模型下均不显著，结合后续空间计量模型的估计结果来看，这主要是由于未考虑空间自相关性导致的。此外，控制变量在固定效应模型和随机效应模型中的系数方向、大小和显著性水平基本一致，表现出很好的稳健性。进一步与表 8 -2 中的结果相比较可以发现，更换了核心解释变量之后，各解释变量的回归系数保持了高度的一致性。

为了考察固定效应模型和随机效应模型哪一个更适用于此处面板数据的基准模型分析，进一步进行了豪斯曼检验，检验结果显示拒绝随机效应原假设。鉴于此，后续在估计结果的分析中将同时考察固定效应模型和随机效应模型，并重点关注固定效应模型。

表 8 -6　　进出口总额计量模型的估计结果（发明申请量）

变量名称		基准模型		距离权重矩阵		相邻权重矩阵	
		(1) 固定效应	(2) 随机效应	(3) 固定效应	(4) 随机效应	(5) 固定效应	(6) 随机效应
Main	lnappl_i	0. 112 (0. 0777)	0. 0834 (0. 0807)	0. 106 *** (0. 0401)	0. 0988 ** (0. 0422)	0. 0675 * (0. 0405)	0. 0676 * (0. 0404)
	lnGDP	0. 0138 (0. 265)	0. 0602 (0. 262)	-0. 0881 (0. 139)	0. 000654 (0. 143)	-0. 0526 (0. 131)	-0. 0643 (0. 130)
	lnFDI	0. 176 ** (0. 0746)	0. 291 *** (0. 0758)	0. 203 *** (0. 0464)	0. 258 *** (0. 0474)	0. 169 *** (0. 0430)	0. 188 *** (0. 0435)
	lninfras	0. 0251 (0. 126)	-0. 249 ** (0. 0993)	-0. 110 (0. 124)	-0. 241 ** (0. 105)	-0. 181 (0. 123)	-0. 209 ** (0. 106)
	lnfinance	-1. 174 *** (0. 314)	-1. 214 *** (0. 288)	-0. 821 *** (0. 149)	-0. 792 *** (0. 142)	-0. 697 *** (0. 155)	-0. 724 *** (0. 154)
	lnRD	0. 543 *** (0. 184)	0. 573 *** (0. 168)	0. 460 *** (0. 0830)	0. 485 *** (0. 0810)	0. 519 *** (0. 0807)	0. 540 *** (0. 0777)
W	lnappl_i			-0. 0550 (0. 207)	-0. 396 (0. 252)	-0. 184 (0. 117)	-0. 207 * (0. 107)

续表

<table>
<tr><th colspan="2" rowspan="2">变量名称</th><th colspan="2">基准模型</th><th colspan="2">距离权重矩阵</th><th colspan="2">相邻权重矩阵</th></tr>
<tr><th>(1)
固定效应</th><th>(2)
随机效应</th><th>(3)
固定效应</th><th>(4)
随机效应</th><th>(5)
固定效应</th><th>(6)
随机效应</th></tr>
<tr><td rowspan="12">W</td><td>lnGDP</td><td></td><td></td><td>1.760 *
(0.929)</td><td>0.610
(0.897)</td><td>0.849 **
(0.363)</td><td>0.634 *
(0.334)</td></tr>
<tr><td>lnFDI</td><td></td><td></td><td>0.101
(0.305)</td><td>0.579
(0.433)</td><td>0.628 ***
(0.155)</td><td>0.634 ***
(0.135)</td></tr>
<tr><td>lninfras</td><td></td><td></td><td>-0.375
(0.331)</td><td>-0.591 *
(0.329)</td><td>-0.268
(0.222)</td><td>-0.273 **
(0.131)</td></tr>
<tr><td>lnfinance</td><td></td><td></td><td>-2.093 **
(0.946)</td><td>-2.748 **
(1.093)</td><td>-2.461 ***
(0.422)</td><td>-2.042 ***
(0.361)</td></tr>
<tr><td>lnRD</td><td></td><td></td><td>-0.361
(0.704)</td><td>0.645
(0.795)</td><td>0.275
(0.242)</td><td>0.248
(0.243)</td></tr>
<tr><td>lntrade</td><td></td><td></td><td>-0.503 *
(0.269)</td><td>-0.385
(0.251)</td><td>-0.699 ***
(0.171)</td><td>-0.473 ***
(0.176)</td></tr>
<tr><td>e. lntrade</td><td></td><td></td><td>0.499 ***
(0.165)</td><td>0.593 ***
(0.187)</td><td>0.579 ***
(0.119)</td><td>0.434 ***
(0.149)</td></tr>
<tr><td>N</td><td>420</td><td>420</td><td>420</td><td>420</td><td>420</td><td>420</td></tr>
<tr><td>pseudo R^2</td><td></td><td></td><td>0.709</td><td>0.841</td><td>0.359</td><td>0.773</td></tr>
<tr><td>AIC</td><td>-16.04</td><td></td><td>-10.74</td><td>143.2</td><td>-34.06</td><td>119.2</td></tr>
<tr><td>BIC</td><td>8.201</td><td></td><td>49.86</td><td>211.9</td><td>26.54</td><td>187.9</td></tr>
<tr><td>Hausman</td><td colspan="2">61.31 ***</td><td colspan="2">-19.05</td><td colspan="2">-4.63</td></tr>
</table>

注：括号内为标准误差，*、**、*** 分别表示在 10%、5%、1% 的水平上显著。

2. 空间计量模型的估计结果

从空间计量模型的估计结果来看，考虑了空间溢出效应之后，核心解释变量发明申请量的回归系数的显著性水平得到了明显改善，由基准模型下的不显著变成了不同程度的显著。另外，被解释变量进出口总额空间滞后项的系数在引入距离权重矩阵的固定效应模型和引入相邻权重矩阵的固定效应模型、随机效应模型下均显著为负，在引入距离权重矩阵的随机效应模型下为负但不显著。误差项空间滞后项的系数在四个空间计量模型下均显著为正。部分解释变量的空间滞后项系数也在多个模型下显著。说明变量普遍存在空间自相关性，空间计量模型比非空间计量模型更适合用于分析此处的面板数据样本，这与前文的莫兰指数 I 的检验结果是一致的。

为检验固定效应模型和随机效应模型哪一个更适合用来估计此处的空间面板数据，我们对两种不同空间权重矩阵的空间计量模型进行了豪斯曼检验，检验结果显示可以接受随机效应的原假设。此外，从 AIC 和 BIC 的汇报结果来看，均显示以相邻关系构建空间权重矩阵的固定效应模型能够更好地拟合此处的空间面板数据。因此，在下文直接效应和间接效应的分析中，将汇报固定效应模型和随机效应模型的全部结论，并进行全面的分析和比较。

3. 空间计量模型的直接效应和间接效应

基于空间计量模型的估计结果，表 8－7 列示了解释变量分别以距离关系和相邻关系构建空间矩阵的固定效应模型和随机效应模型的直接效应和间接效应。从核心解释变量发明申请量的估计结果来看，在四种估计中，发明申请量对进出口总额的直接效应均显著为正，并且估计结果在不同的模型中相差不大，较为稳健，说明一省发明申请量的增长有利于提升该省的进出口总额。发明申请量对进出口总额的间接效应在引入距离权重矩阵的固定效应模型下不显著，但是在其他模型下均显著为负，这说明发明申请量具有负的外部性，其数量增长在带动本省外贸增长的同时，可能使周边省份的部分对外贸易被本省替代，导致周边省份进出口额出现下降。与表 8－3 的结果进行比较可以看出，发明申请量对外贸的影响效应比其他种类的专利更显著。

表 8－7　　　发明申请量对进出口总额的直接效应和间接效应估计

变量名称	距离权重矩阵				相邻权重矩阵			
	固定效应模型		随机效应模型		固定效应模型		随机效应模型	
	直接效应	间接效应	直接效应	间接效应	直接效应	间接效应	直接效应	间接效应
lnappl_i	0.109*** (0.040)	－0.068 (0.129)	0.106** (0.041)	－0.292* (0.156)	0.091** (0.039)	－0.134** (0.064)	0.084** (0.039)	－0.149** (0.063)
lnGDP	－0.127 (0.141)	1.310* (0.624)	－0.010 (0.144)	0.410 (0.624)	－0.141 (0.137)	0.513** (0.207)	－0.109 (0.135)	0.412** (0.209)
lnFDI	0.203*** (0.047)	－0.001 (0.184)	0.249*** (0.047)	0.323 (0.255)	0.118** (0.047)	0.295*** (0.094)	0.152*** (0.046)	0.338*** (0.085)

续表

变量名称	距离权重矩阵				相邻权重矩阵			
	固定效应模型		随机效应模型		固定效应模型		随机效应模型	
	直接效应	间接效应	直接效应	间接效应	直接效应	间接效应	直接效应	间接效应
lninfras	-0.103 (0.126)	-0.200 (0.216)	-0.232** (0.104)	-0.335 (0.214)	-0.167 (0.140)	-0.082 (0.152)	-0.197* (0.112)	-0.108 (0.110)
lnfinance	-0.785*** (0.152)	-1.053** (0.465)	-0.751*** (0.145)	-1.643** (0.567)	-0.499*** (0.176)	-1.144*** (0.240)	-0.610*** (0.168)	-1.055*** (0.218)
lnRD	0.473*** (0.085)	-0.372 (0.435)	0.478*** (0.083)	-0.308 (0.467)	0.528*** (0.080)	-0.051 (0.120)	0.541*** (0.078)	-0.005 (0.122)

注：括号内为标准误差，*、**、*** 分别表示在 10%、5%、1% 的水平上显著。

总体来说，使用空间计量方法研究知识产权数量对进出口总额的影响比不考虑空间滞后项的传统计量模型更为合适，并且空间计量模型表现出非常好的稳健性，分别以专利申请总量和发明申请量作为知识产权数量的代理变量可以获得高度一致的回归结果。对回归结果进行深入的分析可以发现，知识产权数量对本省对外贸易具有正向影响，并且有可能使周边省份的部分对外贸易被本省替代，而且发明专利比其他种类的专利形式具有更强影响效应。

（二）出口技术复杂度

1. 基准模型的估计结果

首先估计不考虑空间溢出效应的基准模型，其中固定效应模型的估计结果如表 8-8 的（1）列所示，随机效应模型的估计结果如表 8-8 的（2）列所示。不难看出，基准模型的两列估计结果的符号方向基本是一致的，并且系数大小和显著性水平相差不大，这说明回归结果具有很好的稳健性。核心解释变量发明申请量的回归系数在基准模型下均不显著，结合后续空间计量模型的估计结果来看，这主要是由于未考虑空间自相关性导致的。此外，大部分控制变量在固定效应模型和随机效应模型中的系数方向、大小和显著性水平基本一致，表现出较好的稳健性。进一步与表 8-6 中的结果相比较可以发现，更换了核心解释变量之后，回归结果保持了较高的一致性。

为了考察固定效应模型和随机效应模型哪一个更适用于此处面板数据的基准模型分析，进一步进行了豪斯曼检验，检验结果显示拒绝随机效应原假设。鉴于此，后续在估计结果的分析中将同时考察固定效应模型和随机效应模型，并重点关注固定效应模型。

表 8-8　　出口技术复杂度计量模型的估计结果（发明申请量）

变量名称		基准模型		距离权重矩阵		相邻权重矩阵	
		(1) 固定效应	(2) 随机效应	(3) 固定效应	(4) 随机效应	(5) 固定效应	(6) 随机效应
Main	lnappli	0. 209 (0. 133)	0. 177 (0. 124)	0. 242 *** (0. 0753)	0. 242 *** (0. 0692)	0. 126 (0. 0794)	0. 160 ** (0. 0728)
	lnGDP	0. 244 (0. 461)	0. 234 (0. 407)	0. 152 (0. 245)	0. 239 (0. 233)	0. 194 (0. 245)	0. 150 (0. 231)
	lnFDI	0. 130 (0. 137)	0. 383 *** (0. 114)	0. 196 ** (0. 0816)	0. 301 *** (0. 0763)	0. 113 (0. 0780)	0. 210 *** (0. 0754)
	lninfras	0. 271 (0. 271)	-0. 272 (0. 169)	-0. 277 (0. 220)	-0. 231 (0. 144)	-0. 0724 (0. 233)	-0. 262 (0. 174)
	lnfinance	-1. 353 *** (0. 410)	-1. 399 *** (0. 391)	-0. 808 *** (0. 263)	-0. 866 *** (0. 239)	-0. 413 (0. 278)	-0. 440 * (0. 259)
	lnRD	0. 658 ** (0. 290)	0. 724 *** (0. 203)	0. 301 ** (0. 144)	0. 380 *** (0. 136)	0. 582 *** (0. 156)	0. 614 *** (0. 140)
W	lnappli			0. 903 (0. 617)	0. 621 (0. 495)	-0. 304 (0. 238)	-0. 194 (0. 202)
	lnGDP			0. 539 (2. 154)	-0. 217 (1. 619)	0. 535 (0. 763)	-0. 0278 (0. 706)
	lnFDI			1. 497 * (0. 770)	1. 476 ** (0. 596)	0. 793 ** (0. 320)	0. 956 *** (0. 253)
	lninfras			-1. 468 (0. 988)	-0. 607 (0. 527)	0. 154 (0. 619)	-0. 328 (0. 267)
	lnfinance			-9. 021 *** (1. 949)	-7. 813 *** (1. 745)	-5. 028 *** (0. 856)	-4. 077 *** (0. 707)

续表

变量名称		基准模型		距离权重矩阵		相邻权重矩阵	
		(1) 固定效应	(2) 随机效应	(3) 固定效应	(4) 随机效应	(5) 固定效应	(6) 随机效应
W	lnRD			0.630 (1.374)	0.702 (0.916)	0.966 ** (0.458)	1.024 ** (0.404)
	lntrade			-0.389 (0.237)	-0.412 * (0.224)	-0.776 *** (0.165)	-0.610 *** (0.144)
	e. lntrade			0.886 *** (0.0461)	0.848 *** (0.0485)	0.822 *** (0.0809)	0.744 *** (0.0786)
	N	420	420	420	420	420	420
	pseudo R^2			0.761	0.841	0.324	0.834
	AIC	514.5		432.3	586.0	438.4	599.0
	BIC	538.8		492.9	654.7	499.0	667.6
	Hausman	37.09 ***		74.11 ***		18.78 ***	

注：括号内为标准误差，*、**、*** 分别表示在 10%、5%、1% 的水平上显著。

2. 空间计量模型的估计结果

从空间计量模型的估计结果来看，如图 8-8 所示，考虑了空间溢出效应之后，核心解释变量发明申请量的回归系数的显著性水平得到了明显改善。另外，核心解释变量发明申请量空间滞后项的回归系数在引入空间权重矩阵的模型下均不显著。误差项空间滞后项的系数在四个空间计量模型下均显著为正。被解释变量出口技术复杂度和部分控制变量的空间滞后项的回归系数也在多个模型下显著。说明变量普遍存在空间自相关性，空间计量模型比非空间计量模型更适合用于分析此处的面板数据样本，这与前文的莫兰指数 I 的检验结果是一致的。

为检验固定效应模型和随机效应模型哪一个更适合用来估计此处的空间面板数据，对两种不同空间权重矩阵的空间计量模型进行了豪斯曼检验，检验结果显示拒绝随机效应的原假设。此外，从 AIC 和 BIC 的汇报结果来看，均显示以相邻关系构建空间权重矩阵的随机效应模型能够更好地拟合此处的空间面板数据。因此，在下文直接效应和间接效应的分析中，将汇报固定效应模型和随机效应模型的全部结论，并进行全面的分析和比较。

3. 空间计量模型的直接效应和间接效应

基于空间计量模型的估计结果，表 8-9 列示了解释变量分别以距离关系和相邻关系构建空间矩阵的固定效应模型和随机效应模型的直接效应和间接效应。从核心解释变量发明申请量的估计结果来看，在四种估计中，发明申请量对出口技术复杂度的直接效应均显著为正，并且估计结果在不同的模型中相差不大，较为稳健，说明一省发明申请量的增长有利于提升该省的出口技术复杂度。发明申请量对出口技术复杂度的间接效应在引入相邻权重矩阵的固定效应模型下显著为负，在其他模型下均不显著。这说明发明申请量可能具有负的外部性，其数量增长在提升本省出口技术复杂度的同时，可能对周边省份的出口技术复杂度产生负面影响。这可能是由于省际的资源具有一定的竞争关系，加之现阶段知识产权向生产力转化的效率不高，不能有效促进出口产品的技术提升，知识产权向周边地区的溢出能力较差。

表 8-9　　发明申请量对出口技术复杂度直接效应和间接效应估计

变量名称	距离权重矩阵				相邻权重矩阵			
	固定效应模型		随机效应模型		固定效应模型		随机效应模型	
	直接效应	间接效应	直接效应	间接效应	直接效应	间接效应	直接效应	间接效应
lnappli	0.228 *** (0.073)	0.542 (0.412)	0.233 *** (0.068)	0.345 (0.305)	0.171 ** (0.072)	-0.230 * (0.121)	0.185 *** (0.069)	-0.173 (0.112)
lnGDP	0.144 (0.250)	0.322 (1.446)	0.244 (0.233)	-0.208 (1.066)	0.150 (0.245)	0.219 (0.405)	0.161 (0.235)	-0.071 (0.406)
lnFDI	0.172 ** (0.080)	0.952 * (0.543)	0.276 *** (0.077)	0.894 ** (0.420)	0.034 (0.083)	0.402 ** (0.182)	0.139 * (0.081)	0.491 *** (0.147)
lninfras	-0.254 (0.222)	-0.912 (0.712)	-0.222 (0.145)	-0.339 (0.370)	-0.096 (0.246)	0.120 (0.345)	-0.247 (0.189)	-0.100 (0.191)
lnfinance	-0.659 ** (0.260)	-5.836 *** (1.575)	-0.732 *** (0.239)	-4.930 *** (1.205)	0.115 (0.315)	-2.685 *** (0.487)	-0.109 (0.286)	-2.260 *** (0.426)
lnRD	0.292 ** (0.143)	0.344 (0.899)	0.370 *** (0.136)	0.361 (0.578)	0.524 *** (0.145)	0.293 (0.234)	0.558 *** (0.134)	0.385 * (0.209)

注：括号内为标准误差，*、**、*** 分别表示在 10%、5%、1% 的水平上显著。

总体来说，使用空间计量方法研究知识产权数量对出口技术复杂度的影响比不考虑空间滞后项的传统计量模型更为合适，并且空间计量模型表现出非常好的稳健性，分别以专利申请总量和发明申请量作为知识产权数量的代理变量可以获得高度一致的回归结果。对回归结果进行深入的分析可以发现，知识产权数量对本省出口技术复杂度具有正向影响，但是对周边省份的出口技术复杂度没有明显的带动作用，甚至可能对周边省份的出口技术复杂度产生负面影响，而且发明专利比其他种类的专利形式具有更强影响效应。

第三节　知识产权保护对外贸供给侧结构性改革影响的模型设定

前文详细分析了知识产权数量对进出口总额和出口技术复杂度的影响，为了全面考察知识产权对外贸供给侧结构性改革的支撑作用，接下来进一步借助空间计量模型实证分析知识产权保护对进出口总额和出口技术复杂度的影响。实证分析沿用前文的基本思路构建模型，首先确立以知识产权保护水平为核心解释变量的基准模型；然后引入空间滞后项，构建空间计量模型，分析知识产权保护对进出口总额的直接效应和间接效应。

一、基准模型设定

在构建空间计量模型前，先构建不考虑空间溢出效应的面板数据模型：

$$\ln Y_{it} = \alpha + \beta \ln IPP_{it} + \sum_{j=1}^{N} \delta_j x_{it} + \varepsilon_{it} \tag{8.4}$$

其中，Y_{it}为 i 省在 t 时期的进出口总额（$Trade_{it}$）或者出口技术复杂度（ETS_{it}）；IPP_{it}为核心解释变量知识产权保护水平；x_{it}为控制变量①，具体包括地区生产总值（GDP_{it}）；外商直接投资（FDI_{it}）；交通基础设施（$Infras_{it}$）；金融发展程度（$Finance_{it}$）；研发资金投入（RD_{it}）；另外，i 为地区，t 为时间，α 为常数项，β 为核心解释变量的系数，δ_j 为控制变量的系数，ε_{it}为随机扰动项。在基准模型中，假设 $\ln Y_{it}$与 $\ln IPP_{it}$呈线性关系，β 是 Y_{it}对 IPP_{it}的弹性。

二、空间计量模型的设定

首先，分别通过相邻关系和距离关系定义空间权重矩阵 W：

① 所有控制变量取对数后代入模型，其中，由于人力资源禀赋小于 1，为保证其取对数后系数符号方向不变，将其数值加 1 后取对数。

（1）根据相邻关系定义相邻权重矩阵，该矩阵的（i，j）元素表示地区 i 和地区 j 的相邻关系，相邻取值为 1，反之取值为 0。

（2）根据距离关系定义距离权重矩阵，当 $i \neq j$ 时，该矩阵的（i，j）元素取值为地区 i 和地区 j 之间距离的倒数；当 $i = j$ 时，该矩阵的（i，j）元素取值为 0。

其次，构建通用嵌套空间模型。由于基准模型未考虑被解释变量、解释变量和随机扰动项的空间溢出效应，导致估计结果存在非精准性缺陷。为弥补这一缺陷，与前文类似，我们在基准模型的基础上引入被解释变量、解释变量和随机扰动项的空间滞后项，充分考虑空间溢出效应的影响，构建了通用嵌套空间模型。具体如下：

$$\ln Y_{it} = \alpha + \rho \sum_{j=1}^{N} W_{ij} \ln Y_{jt} + X_{it}\beta + \theta \sum_{j=1}^{N} W_{ij} X_{jt} + \mu_{it} \tag{8.5}$$

$$\mu_{it} = \varphi \sum_{j=1}^{N} W_{ij} \mu_{jt} + \varepsilon_{it}, \quad \varepsilon \sim N(0, \sigma^2 I_n) \tag{8.6}$$

其中，Y_{it} 为 i 省在 t 时期的进出口总额（$Trade_{it}$）或者出口技术复杂度（ETS_{it}）；$\sum_{j=1}^{N} W_{ij} \ln Y_{jt}$ 为 $\ln Y_{it}$ 的空间滞后项；ρ 为该空间滞后项的系数；X_{it} 为对数形式的自变量集合，包括核心解释变量和控制变量；β 为 X_{it} 的系数；$\sum_{j=1}^{N} W_{ij} X_{jt}$ 为 X_{it} 的空间滞后项；θ 为该空间滞后项的系数；μ_{it}、ε_{it} 为随机扰动项；$\sum_{j=1}^{N} W_{ij} \mu_{jt}$ 是 μ_{it} 的空间滞后项；φ 是该空间滞后项的系数；ε 服从零均值、同方差的多元正态分布；α 为模型的常数项。

三、变量与数据说明

（1）被解释变量为进出口总额或者出口技术复杂度，其中出口技术复杂度的计算方法参见本书第六章的内容，数据来源于历年《中国统计年鉴》。

（2）核心解释变量为知识产权保护水平，计算方法以及数据来源与前文一致。

（3）控制变量。参考现有文献的研究成果，为减少模型估计的遗漏偏差，我们选取了地区生产总值、外商直接投资、交通基础设施、金融发展程度、研发资金投入作为控制变量加入计量模型。各控制变量的数据来源与前面一致。

第四节　知识产权保护对外贸供给侧结构性改革影响的计量结果

一、进出口总额

（一）基准模型的估计结果

估计不考虑空间溢出效应的基准模型，其中固定效应模型的估计结果如表8－10的（1）列所示，随机效应模型的估计结果如表8－10的（2）列所示。不难看出，基准模型的两列估计结果的符号方向是一致的，并且系数大小相差不大，这说明回归结果具有很好的稳健性。核心解释变量知识产权保护水平的回归系数在基准模型下均显著为正，说明在其他变量不变的情况下，知识产权保护水平提高能够带动进出口总额的增长，这与预期基本相符。

控制变量在固定效应模型和随机效应模型中的系数方向、大小和显著性水平基本一致，表现出很好的稳健性。鉴于前文已经对各个控制变量进行了较为详尽的分析，本节将列出控制变量的估计结果，不做重复分析。

为了考察固定效应模型和随机效应模型哪一个更适用于此处面板数据的基准模型分析，进一步进行了豪斯曼检验，检验结果拒绝随机效应原假设。固定效应模型更适合此处面板数据的分析。鉴于此，后续在估计结果的分析中将重点关注固定效应模型。

表8－10　　进出口总额计量模型的估计结果（知识产权保护）

变量名称		基准模型		距离权重矩阵		相邻权重矩阵	
		(1) 固定效应	(2) 随机效应	(3) 固定效应	(4) 随机效应	(5) 固定效应	(6) 随机效应
Main	lnIPP	0.710* (0.372)	0.605* (0.354)	0.819*** (0.157)	0.736*** (0.154)	0.740*** (0.158)	0.603*** (0.154)

续表

变量名称		基准模型		距离权重矩阵		相邻权重矩阵	
		(1) 固定效应	(2) 随机效应	(3) 固定效应	(4) 随机效应	(5) 固定效应	(6) 随机效应
Main	lnGDP	0.0809 (0.212)	0.0912 (0.219)	-0.0353 (0.129)	-0.00601 (0.131)	0.0628 (0.119)	0.0356 (0.125)
	lnFDI	0.165** (0.0716)	0.287*** (0.0779)	0.184*** (0.0447)	0.225*** (0.0463)	0.135*** (0.0422)	0.153*** (0.0445)
	lninfras	0.0471 (0.119)	-0.233** (0.0985)	-0.105 (0.117)	-0.194* (0.105)	-0.110 (0.121)	-0.170 (0.131)
	lnfinance	-1.100*** (0.279)	-1.187*** (0.272)	-0.713*** (0.141)	-0.663*** (0.139)	-0.538*** (0.154)	-0.546*** (0.160)
	lnRD	0.535*** (0.159)	0.574*** (0.146)	0.436*** (0.0792)	0.484*** (0.0801)	0.447*** (0.0777)	0.486*** (0.0772)
W	lnIPP			4.938*** (1.642)	1.576 (1.384)	1.719*** (0.483)	1.119*** (0.430)
	lnGDP			1.068 (0.951)	0.312 (0.869)	0.487 (0.320)	0.211 (0.259)
	lnFDI			0.260 (0.351)	0.118 (0.301)	0.547*** (0.148)	0.428*** (0.136)
	lninfras			-0.369 (0.369)	-0.108 (0.182)	-0.182 (0.206)	-0.125 (0.139)
	lnfinance			-4.062*** (1.046)	-2.373** (1.170)	-2.874*** (0.382)	-1.934*** (0.457)
	lnRD			-0.206 (0.696)	0.105 (0.666)	0.0928 (0.224)	-0.0802 (0.224)
	lntrade			-0.837*** (0.242)	-0.219 (0.270)	-0.740*** (0.166)	-0.138 (0.224)
	e.lntrade			0.674*** (0.0971)	0.385 (0.288)	0.520*** (0.118)	0.0414 (0.246)

续表

变量名称		基准模型		距离权重矩阵		相邻权重矩阵	
		(1) 固定效应	(2) 随机效应	(3) 固定效应	(4) 随机效应	(5) 固定效应	(6) 随机效应
W	N	420	420	420	420	420	420
	pseudo R^2			0.743	0.813	0.673	0.813
	AIC	-28.90		-34.19	130.8	-49.33	108.5
	BIC	-4.655		26.42	199.5	11.27	177.1
	Hausman	65.51***		-4.98		2.23	

注：括号内为标准误差，*、**、*** 分别表示在 10%、5%、1% 的水平上显著。

（二）空间计量模型的估计结果

从空间计量模型的估计结果来看，引入空间权重矩阵后，核心解释变量知识产权保护水平回归系数的显著性水平获得了改善，由基准模型下的在 10% 的水平上显著为正变为在 1% 的水平上显著为正。知识产权保护水平的空间滞后项在引入了距离权重矩阵的固定效应模型和引入了相邻权重矩阵的固定效应模型、随机模型下均显著为正，说明知识产权保护水平具有明显的空间自相关性。被解释变量进出口总额和误差项的空间滞后项均在引入空间权重矩阵的固定效应模型下高度显著。这说明引入空间滞后项是有必要的，空间计量模型比非空间计量模型更适合用于分析此处的面板数据样本，这与前文的莫兰指数 I 的检验结果是一致的。

（三）空间计量模型的直接效应和间接效应

基于空间计量模型的估计结果，表 8-11 列示了解释变量的直接效应和间接效应。从表 8-11 列示的结果来看，除了在引入距离权重矩阵的随机效应模型下，知识产权保护对进出口总额的间接效应不显著；在其他情况下，知识产权保护对进出口总额总体表现为显著的正的直接效应和间接效应。也就是说，提高知识产权保护水平不但能够提升本省的进出口总额，而且能够提高周边省份的进出口总额，知识产权保护对外贸具有跨区域的促进作用。

表 8-11　知识产权保护对进出口总额的直接效应和间接效应估计

变量名称	距离权重矩阵				相邻权重矩阵			
	固定效应模型		随机效应模型		固定效应模型		随机效应模型	
	直接效应	间接效应	直接效应	间接效应	直接效应	间接效应	直接效应	间接效应
lnIPP	0.679*** (0.154)	2.256*** (0.795)	0.721*** (0.154)	1.064 (0.884)	0.615*** (0.153)	0.674*** (0.253)	0.582*** (0.156)	0.762** (0.323)
lnGDP	-0.071 (0.136)	0.583 (0.518)	-0.009 (0.132)	0.236 (0.672)	0.016 (0.128)	0.253 (0.184)	0.031 (0.126)	0.151 (0.199)
lnFDI	0.180*** (0.046)	0.056 (0.182)	0.224*** (0.047)	0.052 (0.204)	0.088* (0.047)	0.257*** (0.086)	0.144*** (0.047)	0.299*** (0.085)
lninfras	-0.096 (0.123)	-0.149 (0.214)	-0.193* (0.106)	-0.049 (0.168)	-0.099 (0.140)	-0.058 (0.146)	-0.168 (0.131)	-0.075 (0.144)
lnfinance	-0.600*** (0.151)	-1.838*** (0.492)	-0.640*** (0.147)	-1.676*** (0.593)	-0.274 (0.178)	-1.423*** (0.224)	-0.508*** (0.174)	-1.367*** (0.214)
lnRD	0.455*** (0.083)	-0.303 (0.364)	0.484*** (0.081)	-0.000 (0.455)	0.472*** (0.079)	-0.137 (0.114)	0.489*** (0.077)	-0.108 (0.134)

注：括号内为标准误差，*、**、*** 分别表示在 10%、5%、1% 的水平上显著。

综上所述，中国各省份的经济是广泛联系的，经济变量普遍存在跨越省际的空间溢出效应，价值链发展和产业链供需关系将各省份出口贸易紧密串联在一起。一省的对外贸易不但受到本省各类经济变量的影响，而且还受到其他省份的影响，尤其是知识产权数量的增长和保护水平的提升不但会对本省外贸规模产生影响，也会对周边省份产生空间溢出效应。具体地，专利数量的增长对本省外贸增长有利，但不利于周边省份，并且发明专利的影响要比其他种类的专利更为显著，提高知识产权保护水平则是对本省和周边省份都有利。此外值得关注的是，中国现阶段金融市场的缺陷对外贸的负面影响明显，金融市场规模的扩大并不能够向需要技术研发资金的生产企业有效输送资金，甚至会错配资金，影响出口产品的技术附加值提升，不利于中国企业实现全球价值链的攀升。

二、出口技术复杂度

（一）基准模型的估计结果

估计不考虑空间溢出效应的基准模型，其中固定效应模型的估计结果如

表 8-12 的（1）列所示，随机效应模型的估计结果如表 8-12 的（2）列所示。不难看出，基准模型的两列估计结果的符号方向是一致的，并且系数大小相差不大，这说明回归结果具有很好的稳健性。核心解释变量知识产权保护水平的回归系数在基准模型下均显著为正，说明在其他变量不变的情况下，知识产权保护水平提高能够带动出口技术复杂度的提升，这与预期基本相符。

控制变量在固定效应模型和随机效应模型中的系数方向、大小和显著性水平基本一致，表现出很好的稳健性。鉴于前文已经对各个控制变量进行了较为详尽的分析，本节将列出控制变量的估计结果，不做重复分析。

为了考察固定效应模型和随机效应模型哪一个更适用于此处面板数据的基准模型分析，进一步进行了豪斯曼检验，检验结果拒绝随机效应原假设。固定效应模型更适合此处面板数据的分析。鉴于此，后续在估计结果的分析中将重点关注固定效应模型。

表 8-12　　出口技术复杂度计量模型的估计结果（知识产权保护）

变量名称		基准模型		距离权重矩阵		相邻权重矩阵	
		(1) 固定效应	(2) 随机效应	(3) 固定效应	(4) 随机效应	(5) 固定效应	(6) 随机效应
Main	lnIPP	1.763*** (0.582)	1.543*** (0.510)	1.994*** (0.273)	1.838*** (0.270)	1.191*** (0.293)	1.356*** (0.296)
	lnGDP	0.320 (0.344)	0.240 (0.327)	0.245 (0.222)	0.310 (0.211)	0.362 (0.227)	0.234 (0.222)
	lnFDI	0.0900 (0.132)	0.366*** (0.128)	0.147* (0.0770)	0.253*** (0.0737)	0.0499 (0.0795)	0.165** (0.0834)
	lninfras	0.326 (0.253)	-0.205 (0.172)	-0.0968 (0.203)	-0.130 (0.144)	-0.115 (0.260)	0.107 (0.165)
	lnfinance	-1.228*** (0.279)	-1.415*** (0.305)	-0.411* (0.241)	-0.600*** (0.225)	-0.0257 (0.305)	-0.176 (0.289)
	lnRD	0.629** (0.255)	0.745*** (0.176)	0.325** (0.136)	0.382*** (0.129)	0.357** (0.149)	0.513*** (0.138)

续表

变量名称		基准模型		距离权重矩阵		相邻权重矩阵	
		(1) 固定效应	(2) 随机效应	(3) 固定效应	(4) 随机效应	(5) 固定效应	(6) 随机效应
W	lnIPP			18.30 *** (2.719)	15.37 *** (2.608)	1.732 *** (0.659)	1.997 *** (0.730)
	lnGDP			-0.347 (1.753)	-1.601 (1.370)	-0.836 ** (0.380)	-0.715 * (0.394)
	lnFDI			1.625 ** (0.718)	1.945 *** (0.630)	0.0888 (0.163)	0.194 (0.189)
	lninfras			-0.816 (0.821)	0.224 (0.440)	0.0769 (0.284)	-0.353 ** (0.140)
	lnfinance			-11.33 *** (1.759)	-11.06 *** (1.581)	-1.583 *** (0.540)	-2.093 *** (0.704)
	lnRD			-0.298 (1.292)	0.528 (0.919)	0.117 (0.271)	0.0559 (0.304)
	lnETS			-0.661 *** (0.218)	-0.728 *** (0.215)	0.642 *** (0.0814)	0.515 *** (0.145)
	e. lnETS			0.826 *** (0.0484)	0.844 *** (0.0426)	-0.771 *** (0.164)	-0.499 * (0.258)
	N	420	420	420	420	420	420
	pseudo R^2			0.629	0.815	0.421	0.858
	AIC	485.2		380.8	543.6	416.2	581.7
	BIC	509.4		441.4	612.3	476.8	650.4
	Hausman	41.43 ***		47.28 ***		-10.80	

注：括号内为标准误差，*、**、*** 分别表示在 10%、5%、1% 的水平上显著。

（二）空间计量模型的估计结果

从空间计量模型的估计结果来看，引入空间权重矩阵后，核心解释变量知识产权保护水平的回归系数依然在 1% 的水平上显著为正。知识产权保护水平的空间滞后项在引入了距离权重矩阵的固定效应模型和引入了相邻权重矩阵的固定效应模型、随机模型下均显著为正，说明知识产权保护水平具有明显的空间自相关性。被解释变量出口技术复杂度、误差项和部分控制变量的空间滞后项均显著。这说明引入空间滞后项是有必要的，空间计量模型比非空间计量模型更适合用于分析此处的面板数据样本，这与前文的莫兰指数 I 的检验结果是一致的。

（三）空间计量模型的直接效应和间接效应

基于空间计量模型的估计结果，表 8－13 列示了解释变量的直接效应和间接效应。从表 8－13 列示的结果来看，在所有空间计量模型下，知识产权保护水平对出口技术复杂度的直接效应和间接效应均显著为正。这说明提高知识产权保护水平不但能够提升本省的出口技术复杂度，而且能够提高周边省份的出口技术复杂度，能够有效促进外贸供给侧结构性改革。

表 8－13　　知识产权保护对出口技术复杂度的直接效应和间接效应估计

变量名称	距离权重矩阵				相邻权重矩阵			
	固定效应模型		随机效应模型		固定效应模型		随机效应模型	
	直接效应	间接效应	直接效应	间接效应	直接效应	间接效应	直接效应	间接效应
lnIPP	1.537*** (0.273)	9.778*** (1.756)	1.429*** (0.266)	7.822*** (1.482)	1.588*** (0.291)	5.108*** (1.296)	1.650*** (0.284)	4.125*** (1.233)
lnGDP	0.259 (0.232)	-0.293 (1.015)	0.363* (0.220)	-1.018 (0.763)	0.266 (0.216)	-1.235* (0.660)	0.169 (0.221)	-0.910* (0.536)
lnFDI	0.106 (0.077)	0.880** (0.424)	0.202*** (0.076)	0.982*** (0.362)	0.069 (0.076)	0.247 (0.284)	0.195** (0.081)	0.428* (0.220)
lninfras	-0.077 (0.209)	-0.433 (0.496)	-0.140 (0.147)	0.177 (0.248)	-0.115 (0.246)	0.006 (0.303)	0.075 (0.158)	-0.456** (0.193)
lnfinance	-0.113 (0.254)	-6.370*** (1.150)	-0.290 (0.241)	-5.922*** (0.991)	-0.280 (0.288)	-3.274*** (0.623)	-0.414 (0.290)	-3.344*** (0.523)
lnRD	0.338** (0.137)	-0.295 (0.736)	0.375*** (0.130)	0.139 (0.494)	0.413*** (0.143)	0.709 (0.455)	0.548*** (0.137)	0.490 (0.366)

注：括号内为标准误差，*、**、*** 分别表示在 10%、5%、1% 的水平上显著。

第五节　知识产权贸易对外贸供给侧结构性改革的影响

我国外贸出口面临内忧外患的严峻形势，外部面临着市场的不确定性、贸易摩擦的层出不穷、产业和订单的向外转移，内部面临着传统要素成本优势的难以为继、技术品牌创新的力度不够、无效低端供给与中高端需求的不匹配，迫切需要调结构转动力，持续推进外贸供给侧结构性改革。党的十九大报告指出要深化供给侧结构性改革，将提高供给体系质量作为主攻方向，必须重视对技术、产业、业态、模式的创新，创造新供给，加快培育以技术、标准、品牌和质量为核心的外贸竞争新优势，优化供给结构，从要素投入粗放增长转向供给升级集约增长，实现从劳动密集型产品、资本密集型产品、技术密集型产品向知识产权密集型产品的转变，提升知识产权对出口贸易的贡献率。

知识产权贸易是指以知识产权为标的以及含有知识产权的产品的贸易，知识产权贸易发展程度是外贸供给质量提升的重要体现。国际贸易的竞争越来越体现为知识产权的竞争，知识产权已经成为发达国家出口贸易的“标配”，知识产权贸易有效提升了出口产品的供给质量，优化了供给结构，提高了供给效率，增强了供给端主体的发力力度。知识产权贸易能有效促进创新链—产业链—市场链的衔接，是创新成果价值实现的重要渠道，对创新驱动发展战略的实施具有重要影响。发展知识产权贸易有利于扩大有效供给和中高端供给，有利于提高全要素生产率，是推进外贸供给侧结构性改革的重要手段，同时也是《中国制造 2025》提出的向中国创造、中国质量、中国品牌顺利转变的重要支撑。党的十九大报告指出，要推进贸易强国建设，知识产权贸易发展程度体现了一国创新能力及在全球价值链分工中的地位，是贸易大国向贸易强国转变的重要标志，加快知识产权贸易发展，对推进外贸供给侧结构性改革和贸易强国建设具有重要意义。

一、文献回顾

国际贸易引致技术溢出，罗默（Romer，1986）指出国际贸易促进技术进步、提高要素生产率，格罗斯曼和赫尔普曼（Grossman & Helpman，1991）提出国际贸易带来的先进知识和技术会引起本国生产率的提高，科和赫尔普曼（Coe & Helpman，1997）分析了国际贸易对技术转移的重要影响，国际贸易是技术转移、技术扩散的一条重要渠道（李平，2006），是生产率和技术进步的主要推动力

（Krammer，2014），尤其是国际技术贸易将给企业和地区竞争力带来深远影响（Monk，2009），通过国际贸易渠道的 R&D 溢出促进了中国工业行业的技术进步、技术效率及全要素生产率增长（李小平等，2008）。

在经济“新常态”下如何以知识产权打造外贸竞争新优势，推进外贸供给侧结构性改革，支撑创新驱动发展是个重要的研究命题，知识产权贸易的理论研究及政策选择开始被广泛关注，《国务院办公厅关于支持外贸稳定增长的若干意见》提出要支持拥有知识产权的产品出口，知识产权贸易的核心支撑是专利技术和品牌，在推进创新驱动发展战略实施背景下，需要以知识产权打造外贸竞争新优势，提高出口技术含量（邢斐等，2016），助推我国企业向价值链中高端攀升。在全球价值链分工模式下，贸易的性质已不再是简单地实现要素或者商品的跨国流动，而是参与全球价值链的一种表现形式，知识产权贸易的发展程度体现了一国在国际分工中的地位，反映了一国自主创新能力的强弱（代中强，2007），对中国自主创新能力的提升具有正面推动效应（刘丽等，2014），李浩（2005）指出知识产权作为一种生产要素，能改变一国的比较优势和提升一国的竞争优势，发展知识产权贸易可以有效改善整体外贸环境，顾晓燕（2016）提出了知识产权贸易促进创新驱动发展的模式选择和实现路径。

2018 年，商务部继续深化外贸领域的供给侧结构性改革，供给侧结构性改革已经成为培育外贸新动能的重要途径，有关供给侧结构性改革与外贸转型升级的相关研究文献近几年开始频繁出现。李凯杰（2016）指出供给侧结构性改革是推动我国出口贸易转型升级的重要途径，创造新供给的同时，要调整供给结构，优化供给结构是扩大有效供给的关键，扩大有效供给是供给侧改革的核心，而优化供给结构的前提在于完善生产要素供给（徐康宁，2016）。戴翔、张二震（2016）提出，加快推进外贸供给侧结构性改革是促进外贸转型发展的有效途径之一，改革出口导向型企业的产业政策，进而调整企业的产品供给结构是促进出口企业转型升级的必要条件（刘晴等，2017），产业结构升级依赖要素结构升级，我国制造业要实现产业升级目标，需要提升要素禀赋，技术要素是动态比较优势形成的关键，要加快我国要素禀赋结构向创造性资产升级的进程（苏杭等，2017），要推动传统要素向高级要素升级，推进供给侧结构性改革是跨越“中等收入陷阱”的必然选择（张慧芳等，2017）。陈万灵、傅双丽（2016）认为发达国家进口市场是中国传统市场，其进口需求结构变化对我国外贸供给侧结构调整具有一定的指导意义，研究结论指出对发达国家的市场我国要加大技术性产品的出口份额。但就目前的中国现状而言，倪红福（2017）测算了中国及其他主要国家的出口技术含量水平及结构，发现中国出口的技术水平和结构远落后于美国、日本等发达国家，中国出口产品的技术升级水平亟待提高。裴长洪等（2017）也指出我国人均专利技术出口额与贸易强国差距太大，急需提高出口技术含量，培育自主品牌，提升中国出口在全球价值链中的位置。在关注外需的同时，许多学者也关注到内需的重要意义，易先忠等（2017）提出通过构建“内需引致出口”的制度环境，形成依托国内大市场的内生发展机制，增强外贸升级动力。无论是外需还是内需，需求侧对技术含量高、附加值高、品牌价值高的产品都表现出特别的青睐，专利技术与品牌等知识产权已经成为外贸转型升级的“刚需”，知识产权贸易的快速发展是外贸转型升级的必然趋势。李文锋（2016）指出改善外贸供给侧结构，要开启创新驱动，要坚持市场引领，要着力降成本补短板。戴翔、张为付（2017）提出了全球价值链下外贸供给侧结构性改革的举措，指出注重技术创新、制度创新和模式创新是外贸供给侧结构性改革的关键所在。顾晓燕、刘丽（2016）指出知识产权贸易推进了创新链、产业链、市场链的有效衔接，体现了一国“智造水平”，建立在劳动密集型、资源消耗型等基础上的传统外贸比较优势有悖于创新驱动发展战略的实施，知识产权成为外贸竞争新的核心竞争力是知识产权大国迈向知识产权强国的必然，是贸易大国迈向贸易强国的必然，知识产权贸易将引领国际贸易的未来（顾晓燕，2017），是外贸供给侧结构性改革实施成效的重要标志。

已有的相关文献分析了外贸供给侧结构性改革与外贸转型升级的相关性，指出了供给侧改革对外贸转型发展具有的重要意义，在创新驱动发展战略和供给侧结构性改革战略实施的背景下，提升知识产权对出口贸易的贡献度，发展知识产权贸易是外贸转型发展的必然要求。商务部印发的《对外贸易“十三五”规划》提出，要注重从外贸供给侧结构性改革发力，提升发展新动能，推进贸易强国进程，在这样的背景下，下文拟分析外贸供给侧结构性改革与知识产权贸易的关联性，从创新链、产业链、市场链的三维角度，研究知识产权贸易发展面临的困境，进而提出发展知识产权贸易，推进外贸供给侧结构性改革的政策建议，以期能产生一定的现实指导意义。

二、知识产权贸易与外贸供给侧结构性改革的关联性分析

（一）知识产权贸易发展支撑外贸供给侧结构性改革

创新链发展是知识产权贸易的基础，创新是引领发展的首要动力、是推动结构调整和转换发展动力的关键、是提高供需结构匹配度的有效手段，知识产权贸

易的发展倒逼了技术创新、管理创新、制度创新和模式创新，有利于外贸供给侧结构性改革。知识产权贸易的发展需要将知识产权优势转换为产业优势，知识产权贸易的发展与产业发展紧密相关，外贸供给侧结构性改革的关键在于优化产业结构。发展知识产权贸易有利于融入全球价值链分工体系，提升在全球价值链中的分工地位，实现从低端供给向高端供给跨越，有利于优化供给的生产要素结构，知识产权要素是高级生产要素、是对外贸易新型核心竞争力形成的决定性要素，提高了供给端主体的持续发力水平，对外贸供给侧结构性改革有举足轻重的支撑作用。知识产权贸易的发展离不开市场链的发展，技术专利化、专利产业化、产品市场化、市场品牌化，知识产权贸易是知识产权价值的重要体现，更是供需匹配的重要体现，亦是外贸供给侧结构性改革成功与否的关键标志。

（二）外贸供给侧结构性改革推进知识产权贸易发展

外贸供给侧结构性改革的核心在于提升外贸产品的供给质量和供给需求的匹配度。需求侧越来越倾向于高附加值、高技术含量、高品牌价值的产品，为迎合需求侧的变革，供给侧势必将推进知识产权贸易的发展。提高外贸供给质量的关键是优化供给结构，从以劳动密集型产品为主的传统贸易模式，向资本密集型、技术密集型、知识产权密集型产品为主的高质量贸易模式转型，作为贸易升级的重要表现，知识产权贸易在出口贸易中的比重势必会增加。优化外贸供给结构的前提是完善生产要素供给，从劳动、资源等生产要素向知识产权高级生产要素转变是外贸供给侧结构性改革的必然趋势，知识产权优势将成为外贸出口的核心竞争优势，知识产权贸易势必得以快速发展。推进外贸供给侧结构性改革有利于促进外贸转型发展，实现对外贸易由传统的粗放式价格竞争转向高附加值的专利技术竞争和品牌竞争，实现从低附加值向高附加值的转变，实现我国产业向全球价值链中高端攀升的目标，提升知识产权密集型产业对出口贸易的贡献率，形成拥有自主知识产权的国际知名品牌产品，推进知识产权贸易的迅猛发展。

三、外贸供给侧结构性改革背景下知识产权贸易发展面临的困境

（一）创新链维度的困境

创新链发展是知识产权贸易的重要基础。创新是推进外贸供给侧结构性改革的关键，但是，创新活动是一个高投入、高风险、成果易共享的活动，创新主体面临研发失败、中试失败、产业化失败、市场化失败、知识产权维权失败等风

险，创新意愿并不强烈。外贸企业是外贸供给侧结构性改革的主体，但是很多外贸企业长期依赖于成本优势、规模优势赢得单薄利润，在知识产权创造的投入上心有余而力不足，创新能力并不强大。2018～2019 年全球创新企业和机构百强中，美国和日本占了 70% 以上，中国内地的比亚迪、华为、小米进入百强榜。以华为为例，是持续创新造就了华为从优秀走向卓越，华为在中国、德国、瑞典、俄罗斯及印度等多地设立了 16 个研发中心，2018 年研发投入为 1015 亿元，这样庞大的研发资金的持续投入是大部分外贸企业可望而不可及的，创新能力的不足导致了大部分外贸企业在关键技术领域拥有的核心专利、高价值专利缺乏。就我国现状而言，围绕某个创新的核心主体并连接其他相关创新主体，以满足市场需求为导向协同创新，在关键技术上集体攻关的能力还不强，围绕创新链的专利联盟还不够，未能形成“抱团取暖”的功效。与发达国家和地区相比，我国外贸企业在国际市场上申请专利的数量相对较少，企业缺乏海外知识产权布局，没有知识产权保驾护航的产品一旦进入海外市场，就会遭到国际竞争对手的“封杀”和抵制，外贸出口频繁遭遇知识产权摩擦。

（二）产业链维度的困境

产业链的发展是知识产权贸易的关键。知识产权贸易需要产业链、创新链、市场链的有效衔接，如果离开产业链，知识产权无法转化为产品进入市场，知识产权贸易的发展也成了无稽之谈。中国已经是知识产权大国，但还不是知识产权强国，知识产权的转化率、知识产权引导产业转型升级的能力、知识产权对经济增长的贡献率、知识产权对出口贸易的贡献率都有待进一步提升，最为关键的是产业链上的知识产权优势亟待提高。企业是创新的主体，是知识产权创造的主体，但是我国企业所拥有的知识产权占的比重还有待进一步提高。高校科研院所由于缺乏市场需求导向，知识产权创造激励机制与市场需求并不完全契合，产学研用结合度有待提高，很多专利成果处于“沉睡”状态，未能转化为现实生产力，未能驱动产业发展。用创新链升级产业链的能力不高，创新链嵌入产业链的有效性不够，严重影响了知识产权贸易的发展。专利的质量是影响专利产业化的另一个重要原因，在政策红利的激励下，过度追求数量，忽视专利创造的质量，将会导致高价值专利匮乏、专利转化困难。另外，高价值专利在产业链上下游之间的协同运用能力不强，难以实现专利的应用价值，知识产权密集型产业的培育成效和产业集聚度有待提高，产业链上的知识产权联盟不够，以专利导航引领产业发展的成效还不够彰显。产业的转型升级直接影响贸易的转型升级，产业结构的优化直接影响贸易结构的优化，创新链与产业链的衔接性不够影响了知识产权贸易的发展。

（三）市场链维度的困境

市场链的发展是知识产权贸易的必要条件。中国民众疯狂的海外扫货和品牌奢侈品代购蓬勃兴起等现象表明，供给侧缺乏更多的高端产品来满足民众的差异化需求，供给侧与需求侧存在严重的不匹配，无论是稳固国内市场还是开辟国际市场，发展知识产权贸易都是必然趋势。在以知识产权为标的的贸易中，知识产权价值评估是一个世界性难题，缺乏市场认可的价值评估体系，影响了知识产权拍卖、转让、质押、交易等市场行为。在含有知识产权的产品贸易中，第一，面临知识产权海外侵权的困境。我国外贸企业在重要目标市场的专利申请，尤其是核心专利的海外申请还较少，产品未动专利先行的意识还不强，国际专利布局做的还不到位。2018 年，美国发起的“337 调查”中涉及中国企业 19 家，占全球总数的 38%，已经连续 17 年成为遭受美国“337 调查”最多的国家，离开知识产权保驾护航的出口贸易面临岌岌可危之势。知识产权海外维权联盟、海外知识产权维权机制、多元知识产权国际合作平台亟待建立和完善。第二，面临自主品牌缺乏的困境。中国是世界的工厂，相当一部分外贸企业还处于贴牌生产阶段，位处价值链“微笑曲线”低端，长期为外国知名品牌“打工”的同时，造成了我国能源和资源的消耗、环境的恶化，无法实现产品的高利润、高附加值，难以在国际市场上做强做大。而且，我国外贸企业缺乏具有自主知识产权的国际知名品牌，国际市场品牌推广还不够。第三，面临销售渠道和销售市场布局创新的困境。外贸企业目前还是以传统的销售渠道为主，“互联网 + 外贸”时代背景下跨境电商的发展还有待加速，电子商务领域的知识产权保护亟待加强，知识产权维权存在高成本、长流程、维权途径单一等问题。美国、欧盟等传统出口市场的知识产权竞争越演越烈，“一带一路”沿线国家的知识产权布局以及市场的开拓空间还很大。

四、外贸供给侧结构性改革背景下知识产权贸易发展对策

（一）创新链维度的发展对策

创新驱动是推动外贸供给侧结构性改革的主动力，支持企业利用内外部创新资源，推进开放式创新和协同创新，以创新发展改善供给主体结构。一方面，必须注重创新质量的提高，树立知识产权数量布局、质量取胜的理念，提升知识产

权创造水平，以产业需求、市场需求为导向，加快高价值专利的创造和自主国际知名品牌的培育。另一方面，应充分发挥高校的基础研发优势，鼓励高校科研院所面向市场需求，与企业开展协同创新、集体攻关，在产业发展重大关键技术领域形成一批核心专利，完善知识产权利益共享分配机制，促进专利技术的产业化和专利产品的市场化。此外，政府应统筹创新政策体系，提高科技创新政策的系统性、科学性和部门间的协调性，完善市场主体协同创新和协同运用政策，壮大创新主体的创新能力，集聚高端创新人才，组建跨学科科技研发团队，瞄准关键技术领域集体攻关，推进先进技术研发、成果转化、产业孵化、新产品开发和市场推广。加大 PCT 国际专利申请的激励力度，引导企业加快知识产权海外布局的步伐，为中国企业“走出去”参与全球竞争提供保障。

（二）产业链维度的发展对策

围绕产业链部署创新链，使产业链发展与创新链发展实现有效嫁接。《中国制造 2025》明确提出加大产业知识产权联盟，推动市场主体开展知识产权协同运用，以专利导航引领产业升级之路，以专利导航优化产业规划布局，以专利导航优化招商引资结构，开展面向企业的微导航，提升专利导航试验区和专利集群管理示范区的建设成效，培育形成一批附加值高、成长性好的专利密集型产业，推动专利密集型产业发展和集聚。培育产业链上的知识产权优势，强化贸易政策和产业政策的协调，通过产业结构的调整改变外贸供给商品结构，提高供给体系的质量，不断促进外贸供给侧结构性改革。驱动产业发展从价值链低端向中高端攀升，优化知识产权产业布局，在核心技术领域构建专利池、专利墙，形成高价值专利布局网，使知识产权优势成为新兴优势产业的核心竞争优势，同时以知识产权带动传统产业转型升级，使传统产业产能过剩减少、无效低端供给减少。以知识产权支撑并引领现代产业体系，建设知识产权密集型产业公共服务平台，围绕产业链上下游核心技术构建专利池并形成专利集群。面向产业关键技术领域，组建产业链知识产权联盟，提升产业整体竞争力，推进知识产权与产业技术标准的有效衔接。

（三）市场链维度的发展对策

推进跨境电商新业态的发展，利用“互联网 + 外贸”创新销售渠道，加强跨境电商领域的知识产权保护，保障跨境电商的健康有序发展。加强国际营销服务网络建设，以市场需求为导向，实现外贸供给与需求良性互动。结合“一带一路”倡议，拓展新的国际市场空间，凭借知识产权优势，夺取在“一带一路”

沿线国家进行知识产权布局的先机优势，实现产品未动专利先行。品牌是企业竞争力的综合体现，代表着供给结构和需求结构的升级方向，要发挥品牌引领作用，推动供给结构优化升级，推动加工贸易由贴牌生产向自有品牌发展，外贸企业要培育自主品牌，支持中国驰名商标进行国际注册，鼓励运用自主品牌开拓国际市场，做好自主品牌在境内外参展的知识产权保护。推动专利转化和运用有效对接市场需求，加大新产品开发力度，提高知识产权贸易在企业出口中的比重，走“知识产权兴贸”之路，推动知识产权展会市场化、专业化运作。创新快速维权方式，提高维权水平，建立涉外知识产权争端应对机制，完善企业海外知识产权维权援助机制，营造知识产权公平贸易环境，争取国际知识产权领域更多的话语权，打造“互联网+知识产权”公共服务平台，开展知识产权海外风险预警，增强知识产权涉外风险防范，帮助外贸企业有效跨越知识产权壁垒，有效应对知识产权海外诉讼。

本章附录

在分析知识产权数量对外贸供给侧结构性改革的影响时，为了进一步检验实证结果的稳健性，分别以专利授权总量和发明授权量作为核心解释变量进行了回归，回归结果与以专利申请总量和发明申请量作为核心解释变量的结果保持了较高的一致性，说明实证结果具有较好的稳健性。具体回归结果参见附表8-1~附表8-8。

附表8-1　　进出口总额计量模型的估计结果（专利授权总量）

变量名称		基准模型		距离权重矩阵		相邻权重矩阵	
		(1) 固定效应	(2) 随机效应	(3) 固定效应	(4) 随机效应	(5) 固定效应	(6) 随机效应
Main	lnauth_t	0.0894 (0.0747)	0.103 (0.0813)	0.0717 (0.0564)	0.0866 (0.0576)	0.0290 (0.0564)	0.00102 (0.0656)
	lnGDP	0.0546 (0.211)	0.0609 (0.228)	-0.0415 (0.147)	-0.0370 (0.143)	0.0871 (0.143)	0.0897 (0.152)

续表

变量名称		基准模型		距离权重矩阵		相邻权重矩阵	
		(1) 固定效应	(2) 随机效应	(3) 固定效应	(4) 随机效应	(5) 固定效应	(6) 随机效应
Main	lnFDI	0.185** (0.0803)	0.302*** (0.0796)	0.210*** (0.0466)	0.252*** (0.0475)	0.148*** (0.0452)	0.157*** (0.0457)
	lninfras	0.0205 (0.131)	-0.279*** (0.103)	-0.0941 (0.124)	-0.224** (0.111)	-0.165 (0.130)	-0.137 (0.129)
	lnfinance	-1.162*** (0.294)	-1.220*** (0.270)	-0.826*** (0.156)	-0.784*** (0.152)	-0.593*** (0.170)	-0.671*** (0.169)
	lnRD	0.552*** (0.188)	0.567*** (0.173)	0.467*** (0.0839)	0.504*** (0.0823)	0.448*** (0.0801)	0.491*** (0.0817)
W	lnauth_t			0.0440 (0.329)	-0.222 (0.497)	0.395*** (0.132)	0.347*** (0.107)
	lnGDP			1.763 (1.100)	0.902 (0.967)	0.166 (0.345)	-0.0755 (0.280)
	lnFDI			0.122 (0.305)	0.313 (0.625)	0.605*** (0.146)	0.383*** (0.119)
	lninfras			-0.433 (0.335)	-0.356 (0.437)	-0.295 (0.193)	-0.190* (0.112)
	lnfinance			-2.292** (0.969)	-2.335 (1.801)	-2.789*** (0.536)	-1.512*** (0.417)
	lnRD			-0.404 (0.709)	0.201 (1.091)	0.0251 (0.255)	-0.254 (0.193)
	lntrade			-0.565** (0.265)	-0.325 (0.460)	-0.509* (0.278)	0.118 (0.175)
	e. lntrade			0.520*** (0.159)	0.512 (0.451)	0.331 (0.241)	-0.312 (0.241)
	N	420	420	420	420	420	420
	pseudo R^2			0.760	0.831	0.744	0.819
	AIC	-10.68		-5.265	150.9	-34.14	116.2
	BIC	13.56		55.34	219.6	26.46	184.9
	Hausman	68.48***		-139.99		1.44	

注：括号内为标准误差，*、**、*** 分别表示在10%、5%、1%的水平上显著。

附表 8－2　　专利授权总量对进出口总额的直接效应和间接效应估计

变量名称	距离权重矩阵				相邻权重矩阵			
	固定效应模型		随机效应模型		固定效应模型		随机效应模型	
	直接效应	间接效应	直接效应	间接效应	直接效应	间接效应	直接效应	间接效应
lnauth_t	0. 072 (0. 058)	－0. 002 (0. 203)	0. 090 (0. 057)	－0. 175 (0. 325)	0. 001 (0. 060)	0. 233 ** (0. 094)	0. 008 (0. 061)	0. 312 *** (0. 112)
lnGDP	－0. 084 (0. 156)	1. 081 (0. 694)	－0. 050 (0. 148)	0. 638 (0. 705)	－0. 078 (0. 155)	0. 075 (0. 220)	0. 088 (0. 149)	－0. 058 (0. 242)
lnFDI	0. 210 *** (0. 048)	0. 002 (0. 179)	0. 248 *** (0. 047)	0. 162 (0. 335)	0. 110 ** (0. 048)	0. 325 *** (0. 092)	0. 165 *** (0. 046)	0. 361 *** (0. 091)
lninfras	－0. 085 (0. 128)	－0. 230 (0. 213)	－0. 220 ** (0. 109)	－0. 197 (0. 224)	－0. 149 (0. 144)	－0. 129 (0. 142)	－0. 141 (0. 124)	－0. 185 (0. 126)
lnfinance	－0. 783 *** (0. 160)	－1. 105 ** (0. 500)	－0. 754 *** (0. 152)	－1. 453 ** (0. 722)	－0. 413 ** (0. 188)	－1. 525 *** (0. 239)	－0. 701 *** (0. 176)	－1. 430 *** (0. 233)
lnRD	0. 483 *** (0. 086)	－0. 404 (0. 426)	0. 503 *** (0. 085)	－0. 258 (0. 632)	0. 462 *** (0. 082)	－0. 124 (0. 126)	0. 487 *** (0. 080)	－0. 176 (0. 150)

注：括号内为标准误差，*、**、*** 分别表示在 10%、5%、1% 的水平上显著。

附表 8－3　　进出口总额计量模型的估计结果（发明授权量）

变量名称		基准模型		距离权重矩阵		相邻权重矩阵	
		(1) 固定效应	(2) 随机效应	(3) 固定效应	(4) 随机效应	(5) 固定效应	(6) 随机效应
Main	lnauth_i	0. 163 ** (0. 0777)	0. 111 (0. 0867)	0. 191 *** (0. 0476)	0. 187 *** (0. 0486)	0. 179 *** (0. 0463)	0. 172 *** (0. 0465)
	lnGDP	0. 0175 (0. 242)	0. 0619 (0. 248)	－0. 0734 (0. 135)	－0. 0239 (0. 134)	－0. 0940 (0. 127)	－0. 108 (0. 126)
	lnFDI	0. 181 ** (0. 0743)	0. 297 *** (0. 0751)	0. 213 *** (0. 0457)	0. 258 *** (0. 0461)	0. 161 *** (0. 0424)	0. 180 *** (0. 0427)
	lninfras	0. 0596 (0. 126)	－0. 235 ** (0. 0972)	－0. 105 (0. 123)	－0. 241 ** (0. 107)	－0. 196 (0. 124)	－0. 225 ** (0. 106)

续表

变量名称		基准模型		距离权重矩阵		相邻权重矩阵	
		(1) 固定效应	(2) 随机效应	(3) 固定效应	(4) 随机效应	(5) 固定效应	(6) 随机效应
Main	lnfinance	-1.296 *** (0.327)	-1.286 *** (0.312)	-0.956 *** (0.154)	-0.905 *** (0.146)	-0.796 *** (0.158)	-0.823 *** (0.157)
	lnRD	0.480 *** (0.168)	0.540 *** (0.158)	0.392 *** (0.0849)	0.425 *** (0.0827)	0.440 *** (0.0836)	0.474 *** (0.0801)
W	lnauth_i			-0.0787 (0.233)	-0.436 * (0.249)	-0.0705 (0.124)	-0.157 (0.105)
	lnGDP			1.950 ** (0.947)	0.812 (0.944)	0.743 ** (0.332)	0.566 * (0.302)
	lnFDI			0.158 (0.323)	0.597 (0.498)	0.636 *** (0.151)	0.633 *** (0.133)
	lninfras			-0.391 (0.336)	-0.594 * (0.360)	-0.184 (0.215)	-0.222 (0.138)
	lnfinance			-2.261 ** (1.081)	-2.552 ** (1.206)	-2.557 *** (0.458)	-2.040 *** (0.365)
	lnRD			-0.483 (0.695)	0.490 (0.840)	0.135 (0.253)	0.162 (0.252)
	lntrade			-0.563 ** (0.265)	-0.398 (0.255)	-0.658 *** (0.174)	-0.430 ** (0.170)
	e.lntrade			0.521 *** (0.161)	0.588 *** (0.211)	0.543 *** (0.124)	0.394 *** (0.150)
	N	420	420	420	420	420	420
	pseudo R^2			0.723	0.837	0.350	0.773
	AIC	-21.08		-19.45	135.0	-42.68	111.4
	BIC	3.163		41.15	203.7	17.92	180.1
	Hausman	63.31 ***		-21.23		14.65 **	

注：括号内为标准误差，*、**、*** 分别表示在10%、5%、1%的水平上显著。

附表 8 -4 发明授权量对进出口总额的直接效应和间接效应估计

变量名称	距离权重矩阵				相邻权重矩阵			
	固定效应模型		随机效应模型		固定效应模型		随机效应模型	
	直接效应	间接效应	直接效应	间接效应	直接效应	间接效应	直接效应	间接效应
lnauth_i	0. 195 *** (0. 049)	-0. 113 (0. 140)	0. 195 *** (0. 048)	-0. 340 ** (0. 156)	0. 197 *** (0. 048)	-0. 110 (0. 072)	0. 186 *** (0. 047)	-0. 146 ** (0. 069)
lnGDP	-0. 120 (0. 137)	1. 206 * (0. 626)	-0. 038 (0. 136)	0. 548 (0. 664)	-0. 170 (0. 133)	0. 471 ** (0. 194)	-0. 146 (0. 131)	-0. 387 ** (0. 196)
lnFDI	0. 212 *** (0. 047)	0. 023 (0. 187)	0. 249 *** (0. 046)	0. 330 (0. 287)	0. 112 ** (0. 046)	0. 310 *** (0. 091)	0. 146 *** (0. 046)	0. 351 *** (0. 084)
lninfras	-0. 097 (0. 126)	-0. 201 (0. 214)	-0. 232 ** (0. 106)	-0. 332 (0. 223)	-0. 191 (0. 140)	-0. 032 (0. 150)	-0. 218 * (0. 112)	-0. 079 (0. 116)
lnfinance	-0. 915 *** (0. 157)	-1. 044 ** (0. 519)	-0. 867 *** (0. 150)	-1. 462 ** (0. 626)	-0. 605 *** (0. 178)	-1. 191 *** (0. 251)	-0. 720 *** (0. 170)	-1. 065 *** (0. 229)
lnRD	0. 409 *** (0. 087)	-0. 426 (0. 422)	0. 419 *** (0. 084)	-0. 214 (0. 499)	0. 454 *** (0. 082)	-0. 090 (0. 128)	0. 476 *** (0. 080)	-0. 026 (0. 131)

注：括号内为标准误差，*、**、*** 分别表示在 10%、5%、1% 的水平上显著。

附表 8 -5 出口技术复杂度计量模型的估计结果（专利授权总量）

变量名称		基准模型		距离权重矩阵		相邻权重矩阵	
		(1) 固定效应	(2) 随机效应	(3) 固定效应	(4) 随机效应	(5) 固定效应	(6) 随机效应
Main	lnautht	0. 149 (0. 144)	0. 226 * (0. 137)	0. 134 (0. 0966)	0. 211 ** (0. 0928)	0. 0349 (0. 101)	0. 0937 (0. 0993)
	lnGDP	0. 341 (0. 337)	0. 234 (0. 330)	0. 191 (0. 268)	0. 319 (0. 240)	0. 376 (0. 257)	0. 268 (0. 247)
	lnFDI	0. 148 (0. 143)	0. 412 *** (0. 116)	0. 206 ** (0. 0817)	0. 305 *** (0. 0768)	0. 111 (0. 0784)	0. 211 *** (0. 0769)
	lninfras	0. 263 (0. 284)	-0. 331 * (0. 172)	-0. 352 (0. 220)	-0. 243 * (0. 143)	-0. 0183 (0. 231)	-0. 275 (0. 173)

续表

变量名称		基准模型		距离权重矩阵		相邻权重矩阵	
		(1) 固定效应	(2) 随机效应	(3) 固定效应	(4) 随机效应	(5) 固定效应	(6) 随机效应
Main	lnfinance	-1.313 *** (0.362)	-1.353 *** (0.321)	-0.899 *** (0.273)	-0.882 *** (0.250)	-0.352 (0.284)	-0.395 (0.266)
	lnRD	0.677 ** (0.301)	0.684 *** (0.209)	0.308 ** (0.145)	0.384 *** (0.137)	0.546 *** (0.157)	0.613 *** (0.141)
W	lnautht			0.332 (0.796)	0.587 (0.636)	0.195 (0.301)	0.246 (0.252)
	lnGDP			3.024 (2.427)	0.811 (1.753)	-0.0714 (0.794)	-0.710 (0.702)
	lnFDI			1.497 * (0.810)	1.248 ** (0.585)	0.802 ** (0.320)	0.888 *** (0.261)
	lninfras			-1.582 (1.079)	-0.841 (0.539)	0.0791 (0.618)	-0.132 (0.245)
	lnfinance			-7.779 *** (2.120)	-7.024 *** (1.609)	-5.709 *** (0.860)	-4.447 *** (0.716)
	lnRD			0.494 (1.388)	0.234 (0.902)	0.944 ** (0.460)	1.079 *** (0.410)
	lntrade			-0.492 ** (0.248)	-0.392 * (0.219)	-0.838 *** (0.153)	-0.609 *** (0.150)
	e. lntrade			0.933 *** (0.0267)	0.845 *** (0.0542)	0.825 *** (0.0750)	0.711 *** (0.0843)
	N	420	420	420	420	420	420
	pseudo R^2			0.541	0.852	0.542	0.845
	AIC	520.4		439.7	592.3	447.3	606.6
	BIC	544.6		500.3	661.0	507.9	675.2
	Hausman	47.24		-7.32		17.91 ***	

注：括号内为标准误差，*、**、*** 分别表示在10%、5%、1%的水平上显著。

附表 8－6　　专利授权总量对出口技术复杂度的直接效应和间接效应估计

变量名称	距离权重矩阵				相邻权重矩阵			
	固定效应模型		随机效应模型		固定效应模型		随机效应模型	
	直接效应	间接效应	直接效应	间接效应	直接效应	间接效应	直接效应	间接效应
lnautht	0. 128 (0. 097)	0. 168 (0. 501)	0. 202 ** (0. 094)	0. 338 (0. 417)	0. 015 (0. 106)	0. 093 (0. 162)	0. 077 (0. 105)	0. 112 (0. 151)
lnGDP	0. 130 (0. 293)	1. 846 (1. 547)	0. 306 (0. 246)	0. 459 (1. 186)	0. 423 (0. 272)	－0. 218 (0. 428)	0. 344 (0. 260)	－0. 518 (0. 416)
lnFDI	0. 177 ** (0. 080)	0. 879 * (0. 529)	0. 286 *** (0. 078)	0. 755 * (0. 420)	0. 024 (0. 084)	0. 401 ** (0. 177)	0. 145 * (0. 083)	0. 450 *** (0. 149)
lninfras	－0. 323 (0. 223)	－0. 888 (0. 730)	－0. 230 (0. 143)	－0. 499 (0. 374)	－0. 030 (0. 249)	0. 053 (0. 342)	－0. 279 (0. 188)	0. 021 (0. 178)
lnfinance	－0. 745 *** (0. 273)	－4. 624 *** (1. 672)	－0. 767 *** (0. 249)	－4. 468 *** (1. 183)	0. 309 (0. 326)	－3. 058 *** (0. 496)	－0. 030 (0. 297)	－2. 496 *** (0. 426)
lnRD	0. 301 ** (0. 144)	0. 216 (0. 857)	0. 383 *** (0. 137)	0. 056 (0. 586)	0. 487 *** (0. 148)	0. 275 (0. 230)	0. 551 *** (0. 136)	0. 419 ** (0. 212)

注：括号内为标准误差，*、**、*** 分别表示在 10%、5%、1% 的水平上显著。

附表 8－7　　出口技术复杂度计量模型的估计结果（发明授权量）

变量名称		基准模型		距离权重矩阵		相邻权重矩阵	
		(1) 固定效应	(2) 随机效应	(3) 固定效应	(4) 随机效应	(5) 固定效应	(6) 随机效应
Main	lnauthi	0. 253 (0. 180)	0. 151 (0. 181)	0. 336 *** (0. 0889)	0. 318 *** (0. 0814)	0. 259 *** (0. 0876)	0. 220 *** (0. 0844)
	lnGDP	0. 295 (0. 419)	0. 304 (0. 401)	0. 303 (0. 241)	0. 324 (0. 222)	0. 210 (0. 237)	0. 174 (0. 228)
	lnFDI	0. 143 (0. 141)	0. 397 *** (0. 119)	0. 242 *** (0. 0808)	0. 321 *** (0. 0742)	0. 110 (0. 0768)	0. 214 *** (0. 0754)
	lninfras	0. 324 (0. 265)	－0. 267 (0. 166)	－0. 253 (0. 217)	－0. 216 (0. 144)	－0. 0230 (0. 229)	－0. 280 (0. 174)

续表

变量名称		基准模型		距离权重矩阵		相邻权重矩阵	
		(1) 固定效应	(2) 随机效应	(3) 固定效应	(4) 随机效应	(5) 固定效应	(6) 随机效应
Main	lnfinance	-1.512*** (0.502)	-1.421*** (0.480)	-1.066*** (0.272)	-1.052*** (0.248)	-0.551* (0.284)	-0.539** (0.269)
	lnRD	0.566* (0.282)	0.703*** (0.208)	0.133 (0.150)	0.233* (0.141)	0.426*** (0.163)	0.538*** (0.146)
W	lnauthi			1.562** (0.634)	1.133** (0.515)	0.336 (0.279)	0.125 (0.217)
	lnGDP			0.853 (2.072)	-0.517 (1.655)	-0.0185 (0.734)	-0.525 (0.674)
	lnFDI			1.614** (0.783)	1.730*** (0.623)	0.854*** (0.311)	0.999*** (0.253)
	lninfras			-0.686 (1.059)	-0.140 (0.589)	0.264 (0.591)	-0.0642 (0.282)
	lnfinance			-10.40*** (2.011)	-9.254*** (1.784)	-5.989*** (0.911)	-4.556*** (0.749)
	lnRD			-0.483 (1.422)	0.458 (0.941)	0.611 (0.486)	0.960** (0.413)
	lntrade			-0.455* (0.241)	-0.523** (0.227)	-0.812*** (0.145)	-0.608*** (0.144)
	e. lntrade			0.899*** (0.0407)	0.879*** (0.0400)	0.815*** (0.0684)	0.721*** (0.0796)
	N	420	420	420	420	420	420
	pseudo R^2			0.777	0.827	0.506	0.830
	AIC	513.6		426.6	580.6	439.1	601.3
	BIC	537.8		487.3	649.3	499.7	670.0
	Hausman	40.17***		92.66***		118.42***	

注：括号内为标准误差，*、**、***分别表示在10%、5%、1%的水平上显著。

附表 8-8　　发明授权量对出口技术复杂度的直接效应和间接效应估计

变量名称	距离权重矩阵				相邻权重矩阵			
	固定效应模型		随机效应模型		固定效应模型		随机效应模型	
	直接效应	间接效应	直接效应	间接效应	直接效应	间接效应	直接效应	间接效应
lnauthi	0.308*** (0.088)	0.907** (0.424)	0.297*** (0.081)	0.599** (0.301)	0.244*** (0.086)	0.071 (0.144)	0.220*** (0.085)	-0.005 (0.126)
lnGDP	0.289 (0.251)	0.461 (1.343)	0.339 (0.227)	-0.425 (1.025)	0.232 (0.239)	-0.107 (0.386)	0.228 (0.232)	-0.374 (0.387)
lnFDI	0.212*** (0.080)	0.969* (0.531)	0.287*** (0.075)	0.968** (0.411)	0.020 (0.083)	0.433** (0.174)	0.138* (0.082)	0.516*** (0.147)
lninfras	-0.242 (0.220)	-0.368 (0.710)	-0.216 (0.145)	-0.017 (0.371)	-0.056 (0.247)	0.160 (0.333)	-0.289 (0.189)	0.063 (0.194)
lnfinance	-0.871*** (0.268)	-6.387*** (1.664)	-0.860*** (0.248)	-5.392*** (1.259)	0.103 (0.325)	-3.142*** (0.517)	-0.173 (0.295)	-2.511*** (0.453)
lnRD	0.144 (0.148)	-0.350 (0.913)	0.226 (0.141)	0.208 (0.568)	0.394*** (0.150)	0.150 (0.236)	0.483*** (0.139)	0.376* (0.212)

注：括号内为标准误差，*、**、*** 分别表示在 10%、5%、1% 的水平上显著。

第九章

知识产权支撑供给侧结构性改革的实践路径

第一节　完善知识产权制度供给

知识产权包含的种类众多，涉及的主体、内容等也很多，相应的制度安排非常庞杂。随着社会经济的发展，我国的知识产权制度也需要不断适应新的要求，特别是在供给侧结构性改革的大背景下，更需要及时制定和完善相关的知识产权制度。知识产权从制度层面对创新成果的产权进行了界定，充分激发了全社会创新和创业潜能，激励了科技创新，促进了创新成果转化运用，为供给侧结构性改革提供了制度保障。知识产权制度保障了权利人利益，使创新成果市场价值得以实现，从而为供给侧结构性改革提供了持续的创新动力源。知识产权制度是推动经济发展质量、效率、动力的三大变革，推动供给侧结构性改革的重要保障。

完善知识产权制度供给，首先，要深化知识产权行政管理体制改革，完善知识产权综合管理体系是知识产权治理结构改革的一项重要内容，专利、商标、版权"三合一"的统一管理，有利于全面系统地推进供给侧结构性改革。其次，要提供基于创新链、产业链、市场链、资金链、服务链，从知识产权创造、运用、保护、管理到服务的知识产权全链条的制度安排，特别是完善知识产权综合保护体系。党的十九大报告指出，要"倡导创新文化，强化知识产权创造、保护、运用"，习近平总书记在博鳌亚洲论坛 2018 年年会上指出，"加强知识产权保护，这是完善产权保护制度最重要的内容，也是提高中国经济竞争力最大的激励"。党的十九届四中全会强调，加大产权司法保护力度，加强知识产权司法保护。截至 2019 年底，我国已经在北京、江苏等地设立了 21 个知识产权法庭，同时，要加大知识产权行政执法，使得知识产权行政执法和司法保护双管齐下，相得益彰，为供给侧结构性改革营造良好的制度环境。

第二节　提升知识产权技术供给

知识产权为供给侧结构性改革提供有力的技术供给支撑。技术和品牌是企业进军国际市场的核心竞争力，华为坚持每年以 10% 以上的销售收入投入研发，持续的技术创新造就了华为的卓越，成为 2019 全球最具价值品牌 500 强之一。然而，很多中小企业由于资金缺乏，一直处于国际分工劣势地位和国际产业链低端环节，进入了技术依附性强—产品附加值低—利润单薄—创新资金缺乏—技术对外依存度高的恶性循环。专利技术和品牌处于产业链“微笑曲线”的高端，提升知识产权技术供给是提高供给体系质量，提高产品附加值，促进供给侧结构性改革的关键，是从全球产业链低端向中高端迈进的关键，也是贸易大国向贸易强国、知识产权大国向知识产权强国迈进的关键。

一方面，企业是供给侧结构性改革的主体，第一，要推进企业专利战略的实施，专利战略是实现关键技术领域的核心技术突破、产生更多颠覆性技术的重要手段。第二，要鼓励企业采取开放式创新、非对称创新，在某些技术领域展开专利的有效布局，形成自身的比较优势。第三，要鼓励龙头企业，在创新链环节，取得高端技术突破，创造高价值专利；在产业链环节，培育产业链上的知识产权优势；在市场链环节，加强国际知名品牌打造，助推龙头企业占领国际市场。第四，要鼓励企业与高校科研院所协同创新，开发面向市场需求的技术创新成果，促进知识产权转移转化。另一方面，要进一步发挥好高校基础研究的优势，在前瞻性基础研究和引领性原创成果方面实现重大突破，为供给侧结构性改革提供知识产权技术供给支撑。

第三节　加大知识产权运用供给

知识产权得以转化运用才能使技术创新转化为现实生产力、才能有效提升知识产权对经济增长的贡献率、才能加快产业结构优化升级，提高新产品开发力度，改善供给质量，助推供给侧结构性改革。2018 年，中国的发明专利申请总量为432.3万件，已经连续8年居世界第一，知识产权的转化运用是推进产业结构优化的关键，而产业结构优化恰恰是供给侧结构性改革的关键。美国、欧盟等发达国家和地区高度重视知识产权密集型产业的发展，重视提升知识产权密集型产业对经济增长、就业、出口贸易的贡献率。随着创新驱动发展战略实施进程的推进，产业由劳动密集型、资本密集型、技术密集型转向知识产权密集型是转型发展的必然。知识产权密集型产业的发展有利于融入全球产业链中高端，有利于造就一批在国际产业链中具有竞争优势的企业，知识产权密集型产业的发展是制造大国迈向制造强国、知识产权大国迈向知识产权强国的重要标志。

一方面，要从数量布局转向质量取胜，加大面向市场需求的高价值核心专利的创造，这是知识产权得以有效转化运用，促进产业结构优化的重要基础。另一方面，市场化的知识产权运营是创新链、产业链、市场链有效衔接的重要桥梁。第一，要健全市场化知识产权运营生态体系，让“沉睡”状态的专利得以转化运用，这是加快知识产权运用供给的关键；第二，要引导国有投资机构与民营投资机构联合发起资金，募集成立政策性知识产权运营公司，开展知识产权交易、融资、质押、许可等运营服务；第三，要鼓励不同运营机构协同运营，促进知识产权向现实生产力的转化，促使知识产权供给侧与需求侧有效对接；第四，要在有条件的高校科研院所引入商业化的专利运营体系，建立人、财、物独立的知识产权运营机构，组建专兼职并行、结构合理的知识产权运营团队，加快知识产权的转移转化，为供给侧结构性改革提供知识产权运用供给支撑。同时，要加强知识产权密集型产业分类集聚规划，依据区域已有的优势产业与支柱产业，加快知识产权密集型产业的集聚发展。依托国家知识产权示范园区等载体，建设知识产权密集型产业基地，带动知识产权产业链的发展，建成一批创新能力强、产业链完善的知识产权密集型产业集聚区，引导知识产权密集型产业均衡发展，为供给侧结构性改革提供产业基础支撑。

第四节　增加知识产权产品供给

增加知识产权产品供给，有利于提高供给质量，推进供给侧结构性改革。“海外抢购”现象与国内低端产品滞销现象并存，反映了高质量有效产品供给能力不足，供需结构存在严重失衡。国内居民的需求侧越来越青睐于专利技术含量高、品牌价值高的产品。知识产权产品以专利技术和品牌为核心，是供给产品质量提升的重要体现，是满足人民对美好生活向往的需要。“投资、消费、出口”

被喻为拉动经济增长的“三驾马车”，产品供给需要同时开拓国际国内两个市场，对于国内市场，增加知识产权产品供给，有助于创造新需求，有利于减少产能过剩，减少库存。知识产权高级生产要素是知识产权产品的核心，具有一定的市场独占性、高利润性，随着规模效应和市场扩张效应的显现，能有效降低传统劳动力资源、能源资源等的消耗，降低成本。面对国际市场，知识产权的竞争越来越激烈，知识产权已经成为国际贸易的标配，缺少知识产权保护的出口产品在国际市场上很难有一席之地。以知识产权助推新产品开发，有助于产品附加值的增加，有助于提升我国在国际分工中的地位，有助于实现从价值链微笑曲线的低端向中高端的迈进。增加知识产权产品供给能倒逼技术供给的增加，倒逼产业结构优化，引导资源合理配置，是培育出口核心竞争力的需要，也是贸易大国迈向贸易强国的需要。

一方面，要降低供给侧与需求侧之间的信息不对称，利用云计算和大数据，有效分析需求侧的需求导向，创造更多的有效高端产品，提高供给质量。另一方面，要加大知识产权的海外布局，为知识产权产品站稳国际市场保驾护航。贸易保护主义的抬头会强化知识产权贸易壁垒，美国的“337 调查”“301 条款”表明了离开知识产权保护的产品将在国际市场上“寸步难行”，知识产权已经成为出口产品的核心竞争力。在巩固传统市场的同时，要加大对“一带一路”沿线国家的知识产权布局和知识产权产品的出口，以新市场的开拓确保出口贸易的稳定持续增长。同时，要引导国内企业组建专利联盟，构建专利池，进行专利交叉许可，从而增强集体谈判能力和协同开发新产品的能力，增强知识产权产品出口的竞争力，知识产权贸易的发展程度是贸易大国向贸易强国转变的重要标志。增加知识产权产品供给，促进供给产品质量提升，为供给侧结构性改革提供重要支撑。

第五节　优化知识产权服务供给

知识产权工作的专业性、复合型、系统性很强，涉及面很广，知识产权服务的专业化、精准化、标准化、品牌化，对于知识产权密集型企业的成长非常关键。知识产权服务供给是知识产权支撑供给侧结构性改革的重要助推器，知识产权的创造、运营、保护、管理等阶段的顺利开展都离不开知识产权服务。

从服务内容来看，我们需要提供基于大数据的专利信息、申请、审查、评估、质押、保险、证券化、投资、信托、培训、维权、预警等服务。从服务提供的主体来看，基于知识产权的外部性将带来整个社会效益的提升，一方面需要完善知识产权公共服务，制定知识产权服务标准，建设知识产权信息公共服务平台，优化知识产权中介服务体系，提升知识产权服务水平。另一方面，市场化的服务将大大提升知识产权服务的效率，需要发挥知识产权服务行业协会等中介组织的作用，增强知识产权服务行业的自律性，规范监督市场化知识产权服务机构的服务行为。知识产权服务水准的提高离不开专业化的知识产权人才，加大知识产权高端人才的培养，为知识产权服务业的发展提供充足的人才支撑。同时，随着知识产权密集型产业的集聚发展，要加快知识产权服务业集聚区的建设，促进知识产权服务资源共建共享，推进知识产权全链条的精准高端服务，以优化知识产权服务供给助推供给侧结构性改革。

第十章

知识产权支撑供给侧结构性改革的政策建议

第一节　以知识产权密集型产业的培育加速供给侧结构性改革的产业转型

一、加强知识产权密集型产业发展规划

产业发展，规划先行，产业发展规划是知识产权密集型产业发展的顶层设计，应根据我国社会经济发展的现状，参考国际产业发展经验，广泛征集国内外专家学者的建议，科学规划。

制定发布知识产权密集型产业发展指南，将知识产权指标纳入国民经济统计指标体系中，建立和完善相关的知识产权产业统计制度，研究和发布知识产权密集产业发展报告，完整、系统地统计知识产权密集型产业的发展变化，及时作出政策调整，引导知识产权密集型产业健康发展壮大。

加强知识产权密集型产业分类集聚规划。聚焦区域地标产业、支柱产业、知识产权优势产业，集中科技人才资金等资源，推进创新资源集聚，提高产业知识产权密集度，以国家自主创新示范区、自由贸易区、知识产权示范园区等为载体，建设知识产权密集型产业基地，带动周边地区知识产权相关产业的发展，推动供给侧结构性改革。

二、完善知识产权密集型产业配套政策

产业发展需要配套政策的支持。知识产权密集型产业具有很高的产业附加值，是我国实现经济发展转型、供给侧结构性改革的主要方向之一，因此需要行政管理部门完善相关的产业配套政策，形成包括专利、商标、著作权等相应知识产权的法律制度和政策体系。

甄别和筛选出符合我国实际的重点发展产业，优先支持知识产权密集型产业，根据不同地区的产业优势，分类规划，重点发展。设立产业发展基金，在税收、金融等政策方面为产业发展提供支持。进一步实施专利导航产业发展实验区建设，通过实验区产业的发展，形成示范效应，带动相关知识产权密集型产业发展。分别建设专利、品牌及版权等知识产权示范区或示范产业，以点带面，促进产业附加值的提升，攀升全球价值链的高端环节，推动供给侧结构性改革。

三、加大知识产权密集型企业培育力度

企业是产业发展的基础，应进一步加大对知识产权密集型企业的培育，通过政策引导、市场主导，推动创新要素自由流动，向重点企业、重点产业集聚，形成创新合力，培育出一批标志性的知识产权密集型企业，形成示范效应。推进“企业知识产权管理规范”的执行，通过企业“贯标”，引导企业将知识产权规划深入融入企业经营发展战略中，促进高价值专利的创造，提高知识产权转化运用率，塑造自主知识产权品牌，使知识产权优势成为知识产权密集型企业的核心竞争力。加大知识产权密集型龙头企业的培育，以华为、海尔等龙头企业的发展带动中小企业的发展壮大。构建企业专利数据库，通过专利微导航，瞄准行业技术的发展方向，开展细分领域的专利布局，使得知识产权成为核心竞争力，成为细分领域的科技小巨人，推动供给侧结构性改革。

四、推进知识产权密集型产业组建知识产权联盟

知识产权联盟有利于不同创新主体、不同企业形成知识产权共享机制，推动知识产权产业化。

通过联盟，推动知识产权跨部门跨区域之间的协同共享，推动国际专利的二次开发，规范知识产权许可、转让、交易等，设立知识产权运营基金，建立知识

产权高端智库，推进知识产权与标准融合，面向细分领域共同布局专利。

通过知识产权密集型产业知识产权联盟，集聚知识产权资源，构筑和运营产业专利池、专利墙、专利群、专利族，构建高价值专利布局网，形成专利集群和细分领域的专利丛林，提升产业知识产权竞争力。支持重点产业、龙头企业牵头成立知识产权联盟，围绕产业链布局创新链，布局关键技术领域的核心专利，同时通过创新链拉动产业链的发展，加快知识产权的转化运用，提高知识产权向现实生产力的转化率，推进供给侧结构性改革。

第二节 以知识产权创造水平的提升输送供给侧结构性改革的动力源泉

培育更多的高价值专利，更好地促进产业发展，为供给侧结构性改革输送动力源泉。高质量的知识产权是知识产权产业化的基础，在我国推动供给侧结构性改革过程中，需要大力发展知识产权密集型产业，通过产业结构的优化升级带来供给侧结构性改革。高价值专利的缺乏会影响专利技术的产业化和专利产品的市场化，创新源的质量对供给侧结构性改革的有效推进至关重要。

一、统筹创新奖评政策体系

我国已经形成了一套较为完备的科技创新政策体系，涉及各类创新主体，包括高校、科研院所、企业、中介机构等。也涵盖了创新链中的各个环节，从基础研究到知识产权的创造、运用、保护等环节。使用了包括财政资金直接资助、税收减免、金融政策支持等，形成了较为完善、系统的政策体系。具体政策涉及领域包括：提升创新主体能力、促进科技创新活动、促进创新主体互动、科技攻关服务及市场环境改善等，但是政策之间，尤其是科技、财税、贸易等跨部门制定的政策之间有效衔接性还不够，交叉融合协同推进的成效不够明显。应进一步加强政策体系的顶层设计，系统梳理目前的各类政策，区分不同阶段、不同产业、不同地区等的具体情况，加强不同行政主管部门的协调与衔接，加强部门之间的协调性。通过设立统一开放的国家创新管理平台，统筹协调各行政管理部门、各创新主体，以及创新不同阶段的科技活动。

协同知识产权激励政策与其他科技创新政策，充分发挥知识产权政策对创新活动的激励作用。要求创新主体建立规范化、能够有效运行的知识产权管理体系，并作为其参与国家各类科技计划项目、高新技术企业及各类创新创业载体认定的参考条件，将知识产权战略实施情况作为各类计划评审的重要参考指标。给予知识产权密集型企业等知识产权含量较高的产品、服务等财政税收等方面的优惠政策。在知识产权的运用转化环节，积极支持知识产权价值评估、转化和交易，调动创新主体及相关知识产权服务企业的积极性，对知识产权质押融资、风险投资和保险给予贷款贴息、风险资金补偿、保费补偿等支持。完善知识产权奖励和职务知识产权归属制度，建立科学、合理、有效的知识产权资助和创新者激励规则。制定各类市场主体协同创新和协同运用政策，实现知识产权的利益分享和互利共赢。政府在制定相关知识产权政策时，应该更加注重高质量的发明专利的激励，加强对其创造运用的引导，促进我国专利结构的进一步优化，促进我国产业向创新链高端环节转移，推动供给侧结构性改革。

二、壮大创新主体引领发展

创新活动主体主要包括企业、高等学校、科研院所等，其自身的性质和发展定位不一样，在创新过程中的定位、策略也差异明显。激发创新活力就是要根据不同创新主体的特征，有针对性地开展创新活动。企业是市场的主体，也是创新的主力军，需要培育一流的创新型企业，鼓励企业积极引进全球各类高端人才，建立创新研发团队，提供创新政策支持，形成华为等标志性创新型企业及众多的中小型创新型企业，形成“创新森林”。一流大学和一流学科是高校目前建设的重要目标，也是作为创新主体的高校的迫切任务，一方面应加大对基础教育、基础研究、前瞻性研究的投入，形成坚实的创新基础；另一方面也要面向市场，以市场需求为导向，开展应用研究，积极对接企业创新主体的需求，瞄准技术前沿开展人才培养和学科建设。科研院所也是我国创新主体的主要构成部分，在目前的市场环境下，科研院所行业性、专业性较强，应该聚焦于我国科技、产业重点发展的关键领域，开展技术攻关，实现关键技术、核心领域的自主创新，促进科研成果的产业化，推动供给侧结构性改革。

三、树立创新质量取胜理念

知识产权竞争力不仅体现在知识产权的数量上，更体现在知识产权的质量上，确立“数量布局、质量取胜”的理念，注重培育高价值的专利，促进基础型、原创型、高价值和拥有核心技术的专利的创造，在关键技术领域，在“卡脖子”的领域形成核心自主知识产权。我国已经成为知识产权大国，但还并非知识产权强国，体现自主创新能力和核心竞争力的高质量的发明专利占总体的比重依然偏低。高质量专利的缺乏严重影响了知识产权的转化率，影响了知识产权对经济增长的贡献率。

拥有一批高价值专利，可以在与产业巨头的专利对抗时势均力敌，2019 年全球智慧家庭发明专利排行榜，海尔位居第一，作为连续 9 年蝉联白色家电全球第一的知名品牌，创新质量是海尔取胜的关键。海尔高度注重高质量专利的创造，以全球 10 大研发中心为基础，充分利用全球研发力量，形成用户主导的“1 + N”全球开放创新体系。截至 2019 年，海尔累计获得中国专利奖 9 项金奖，在海尔 1.4 万多件发明专利中，海外发明专利超过 1 万件，覆盖 28 个国家和地区，累计参与 67 项国际标准制定与修改。创新质量的提升能有效推动企业的供给侧结构性改革。

四、构建多元协同创新体系

以协同创新推动高价值专利的创造。构建协同创新体系，切实提高产学研合作成效。发挥高校在基础研究上的优势，原始创新偏重基础研究和重大技术开发，高校在综合性研究平台、国家重点实验室、学科人才集聚方面有优势。同时支持高校、科研院所与企业开展协同创新，面向市场行业需求，围绕产业链布局创新链，突破产业发展重大关键技术，形成一批转化率高的高价值专利，推进科技成果向现实生产率的转化，有效避免高校大量专利长期处于“沉睡”状态的现象。

政府通过高价值专利培育项目，鼓励高校、科研院所、知识产权优势企业、知识产权服务中介机构合作申报，通过多元协同创新体系的构建，促进创新链、产业链的深度融合，优化创新资源配置，促进多元创新主体有效合作。在产业关键领域，推动高校、科研院所和产业上下游企业的联系与合作，建立技术需求充分对接、研发过程紧密结合、专利成果高效转化、知识产权权属利益分配机制科学合理的产学研合作机制，以产学研的紧密合作，提升知识产权创造水平，推进知识产权的转化运用，进而推动供给侧结构性改革。

第三节　以知识产权保护制度的完善推进供给侧结构性改革的制度变革

知识产权保护为供给侧结构性改革保驾护航，在国际知识产权摩擦不断增加、贸易环境日趋复杂的环境下，完善知识产权保护制度尤为重要。

一、完善知识产权保护制度体系，强化知识产权海外维权

制度变革是供给侧结构性改革的三大“发动机”之一，制度建设是推动供给侧结构性改革的基础保障，制度的顶层设计直接关系供给侧结构性改革的推进成效，完善知识产权保护的制度体系是知识产权工作的重要内容，制度为知识产权保护工作提供了基本的法律政策依据。随着行政管理部门及其职能的调整与优化，应进一步推进知识产权的民事、行政与刑事司法审判的“三合一”改革，建立统一集中的知识产权执法体系，促进执法标准统一，提升执法效能。市场监督管理部门与科技等其他部门建立会商机制，协同管理。进一步推动行业协会、产业联盟等非行政管理部门在各个专业领域内发挥积极作用，组织知识产权联盟，维护行业产业的知识产权合法权益，积极参与国际知识产权组织、论坛、会议等，了解最新的知识产权发展动态，参与行业产业的专利标准等制定。争取在国际市场上的话语权，积极应对涉外的知识产权纠纷，指导国内企业海外维权，建立行业、企业的海外知识产权维权机制。完善电子商务领域知识产权保护机制，加强网络空间知识产权保护国际合作，为外贸供给侧结构性改革提供支撑。

二、调整知识产权保护水平，加大知识产权执法力度

设定与我国经济社会发展水平相适应的知识产权保护水平，有利于创新型国家的建设及供给侧结构性改革的推进。适时调整相关知识产权法律法规，调整知识产权保护水平，促进企业创新发展。我国的知识产权保护水平应该随着我国经济发展水平，特别是科学技术发展水平的提升而适时调整，在当前复杂的国际贸易体系中，特别是中美贸易摩擦的大背景下，加大知识产权保护力度，不仅是减少知识产权贸易摩擦、促进经贸友好合作的需要，同时更是中国经济创新发展、经济高质量发展、推动供给侧结构性改革的需要。适度的知识产权保护水平不仅关系到我国企业与外国的知识产权交流，同时也规范了国外企业进入中国市场时应该遵守的制度安排，有利于国内技术市场的稳定发展及防止滥用知识产权损害我国消费者和企业的利益。在提高知识产权立法水平的同时，需要提高知识产权执法水平，行政执法机关要严格执法，做到有法必依，执法必严，真正发挥法律制度的职能，对知识产权形成合法合理的保护。

三、实施知识产权护航工程

改革开放 40 多年来，知识产权意识在我国的产业与企业中逐渐形成，特别是面临国内外知识产权诉讼给企业造成重大经济损失，甚至被迫退出部分市场时，我国的企业开始真正重视知识产权的管理，特别是知识产权保护方面的工作。知识产权护航工程针对我国企业面临的复杂的国内外知识产权市场，特别是很多中小企业无力设立专门的知识产权管理部门、配备专职人员的情况下，为中小科技创新企业提供了基础的知识产权服务，提升了企业知识产权风险防范和纠纷应对能力。通过护航工程还可以进一步提升企业的知识产权意识，引导企业建立相应的知识产权管理制度，积累应对知识产权风险特别是国际市场上知识产权风险的经验，有利于我国企业进入国际市场，促进我国产品出口，为外贸供给侧结构性改革提供支撑。

四、设立知识产权高级法院

由于知识产权本身的特点，其专业性非常强，不同于一般的产权，为了更好地加强知识产权的运用和保护，应当设立更多的知识产权法院，集中专业人员办理有关知识产权纠纷案件。目前，我国的北京、上海等地已经设立了知识产权法院并开展了有关的工作，这些地区的知识产权事业发展迅速，相应的知识产权纠纷也增长迅速。随着我国创新经济的发展，其他地区的知识产权纠纷也将增长迅速，因此应该积极筹备和组建相应的地方知识产权法院。另外，考虑到我国知识产权法律法规及执行机制的特点，应该成立国家层面的知识产权高级法院，以便进一步统一审判标准和提高审判质量。

第四节　以知识产权运用能力的增强加快供给侧结构性改革的要素升级

知识产权运用到技术环节，用于改善产品与服务，提升产品质量及生产效率，更好地满足市场需求，才能真正实现企业价值，促进全社会福利的提升。知识产权运用是知识产权转化为现实生产力的关键环节，是技术到市场的惊险的一跃，只有真正进入市场的知识产权才更具有价值，知识产权运用将加快供给侧结构性改革的要素升级，是供给侧结构性改革的重要支撑。

一、构建市场导向运营体系，激发市场链各环节活力

产品与服务需要以市场的需求为导向，技术创新也需要紧跟市场需求的变化，知识产权的运用同样需要构建市场导向的运营体系。随着知识产权市场的逐渐成熟，市场在知识产权的运用过程中发挥着越来越重要的作用。市场将引导技术更接近市场需求，并以要素资源的配置为手段决定要素的流向，给予关键核心技术、自主品牌更高的溢价。市场导向的运用体系还将激发创新链各个环节的活力，特别是促进高等院校、科研院所等“沉睡”专利向现实生产力的转化，提升创新主体的知识产权创造的积极性，提升知识产权运营的效率。在行政管理方面，也需要完善知识产权管理工作的评价体系，从注重知识产权的前期创造阶段向知识产权后期的运用转化阶段转变，突出“专利转化率”，注重知识产权带来的产品溢价、企业经济效益的提升、全球价值链地位的攀升，推进供给侧结构性改革。

二、创新市场交易平台，完善交易服务系统

知识产权的直接交易是其实现经济价值的重要路径，交易需要高效的交易平台，因此建立和完善知识产权交易平台有利于知识产权运用能力的提升。目前，我国已经有各类技术交易市场、产权交易所等，但是各个平台缺乏联动，且交易活跃度不足，市场在价格发现等方面的功能不能充分发挥出来。因此需要整合现有的各类知识产权市场，建立交易活跃、功能完备的交易平台，并与国际市场并轨，提升其在国际市场上的影响力，积极参与知识产权国际市场的交易。在知识产权的信息服务、价值评估、交易方式、交易成本等方面提供完整、系统的服务，形成完善的市场服务体系。

三、丰富市场融资渠道

企业的经济活动离不开资金流，金融是现代经济的核心，知识产权运用同样离不开金融服务。由于知识产权的无形性、高价值、边际成本低等特点，其金融服务也具有其独特的特点。知识产权金融涉及知识产权创造、运用、评估、质押等各个环节，特别是知识产权的运用更需要借助金融市场，通过创新各类金融工

具，助力知识产权转化为实际的资金流，实现“知本”向“资本”的转变。

四、规范市场运营机构，塑造市场运营品牌

加大对知识产权运营公司的规范化管理，规制滥用权利行为。建立一批多元的规范的知识产权运营机构，培育一批知识产权运营的品牌机构，推动知识产权的有序运营。知识产权运营管理具有较强的专业性，行政管理部门应积极引导和监督，制定相应的运营服务的标准体系，建立运营机构的准入标准，规范其服务流程，并以此为基础，开展品牌机构的评选，引导运营机构与服务对象的良性互动，形成共赢的局面，由此提高知识产权的运营效率，促进知识产权的转化应用，推进供给侧结构性改革。

第五节　以知识产权服务体系的建设保障供给侧结构性改革的服务供给

一、构建知识产权服务产业链

构建专业高端服务体系。提供全方位知识产权服务，发挥知识产权服务行业协会等中介组织的作用。基于知识产权创造、运用、保护、管理等环节，提供全产业链的系统服务。从前期的知识产权有关信息的检索、查新开始，到知识产权申请的代理、审查环节，再到知识产权的价值评估、质押融资、保险、证券化、信托等，还包括知识产权的预警、维权、诉讼等环节。特别是针对目前我国知识产权总体上转化效率不高的现状，积极引导和加强知识产权的运用环节的服务，如创业孵化、知识产权价值评估及投融资服务等。完善的知识产权交易服务系统和平台将为知识产权服务提供坚实的基础设施与保障，行政管理部门及有关的科研院所、高等院校等知识产权管理和创造部门也应该建立起相应的平台，促进知识产权的产业化运用，推动供给侧结构性改革。

二、完善知识产权信息服务平台

信息服务平台有利于知识产权信息的共享和高效利用。目前，我国已经建立

了专利、商标、版权等有关数据库，同时也引进和共享了国外主要国家的知识产权数据库，为创新主体的知识产权管理活动提供了高效的信息服务。但是这些服务平台目前提供的信息还远远不能满足知识产权管理和运用的需要。我们应进一步加快基于行业产业、不同领域的知识产权信息平台建设，有针对性地提供更为高效的服务，特别是针对重点行业、重点企业、重点技术领域开展知识产权信息服务。针对国际市场的现状，建立国家层面的知识产权服务平台，协助进出口企业开展知识产权的预警、诉讼维权工作，使得我国的企业能够公平地参与国际市场的竞争，规避国际市场上的知识产权风险。

三、制定知识产权服务标准体系

服务标准化有利于提高服务的质量和效率。随着我国知识产权产业的发展，知识产权服务产业发展迅速，迫切需要进行标准化建设。首先需要研究分析知识产权服务领域目前已经建立的国家标准、行业标准、地方标准等，结合服务业的产业特征，及时更新和完善知识产权服务标准体系。其次需要成立知识产权服务标准化的有关组织，行政管理部门负责总体的方针政策的制定，形成全国统一的标准原则和制度，在重点地区和重点产业或技术领域，建立相应的标准执行部门，鼓励企业、行业协会、高校院所等成立相应的服务标准化组织，提供相应的知识产权服务标准化的业务和人员培训等，共同参与到服务标准化的制定和实施过程中来。

制定知识产权服务标准。深入分析研究知识产权服务领域国家标准、行业标准以及地方标准等方面的现状和问题，准确定位知识产权服务标准在国家服务业标准体系中的作用。在有条件的地区或者重点产业，开展知识产权服务标准化的试点工作，形成示范效应，并及时总结经验推广。

四、创新平台服务的市场化运行

转变政府直接给予资金扶持的补助方式，建立政府购买服务的“政府承担、定项委托、合同管理、评估兑现”机制。转变政府的资金扶持侧重，建立政府财政投入由对平台运营经费的补贴转向平台关于基础技术研究的资金支持。采取“订单式”平台功能建设，准确把握市场需求，降低企业平台建设风险。实现平台建设和运营主体的多元化、专业化，提高平台的专业技术服务水平和可持续运营能力。政府、高校院所投资建设的平台，往往市场需求把握能力较弱，可委托专业的平台运营机构或企业进行运营管理和市场推广，提高平台的专业化技术水平和市场能力，促进平台可持续发展，推动供给侧结构性改革。

五、促进专业服务国际化

现今的世界已经是一个信息共享、资源流动的世界，知识产权本身是一种国际化的制度，知识产权服务体系建设必须要与国际接轨。建议政府多搭建一些国际性师资交流、人才培养的平台，培养具有国际水准的知识产权服务人才。提供一些知识产权服务机构与国外服务机构合作的信息，通过项目合作的方式缩短服务机构国际化的进程。海外知识产权纠纷和摩擦不断增加的背景下，加大企业海外维权、海外专利预警、海外知识产权纠纷解决等涉外知识产权服务项目，为企业顺利“走出去”“保驾护航”，助力外向型企业有效跨越知识产权壁垒，有效应对知识产权海外诉讼，妥善处理好国际知识产权纠纷，推动供给侧结构性改革。

第六节　以知识产权金融服务推进供给侧结构性改革

一、完善财政资金投入体系

确保知识产权经费投入高于财政一般预算收入增幅，设立独立预算的知识产权专项资金，完善财政资金投入体系。加大高价值知识产权、知识产权密集型产品、企业和行业的投入力度。整合知识产权奖励基金，设立高价值知识产权奖，奖励高价值专利、商标和版权。建立知识产权运营基金，推动知识产权转化和应用。推动现有的科技、教育、文化、产业、贸易等各方面的专项资金支持知识产权事业发展，注重战略性新兴产业、先进装备制造业、传统产业转型升级、军民融合产业等重大经济决策活动的知识产权的投入和产出。引导企业加大对基础性、战略性、前沿性技术研究、文化创新和品牌营造的经费投入，增加财政对知识产权的投入，

发挥财政专项资金引导作用，重点加大对高价值专利、专利技术产业化、知识产权维权援助的支持力度，鼓励社会资本参与知识产权资本合作项目。

二、科学评估知识产权价值

科学的价值评估是推进知识产权金融服务的关键，然而，知识产权价值评估是一项系统性、复杂性极强的工作。传统的专利价值评估方法，例如重置成本法、市场法、收益法等，单单一个方法的运用都有其现实的缺陷，迫切需要科学、客观、实用的知识产权价值评估方法。需要不断完善现有的市场价值导向的评估机制，形成知识产权价值的市场发现机制。从评估方法的应用、评估标准的完善、折现率的选取、必要信息的披露等方面做出努力，逐步建立起规范化和科学化的知识产权评估体系。研究知识产权评估方法，探索建立知识产权评估体系，搭建资产评估与知识产权专家、投融资试点合作平台，实现市场需求、价值评估及投融资等的直接对接。

三、创新知识产权金融业务

促进银行、基金、保险等金融机构的共同推进，从成立专门担保机构或设立专项担保基金，设立贷款风险补偿基金等方面着手建立市场化风险补偿机制，降低金融机构贷款风险。完善无形资产和收益权质押登记公示制度，创新知识产权质押融资产品，改进运营模式，支持担保机构与银行合作，对知识产权质押贷款进行担保。建立知识产权质押贷款咨询专家库，对用于贷款质押的知识产权的合法性、有效性、完整性、权属清晰性、技术性等提供专家意见，为知识产权转化与贸易提供融资渠道。知识产权证券化融资相对于知识产权担保融资而言，具有贷款额度大，利率低的优点，能更加有效地满足企业资金的需求，更能提高知识产权为企业带来的经济价值。开展知识产权保险服务，专利保险成为促进专利保护与运用的重要保障。专利保险机制可以分担巨额诉讼费用或败诉风险，提升企业运用知识产权的积极性，鼓励企业将进入转化和产业化实施的专利进行专利保险，保障专利价值实现，创新知识产权保险服务模式，提高专业化服务水平，完善承保理赔流程，丰富和创新知识产权保险产品。

四、引导社会金融资本注入

通过政府财政资金引导社会资本，特别是金融资本投入到创新活动中来，积极进行金融产品创新满足创新活动的需要。壮大创业投资规模，研究制定天使投资相关法规。强化资本市场对科技创新的支持，形成有效的知识产权价值评估、融资、并购、交易市场，促进知识产权价值流通，形成不同层级的资本体系，在资本的规模、来源、投资取向等方面多样化，满足不同类别的投融资需求。以知识产权金融创新促进知识产权资本化运营，促进知识产权与金融资本的有效对接和深度融合。完善落实知识产权质押、担保、基金、保险等政策，建立知识产权质押融资风险补偿机制，联合保险机构，开展知识产权质押融资保险业务，专利侵权责任保险业务，引导科技资本与金融资本的有效结合，推动供给侧结构性改革。

参考文献

[1] 白暴力、王胜利：《供给侧改革的理论和制度基础与创新》，载于《中国社会科学院研究生院学报》2017年第3期。

[2] 陈万灵、傅双丽：《发达国家进口需求结构变化及其对中国供给侧改革的启示》，载于《广东外语外贸大学学报》2016年第9期。

[3] 程恩富、谭劲松：《创新是引领发展的第一动力》，载于《马克思主义与现实》2016年第1期。

[4] 代中强：《我国知识产权贸易竞争力分析及发展对策》，载于《国际贸易问题》2007年第8期。

[5] 代中强：《知识产权保护提高了出口技术复杂度吗？——来自中国省际层面的经验研究》，载于《科学学研究》2014年第12期。

[6] 戴翔、张二震：《供给侧结构性改革与中国外贸转型发展》，载于《贵州社会科学》2016年第7期。

[7] 戴翔、张为付：《全球价值链、供给侧结构性改革与外贸发展方式转变》，载于《经济学家》2017年第1期。

[8] 方福前：《四十年中国经济体制的三次革命》，载于《经济理论与经济管理》2018年第11期。

[9] 盖凯程、冉梨：《〈资本论〉视域下的供给侧结构性改革——基于马克思社会总资本再生产理论》，载于《财经科学》2019年第8期。

[10] 顾晓燕、刘丽：《知识产权贸易促进创新驱动发展的模式选择与实现路径》，载于《现代经济探讨》2016年第7期。

[11] 顾晓燕、史新和、刘厚俊：《知识产权出口贸易与经济增长——基于创新溢出和要素配置的研究视角》，载于《国际贸易问题》2018年第3期。

[12] 顾晓燕、田家林：《外贸供给侧结构性改革与知识产权贸易互动：困局及破题之策》，载于《经济问题》2018年第3期。

[13] 顾晓燕：《五大发展理念视角下知识产权促进民生幸福的举措》，载于《经济问题》2016年第12期。

[14] 顾晓燕：《知识产权贸易与创新驱动发展》，南京大学出版社 2017 年版。

[15] 顾晓燕：《知识产权助推供给侧结构性改革的逻辑机理与路径选择》，载于《经济问题》2018 年第 10 期。

[16] 关成华、袁祥飞、于晓龙：《创新驱动、知识产权保护与区域经济发展——基于 2007—2015 年省级数据的门限面板回归》，载于《宏观经济研究》2018 年第 10 期。

[17] 郭杰、于泽、张杰：《供给侧结构性改革的理论逻辑及实施路径》，中国社会科学出版社 2016 年版。

[18] 郭威、胡希宁、徐平华、董艳玲等著：《供给侧结构性改革：理论与实践》，人民出版社 2016 年版。

[19] 韩玉雄、李怀祖：《关于中国知识产权保护水平的定量分析》，载于《科学学研究》2005 年第 3 期。

[20] 洪银兴：《准确认识供给侧结构性改革的目标和任务》，载于《中国工业经济》2016 年第 6 期。

[21] 胡鞍钢、周绍杰、任皓：《供给侧结构性改革——适应和引领中国经济新常态》，载于《清华大学学报（哲学社会科学版）》2016 年第 2 期。

[22] 黄新华、马万里：《从需求侧管理到供给侧结构性改革：政策变迁中的路径依赖》，载于《北京行政学院学报》2019 年第 5 期。

[23] 黄新华、马万里：《引领经济高质量发展的供给侧结构性改革：目标、领域与路径》，载于《亚太经济》2019 年第 4 期。

[24] 黄新华：《深化供给侧结构性改革：改什么、怎么改》，载于《人民论坛·学术前沿》2019 年第 10 期。

[25] 江小国：《供给侧改革：方法论与实践逻辑》，中国人民大学出版社 2017 年版。

[26] 金碚：《总需求调控与供给侧改革的理论逻辑和有效实施》，载于《经济管理》2016 年第 5 期。

[27] 李浩：《我国知识产权贸易存在的问题及对策》，载于《国际贸易问题》2005 年第 11 期。

[28] 李凯杰：《供给侧改革与新常态下我国出口贸易转型升级》，载于《经济学家》2016 年第 4 期。

[29] 李平：《国际技术扩散的路径和方式》，载于《世界经济》2006 年第 9 期。

[30] 李文锋：《改善外贸供给侧结构，培育竞争新优势》，载于《国际贸

易》2016 年第 9 期。

［31］李小平、卢现祥、朱钟棣：《国际贸易、技术进步和中国工业行业的生产率增长》，载于《经济学季刊》2008 年第 2 期。

［32］李佐军：《应用“三大发动机”等动力解释“中国增长奇迹”》，载于《经济纵横》2016 年第 1 期。

［33］刘春芝：《供给侧改革的经济策略研究》，中国社会科学出版社 2019 年版。

［34］刘凤义、曲佳宝：《马克思主义政治经济学与西方经济学关于供求关系分析的比较——兼谈我国供给侧结构性改革》，载于《经济纵横》2019 年第 3 期。

［35］刘丽、顾晓燕：《知识产权贸易与我国自主创新能力的提升——基于中国经济数据的实证分析》，载于《经济问题》2014 年第 7 期。

［36］刘晴、程玲、邵智等：《融资约束、出口模式与外贸转型升级》，载于《经济研究》2017 年第 5 期。

［37］刘伟：《经济新常态与供给侧结构性改革》，载于《管理世界》2016 年第 7 期。

［38］刘志彪：《建设现代化经济体系：新时代经济建设的总纲领》，载于《山东大学学报（哲学社会科学版）》2018 年第 1 期。

［39］刘志彪：《现代服务业发展与供给侧结构改革》，载于《南京社会科学》2016 年第 5 期。

［40］倪红福：《中国出口技术含量动态变迁及国际比较》，载于《经济研究》2017 年第 1 期。

［41］逄锦聚：《经济发展新常态中的主要矛盾和供给侧结构性改革》，载于《政治经济学评论》2016 年第 2 期。

［42］裴长洪、刘洪愧：《中国怎样迈向贸易强国：一个新的分析思路》，载于《经济研究》2017 年第 5 期。

［43］裴长洪、赵伟洪：《习近平中国特色社会主义经济思想的时代背景与理论创新》，载于《经济学动态》2019 年第 4 期。

［44］人民日报评论员：《坚持以供给侧结构性改革为主线不动摇》，载于《人民日报》2018 年 12 月 26 日。

［45］人民日报评论员：《经济运行呈现新特征》，载于《人民日报》2014 年 8 月 6 日。

［46］任保平、刘鸣杰：《我国高质量发展中有效供给形成的战略选择与实

现路径》，载于《学术界》2018 年第 4 期。

［47］申长雨：《知识产权是推进供给侧结构性改革的重要支撑》，载于《中国知识产权报》2016 年 9 月 21 日。

［48］盛斌、陈帅：《全球价值链、出口国内附加值与比较优势：基于跨国样本的研究》，载于《东南大学学报（哲学社会科学版）》2016 年第 11 期。

［49］盛朝迅、黄汉权：《构建支撑供给侧结构性改革的创新体系研究》，载于《中国软科学》2017 年第 5 期。

［50］宋清辉：《适应新常态　把握新常态　引领新常态》，载于《证券时报》2015 年 8 月 8 日。

［51］宋伟、史静娟：《创新链知识产权风险产生机理与传导模式研究》，载于《科技与法律》2012 年第 2 期。

［52］苏杭、郑磊、牟逸飞：《要素禀赋与中国制造业产业升级——基于 WIOD 和中国工业企业数据库的分析》，载于《管理世界》2017 年第 4 期。

［53］滕泰：《更新供给结构、放松供给约束、解除供给抑制——新供给主义经济学的理论创新》，载于《世界经济研究》2013 年第 12 期。

［54］田家林：《以知识产权战略支撑供给侧结构性改革》，载于《人民论坛》2019 年第 22 期。

［55］田家林：《知识产权支撑实体经济供给侧结构性改革的路径分析——以高技术产业为例》，载于《经济问题》2018 年第 11 期。

［56］王建平：《科技创新与四川供给侧结构性改革》，西南财经大学出版社 2018 年版。

［57］王亚丽：《运用马克思宏观经济均衡思想指导供给侧结构性改革》，载于《经济问题》2017 年第 5 期。

［58］王一鸣、陈昌盛等：《打造升级版：深化供给侧结构性改革》，中国发展出版社 2019 年版。

［59］王一鸣：《中国经济新一轮动力转换与路径选择》，载于《管理世界》2017 年第 2 期。

［60］王元地、朱兆琛、张小靖：《自主创新对产业结构升级的传导机制》，载于《煤炭经济研究》2007 年第 2 期。

［61］习近平：《2016 年中央经济工作会议》2016 年 12 月 16 日。

［62］习近平：《决胜全面建成小康社会　夺取新时代中国特色社会主义伟大胜利——在中国共产党第十九次全国代表大会上的报告》，人民出版社 2017 年版。

[63] 习近平：《在省部级主要领导干部学习贯彻党的十八届五中全会精神专题研讨班上的讲话》，载于《人民日报》2016 年 5 月 10 日。

[64] 习近平：《在中共中央政治局第三十八次集体学习时的讲话》，载于《人民日报》2017 年 1 月 22 日。

[65] 习近平：《在中央财经领导小组第十二次会议上的讲话》，载于《人民日报》2016 年 1 月 27 日。

[66] 习近平：《在中央财经领导小组第十一次会议上的讲话》，载于《人民日报》2015 年 11 月 11 日。

[67] 习近平：《在中央经济工作会议上的讲话》，载于《人民日报》2017 年 12 月 20 日。

[68] 新华网. 习近平主持召开中央财经领导小组第十一次会议 [A/OL]. (2015 - 11 - 10) [2019 - 06 - 01]. http://www.xinhuanet.com/politics/2015-11/10/c_1117099915.htm.

[69] 邢斐、王书颖、何欢浪：《从出口扩张到对外贸易“换挡”：基于贸易结构转型的贸易与研发政策选择》，载于《经济研究》2016 年第 4 期。

[70] 徐康宁：《供给侧改革的若干理论问题与政策选择》，载于《现代经济探讨》2016 年第 4 期。

[71] 徐淑云：《生产要素与供给侧结构性改革》，载于《复旦学报（社会科学版)》2017 年第 2 期。

[72] 杨继国、朱东波：《马克思结构均衡理论与中国供给侧结构性改革》，载于《上海经济研究》2018 年第 1 期。

[73] 杨伟民：《适应引领经济发展新常态　着力加强供给侧结构性改革》，载于《宏观经济管理》2016 年第 1 期。

[74] 姚树洁、韦开蕾：《中国经济增长、外商直接投资和出口贸易的互动实证分析》，载于《经济学（季刊)》2008 年第 1 期。

[75] 叶初升、方林肖：《供给侧结构性改革的增长效应：潜在经济增长率的视角》，载于《社会科学战线》2019 年第 8 期。

[76] 易先忠、包群、高凌云等：《出口与内需的结构背离：成因及影响》，载于《经济研究》2017 年第 7 期。

[77] 袁富华、张平：《经济现代化的制度供给及其对高质量发展的适应性》，载于《中国特色社会主义研究》2019 年第 2 期。

[78] 张国胜、王远洋、陈明明：《长波中技术变革、范式转换与中国供给侧结构性改革》，载于《经济学家》2017 年第 7 期。

［79］张涵、丛松日：《供给侧结构性改革是建设现代化经济体系的主线》，载于《长沙大学学报》2018 年第 6 期。

［80］张慧芳、艾天霞：《供给侧结构性改革与跨越“中等收入陷阱”——逻辑机理与路径选择》，载于《经济问题》2017 年第 8 期。

［81］张琦：《改革开放以来中国宏观经济理论与政策的演变》，载于《经济与管理研究》2019 年第 4 期。

［82］张文、张念明：《供给侧结构性改革导向下我国新旧动能转换的路径选择》，载于《东岳论丛》2017 年第 12 期。

［83］赵志耘：《科技创新：供给侧结构性改革的牛鼻子》，载于《红旗文稿》2016 年第 11 期。

［84］赵志耘：《以科技创新引领供给侧结构性改革》，载于《中国软科学》2016 年第 9 期。

［85］中共中央文献研究室：《习近平关于社会主义经济建设论述摘编》，中央文献出版社 2017 年版。

［86］中共中央宣传部理论局：《习近平新时代中国特色社会主义思想三十讲》，学习出版社 2018 年版。

［87］A. H. B. Monk. The Emerging Market for Intellectual Property：Drivers，Restrainers，and Implications［J］. *Journal of Economic Geography*，2009，9（4）：469－491.

［88］Coe，David T. Helpman，Elhanan Hoffmaister，Alexander W. North-south R&D Spillovers［J］. *The Economic Journal*，1997（107）：134－149.

［89］Grossman G. Helpman E. *Innovation and Growth in the Global Economy*［M］. Cambridge，MA：MIT Press，1991.

［90］Hausmann R，Hwang J，Rodrik D. What You Export Matters［J］. *Journal of Economic Growth*，2007，12（1）：1－25.

［91］Krammer S. M. S. Assessing the Relative Importance of Multiple Channels for Embodied and Disembodied Technological Spillovers［J］. *Technological Forecasting & Social Change*，2014，81（1）：272－286.

［92］Romer P. M. Increasing Returns and Long-run Growth［J］. *Journal of Political Economy*，1986，94（5）：1002－1037.